JN313751

# Three Cups of Tea

Greg Mortenson

David Oliver Relin

Copyright©2006 by Greg Mortenson and David Oliver Relin
Japanese translation rights arranged with Diana Finch Literary Agency
through Owls Agency Inc.

# スリー・カップス・オブ・ティー

1杯目はよそ者、2杯目はお客、3杯目は家族

グレッグ・モーテンソン
デイヴィッド・オリヴァー・レーリン
藤村 奈緒美[訳]

sanctuary books

1杯目はよそ者。

1杯目のお茶は、
突如訪れた旅人のために。

2杯目はお客。

2杯目のお茶は、
共に力を合わせる友人のために。

# 3杯目は家族。

3杯目のお茶は、
ずっと寄り添ってきた家族のために。

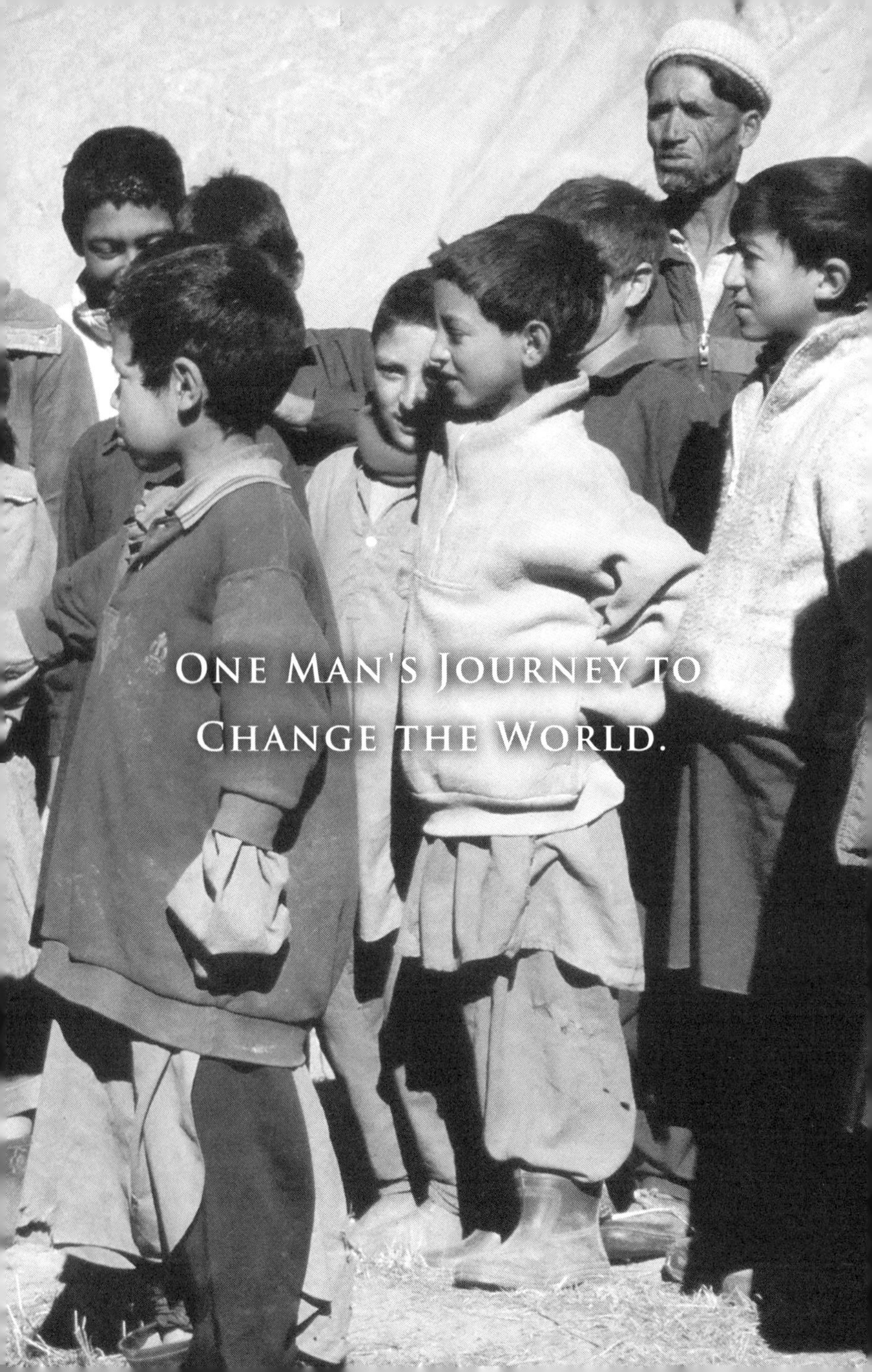
One Man's Journey to
Change the World.

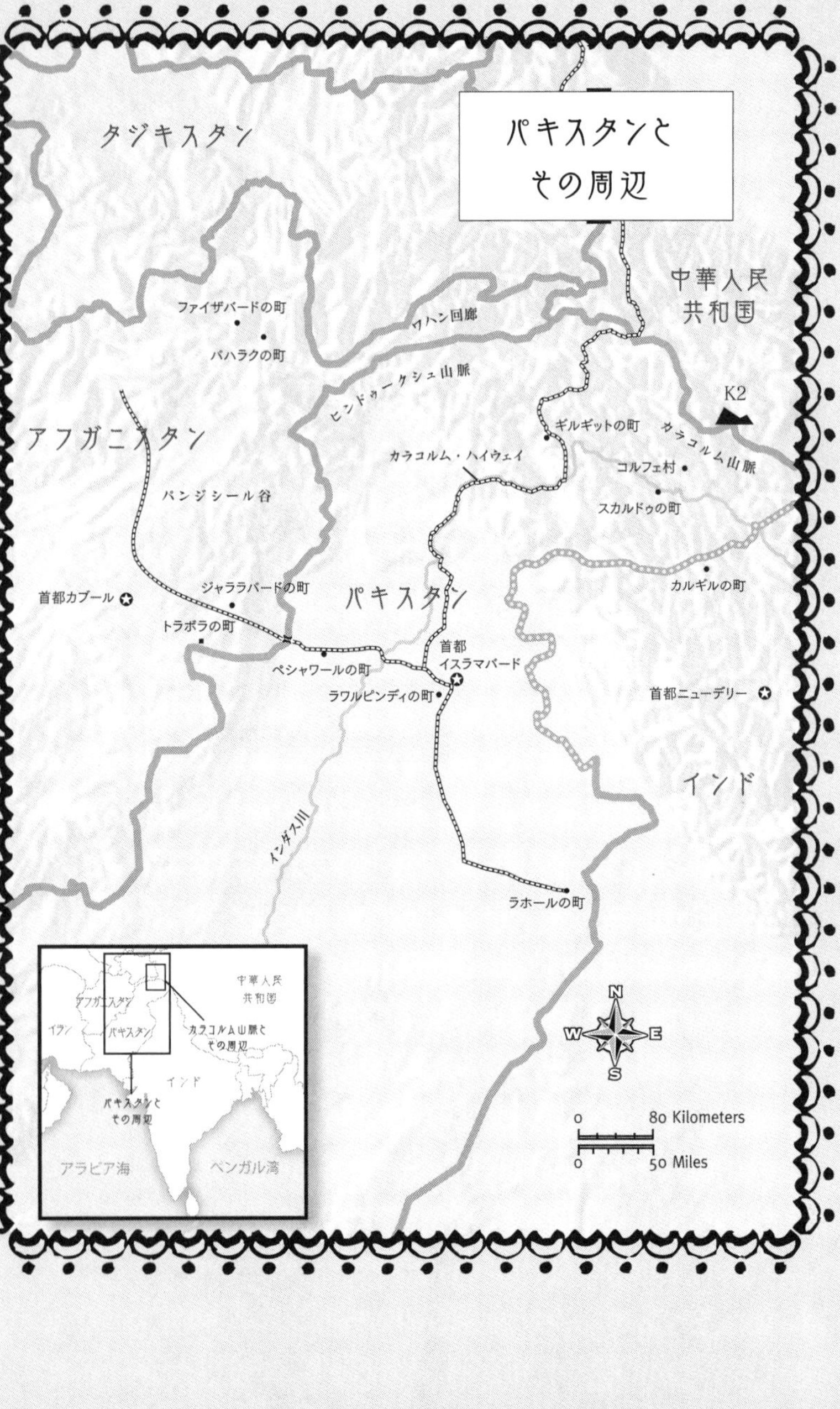
パキスタンと
その周辺
タジキスタン
中華人民
共和国
ファイザバードの町
バハラクの町
ワハン回廊
ヒンドゥークシュ山脈
K2
アフガニスタン
ギルギットの町
カラコルム山脈
カラコルム・ハイウェイ
コルフェ村
パンジシール谷
スカルドゥの町
カルギルの町
首都カブール
ジャララバードの町
パキスタン
トラボラの町
首都
イスラマバード
ペシャワールの町
ラワルピンディの町
首都ニューデリー
インド
インダス川
ラホールの町
中華人民
共和国
アフガニスタン
イラン
パキスタン
カラコルム山脈と
その周辺
インド
パキスタンと
その周辺
アラビア海
ベンガル湾
N
W
E
S
0
80 Kilometers
0
50 Miles

カラコルム山脈と
その周辺
中華人民
共和国
カラコルム・ハイウェイ
K2
ムズターク・タワー山
ブロードピーク山
ガッシャブルム2山
ガッシャブルム1山
カラコルム山脈
アスコーレ村
コルフェ村
マッシャーブルム山
ブラルドゥ川
インダス川
フシェ村
フシェ渓谷
スカルドゥの町
バルティスタン
パキスタン
ショーク川
グルトリ渓谷
カルギルの町
停戦ライン
インド
0
40 Kilometers
0
25 Miles
N
W
E
S

# もくじ

## Contents

CHAPTER

# 1

# 失敗

*Failure*

暗いときには星が見える。

――ペルシアのことわざ

パキスタンのカラコルム山脈。

わずか幅160キロほどの地域に、世界で最も高い山々が60以上そびえている。そしてその厳しくも美しい姿が、誰も知らない荒野を見おろしている。

この不毛な氷の世界を行きかうのは、ユキヒョウや野生ヤギ《アイベックス》などごく限られた生物だけだ。20世紀になるまで、世界で2番目に高い山、〝K2〟の存在はただの噂にすぎなかった。

そんなK2から、人間が暮らすインダス渓谷にいたるまで、4つの頂を持つガッシャブルム山と、するどい刃のようなグレート・トランゴ・タワー山がつらなる。そしてその間をバルトロ氷河が流れている。この凍った川の流れは1日にわずか10センチ。動いているようには見えない。

ここはまるで聖堂のような静寂に包まれた、岩と氷だけの世界だ。


1993年9月2日の午後。

この地を行く僕の歩みも、バルトロ氷河と変わらずゆっくりだった。

僕はパキスタン人のポーターと同じ、つぎはぎだらけの泥色のズボン《シャルワール》とシャツ《カミーズ》で身を包み、黒い革の登山靴を履いている。いくら足を動かしてもなかなか前に進めない。靴はバルトロ氷河にあわせて、ひとりでに動いているような気がした。

僕は同じ登山隊のメンバーで、いっしょにK2からおりてきた仲間、スコット・ダースニーの姿を探していた。きっとスコットはどこかの岩に座って待ち受けていて、僕を見るなり「のろいやつだな」とからかってくるにちがいない。

ここから西に流れる支流にそって進んでいけば、80キロほどでアスコーレという村にたどりつく。そこからジープを拾って、山からおりられるだろうと思っていた。だがバルトロ氷河は、道というより迷路に近かった。

僕はまだ自分がはぐれたことに気づいていなかった。まちがえて南に進んでしまっていたのだ。このあたりは氷河からくずれ落ちた氷が散らばり、迷いこんだらなかなか出られない。しかもこの高地では薄い空気の中で、インドとパキスタンが争い、砲弾を投げつけあっている。

いつもなら、もっと気をつけていた。生死にかかわる情報には十分に注意しているつもりだった。途中で運良くムザファというポーターに出くわし、気を抜いてしまったのかもしれない。ムザファが重たい荷物、登山用具やテント、食料のほとんどを運んでくれたし、僕がはぐれてしまわないようとても気を配ってくれていたからだ。


1909年、イタリアの貴族であり、当時最も優れた登山家のひとりだったアブルッツィ公はバルトロ氷河をのぼってK2をめざした。結局頂上にはたどりつけなかったらしいが、彼は周囲の山々の美しさに感動し、日誌にこう書き残している。

「山の美しさという点で、この眺望に勝るものはあるまい。氷河と岩がおりなす信じがたい光景には、登山家のみならず芸術家も満足を覚えるであろう」

太陽はムズターグ・タワー山のぎざぎざの尾根のむこうに沈んだ。長くのびた影が、谷間の東側のがけをのぼり、ガッシャブルム山のするどい一枚岩にまで達する。僕は日が暮れていることに気づいていなかった。この日の午後、僕がぼう然と見つめていたのは、これまでの登山であまりなじみのなかったもの——つまり〝失敗〟だった。

ズボン《シャルワール》のポケットを探った。

指先には琥珀のネックレスの感触がある。妹のクリスタがよく身につけていたものだ。クリスタは3歳のときに急性髄膜炎にかかり、その後遺症で苦労することになった。12歳年上だった僕は、彼女のことをずっと見守ることに決めた。

クリスタはたびたび重いてんかんの発作を起こし、ごく簡単なことをするのにも苦労した。たとえば毎朝服を着るだけでも1時間以上かかった。

でも自分のことはなるべく自分でやらせようと、僕はクリスタのために仕事を見つけたし、バスの乗り方を教え、ひとりで出かけられるようにしたし、母にはいやな顔をされたが、ボーイフレンドができたときには避妊の方法を手ほどきした。

それから僕はアメリカ軍の衛生兵になり、小隊長としてドイツに派遣された後、看護学の学位を取るために勉強した。大学院ではてんかんについて学ぶため神経生理学の研究をした。その一方で車を乗り回し、登山に明け暮れた。

クリスタは毎月会いにきてくれて、僕たちはいろんな場所に行った。カーレースに競馬にディズニーランド、そして自然の造形がすばらしいヨセミテ国立公園、どこに連れていってもクリスタは喜んでくれた。

クリスタは23歳の誕生日、母とふたりでアイオワ州のダイヤーズヴィルに行くことになっていた。そこはクリスタが大好きな映画『フィールド・オブ・ドリームス』のロケ地だった。ところが当日の朝、彼女は出発する数時間前にはげしい発作を起こし、そのままこの世を去った。

僕はクリスタが残したわずかな持ち物の中から、琥珀のビーズでできたネックレスをもらった。ネックレスには、最後にいっしょにやったキャンプファイアのにおいがまだ残っている。

ネックレスはタルチョ（チベットの祈りの旗）に包み、パキスタンまで持ってきた。登山家としていちばん意味のある行いでクリスタを弔うために。世界で最も登頂がむずかしいとされる山、Ｋ２に登って、標高８６１１メートルの山頂にクリスタのネックレスをおいていきたい。

両親は信心深かったが、僕は神がどのようなものかまだ決められない。だが、どんな神でもかまわない。いと高きところに住む神に、捧げものをしたかったのだ。

３ヵ月前、僕は素足にテバ社のスポーツサンダルを履き、重さ40キロのバックパックを背負って、はりきってアスコーレ村を出発した（バルトロ氷河に向かうにしては、ちょっと場ちがいな格好かもしれない）。

ともに世界で2番目に高い山をめざす仲間たちは、イギリス、アイルランド、フランス、アメリカからそれぞれ集まった、金こそないが、やる気だけは異様にあるチームだった。

ヒマラヤ山脈のむこう、はるか南東にあるエヴェレスト山と比べても、Ｋ２の方がはるかに厳しい山だとされている。〝非情の山〟とまで言われるＫ２は、登山家にとっては究極の試練だ。切り立った花こう岩の斜面はあまりにも急で、雪さえすべり落ちてしまう。

だが35歳の僕は、雄牛のようにたくましかった。11歳でキリマンジャロにのぼり、学生時代はヨセミテのけわしい山々の間ですごし、ヒマラヤの山にはもう5、6回のぼったことがある。たとえＫ２が地上で最大にして最悪だと言われようと関係ない。僕は頂上にたどりつけることを、信じて疑わなかった。

山頂まであとほんの少しだった。あと６００メートルもなかった。

それなのに今ではＫ２はすっかり遠ざかり、僕の背後の霧の中にある。クリスタのネックレスもまだポケットの中にある。

どうしてこんなことになってしまったんだろう？

袖口で目をぬぐう。泣くことなんてめったにないのに。たぶん高度のせいだろう。たしかにいつもの僕じゃない。78日間、Ｋ２と命がけの格闘をした後では、すっかり弱ってしまい、ぬけがらみたいだ。アスコーレ村まであと80キロもの危険な道のりを、歩いていける力が残っているだろうか。

落石のするどい音がひびき、我に返る。

目をあげると、3階建ての家ほどある巨大な岩がごつごつした斜面を転がり落ちてくる。岩はだんだん速度を増して僕の前の道にぶつかり、氷河がくだけ散った。

何とか注意力をかき集めようとした。

あらためて景色を眺める。いつのまにか長くのびた影が、東の山々の斜面に届いている。

人が歩いた形跡を、最後に見たのはいつか？

たしか1時間ほど前、隊商《キャラバン》のラバがつける鈴の音が聞こえた。インド軍との戦場、シアチェン氷河に弾薬を運ぶパキスタン軍の隊商《キャラバン》だ。


何か他に形跡がないか、道をよく調べてみる。

アスコーレ村へ向かう道なら、きっとほかにも軍が通った跡があるだろう。だが、ラバのふんも、タバコの吸いがらも、空き缶も見当たらない。ラバのえさとなる干し草の切れはしさえも。よく見ると、ここは道なんかじゃない。岩と氷の間にできた、刻々と変化する迷路の一部だった。どうしてこんな場所に迷いこんでしまったのだろう。集中して考えてみようとしたが、だめだ。高所にあまりにも長くいたせいか、思考力も行動力もすっかり鈍っている。


岩だらけの斜面を1時間ほどのぼっていく。岩にも氷にも邪魔されない、遠くが見渡せる場所に出ようとした。

何か目印が見つかるかもしれない。よく思い出す。握りこぶしのような形をした岩だらけのがけだ。それさえ見つかれば、正しいルートにもどれる。だがのぼってみたところで、さらに疲れただけだった。人のいない谷間に迷いこみ、薄れていく光の中に立った。ずっと眺め続けてきた景色が、まるで見慣れないもののように見えた。

薄い空気のせいで頭がもうろうとしている。一瞬、パニックにおそわれかけた自分を落ち着かせるため、腰をおろして持ち物を確かめることにする。

色あせた紫の小さなデイパックから出てきたのは、パキスタン製の軽量の軍用毛布、空っぽの水筒、プロテインバー1本……だけ。高山用の羽毛寝袋、暖かい服、テント、ストーブ、食べ物、懐中電灯、マッチ……は、ポーターのムザファが持っていった荷物の中だ。

もう今晩はここですごして、明日の朝、日がのぼってから道を探そう。

気温はとっくに0度以下になっているが、死ぬことはないだろう。真夜中に不安定な氷河の上を歩き回る方がずっと危険だ。その程度の判断力は残っていた。あちこちでクレバスが大きな口をあけている。うっかりすれば、厚さが数十メートルもある、青い氷の下に落ちてしまう。

のぼってきたがけをそろそろとおりる。クレバスに落ちないように、または眠っている間に岩が落ちてきてつぶされないように、がけから十分離れた、足場のしっかりしたところ。平らで頑丈そうな岩が見つかったのでそこに落ち着いた。

冷たい雪を素手ですくって水筒に入れる。それから毛布でからだを包み、自分がどんなに孤独で無防備かということを意識から追い払った。

腕には傷が残っている。救出活動のときにロープがすれてできた傷だ。こんな高度にいると、傷はなかなか治らない。ぶかっこうにまいた包帯をほどいてうみを出さないといけないが、もうそんなことをしても意味がないような気がした。ごつごつした岩の上に震えながら横になった。太陽の最後の光が赤く燃え、それからゆらめいて消え、あとには紺色の残像だけが目に映った。

アブルッツィ公の探検に同行した医師が、この山並みの中で感じた寂しさについて記録した。彼らは二十数名のヨーロッパ人に加え、折りたたみ椅子や銀のティーセットを運ばせるために260人もの地元ポーターを引き連れた。さらにはヨーロッパの新聞まで届けてもらっていた。にもかかわらず、医師はこんなふうにつぶやいていた。

「深遠なる沈黙が谷をおおい、我々の精神も、漠然とした重みに打ちひしがれている。これほど孤独で、孤立し、自然に見放され、自然と触れあうことができないという感覚におそわれる場所は、ほかにないだろう」

孤独には慣れていた。大勢のアフリカ人に囲まれて育ったし、ヨセミテのハーフドーム山で野宿したこともある。

そのおかげか僕は落ち着きはじめていた。高山病で頭の中がまひしていたせいかもしれない。風が吹きはじめ、身を切るような寒さの中に、澄みきった星空が広がる。

周囲を意地悪く囲む山々を見てやろうと思ったが、やみの中では何もわからなかった。毛布にくるまって1時間ほどすごした。凍っていたプロテインバーを体温でとかしてかじり、砂の混ざった氷をとかして飲む。体がはげしく震える。この寒さの中で眠るなんて無理だ。仕方なく満天の星のもとで横になり、失敗の原因について思いをめぐらせることにした。

登山隊にはスコット・ダースニー以外に、リーダーのダン・マズーアとジョナサン・プラット、それからフランス人のエチエンヌ・フィーヌがいた。みんな山岳界のサラブレッドで、中でもエチエンヌは身のこなしが軽く、ザイルを使う技術もずば抜けていた。一方で僕はのろかったが、熊のように頑丈だった。身長193センチ、体重95キロという図体で、フットボールに向いていて、山登りのようなやっかいな活動が好きだった。

K2の山頂まであと600メートル弱の地点に、登山隊は簡単なキャンプを作った。そして食べ物や燃料、酸素のボトルなど、頂上にアタックするときに必要な物資を、途中の小屋まで8往復して運びこんだ。

このシーズン、K2をめざしたほかの登山隊は、100年ほど前に開拓された、南東の〝アブルッツィ稜〟というルートを選んでいた。

だが、僕たちは西稜のルートを選んでいた。ここは急斜面が多く、くねくねして、難所だらけの危険なルートで、かつて登頂に成功したのは、日本の大谷映芳とパキスタンのナジール・サビルの組だけだった。

そのぶんやりがいを感じていた僕たちは、誇らしい気持ちで西稜をよじのぼりはじめた。そして少しひらけた場所にたどりつくたびに、そこに燃料の缶やまいたロープをおろして休み、ただそんなふうにしているだけでも、自分たちは無敵であるような気がした。たとえ何か問題が起こったとしても、僕たちがＫ２の頂上に立つのはまちがいないと思っていた。

のぼりはじめてから70日をすぎた夜のことだ。僕とスコットは物資を補充するために96時間ぶっ続けで働いた後、ベースキャンプにもどって、ようやく眠りにつこうとしていた。

暗くなってきていた。最後にもう一度、Ｋ２の山頂を見ておこうと望遠鏡をのぞいた。そのときふと、上の方で何かが点滅しているのが見えた。

誰かがヘッドライトで合図を送っているにちがいない。

エチエンヌだろう。

エチエンヌはアルピニスト（この言葉には、登山家として尊敬の気持ちがこめられている）として、最小限の装備で身軽にすばやくのぼるのが持ち味だ。だが高度に体を慣らすことを考えず、先を急ぎすぎてしまうことがあった。

僕とスコットはひと仕事終えて、下におりてきたばかりだった。とうていエチエンヌを助けにいく力が残っているとは思えず、ベースキャンプにいるほかの登山隊に助けを求めたが、残念ながら誰も引き受けてはくれなかった。

僕たちは2時間テントで休んでから水分を補給し、再び出発することにした。


その頃登山隊のメンバー、ダンとジョナサンは標高7600メートルの第4キャンプから命からがら山をくだっているところだった。

彼らはエチエンヌとキャンプで合流し、いっしょに山頂をめざすことになっていたらしい。だがエチエンヌはキャンプにたどりつくなり倒れてしまった。エチエンヌは息を切らしながら「肺の中でガラガラ音がする」と言ったらしい。

高山病の症状のひとつ、肺水腫《はいすいしゅ》だ。肺に水がたまる病気で、すぐに低地におろさなければ命にかかわる。エチエンヌは口からピンク色の泡を吹き出している。助けを呼ぼうにも呼べない。無線機は雪の中に落として使えなくなっている。もはや3人は山をおりるしかなかった。

ダンとジョナサンは、交代でエチエンヌを体にくくりつけ、急斜面が多く、くねくねして、難所だらけの西稜をくだっていった。まるでジャガイモの袋でもぶら下げているような重さを感じながら、そのまま共倒れになることを覚悟しながら、ひたすらひき返した。ダンとジョナサンは本当の英雄だと思う。あれだけ夢見ていたK2登頂よりも、エチエンヌの救助を選んだのだから。

一方で僕とスコットは24時間かけてけわしい道をのぼり、第1キャンプ近くの岩の上で3人と合流した。

エチエンヌは何度も意識を失った。脳がむくんでしまう脳浮腫《のうふしゅ》の症状も出ている。ものを飲みこむことができず、意味もなくブーツのひもをほどこうとする。外科専門の看護師でもある僕は、エチエンヌの症状をやわらげるために注射を打った。

僕たち4人はすっかり疲れきっていた。だが、エチエンヌを連れてごつごつした岩の斜面をさらに48時間くだった。

ふだんのエチエンヌは英語を上手に話したが、たまに意識をとりもどしたときにはフランス語で何かぶつぶつ言っていた。難所にさしかかると、経験をつんだ登山家の本能なのか、力をふりしぼって装備をロープにくくりつけようとする。が、じきにぐったりしてしまう。

僕とスコットが出発してから72時間後、エチエンヌを前進基地の平らな地面にようやくおろすことができた。すぐさまスコットは下にいるカナダの探検隊に無線で連絡して、パキスタン軍の救助用ヘリを呼んでもらった。

それがもし実現していたら、〝ヘリを使った救助として最高地点〟という世界記録が誕生するはずだったが、軍司令部の答えは「天候が悪く風も強いから、もっと低いところまでおりてくるように」だった。

指令を出すのは簡単だろうが、それを実行するのは困難だ。

だが仕方ない。僕は再びエチエンヌを寝袋に入れて、体にしっかりしばりつけて、氷結した滝の中を通る困難な道のりを黙々と歩いた。僕もスコットも限界まで体力を使い果たしていた。ほとんど這いつくばるように前進した。

さらに6時間かけてK2のベースキャンプにたどりつくと、他の登山隊の大きな歓声とともに迎えられた。

パキスタン軍のヘリがエチエンヌを連れていく。カナダ登山隊のメンバーがごちそうを作り、宴会が開かれる。だが僕とスコットは飲んだり食べたりするどころか、用を足すこともせず寝袋に入り、死んだように眠った。2日間、僕とスコットはとぎれとぎれに眠り続けた。高所だからいくら疲れていても熟睡はできなかった。

テントを吹きぬける風が、アート・ギルキー追悼碑の金属の皿を鳴らす。アート・ギルキーは1953年のアメリカ登山隊の一員で、この地で遭難した。彼の追悼碑には非情の山、K2で命を落とした登山家の名前を刻んだ金属の皿が飾られている。

目を覚ますと、ダンとジョナサンからの伝言があった。ふたりとも上のキャンプにもどったらしく「体力が回復したらいっしょに頂上をめざそう」と書いていた。うれしかった。だが体力は回復しそうにない。物資補充に続く救助活動によって、すっかり使い果たしてしまっていた。

(ダンとジョナサンはその1週間後に登頂を果たし、はなばなしく帰国した。だがこのシーズン、K2登頂を果たした16人のうち4人が、下山の途中で命を落とした)

僕たちはようやくテントから這い出たが、歩くのがやっとというありさまだった。エチエンヌは命こそ助かったが、代償として足の指をすべて失うことになったらしい。僕とスコットは、もう山頂をめざせなかった。追悼碑に自分の名前が加わるのはまっぴらだったから、いっしょに文明社会にもどることにしたのだ。

*

そして今、僕は道に迷っている。

救助活動のことを思い出しながら、薄い毛布にくるまって夜明けを待ち、何とか寝心地のいい姿勢をとろうとしている。

僕は背が高いので、体をのばそうとするとどうしても頭がつき出てしまう。K2の登山中に、体重は14キロ減った。岩の上でどう寝返りをうっても、冷たい岩が骨に当たる。ときどき遠のく意識の中で、氷河の奥底から聞こえるまるで歯車がきしむような音を聞きながら考えた。クリスタの弔いは失敗したが、仕方がない。だめだったのは体が弱ったせいで、意志が弱かったからじゃない。誰にだって体力の限界はある。そして僕は今生まれて初めて、その限界がどういうものかを肌で感じている。

CHAPTER

# 2

# 川の反対側

*The Wrong Side of the River*

なぜそのように先のことを思いわずらい、
いたずらに頭を悩ませるのか？
不安を捨てて、アラーの御手にすべてをゆだねよ。
アラーは汝の知らぬまにすべてを定めたのだから。

——Omar Khayyam, The Rubaiyat
オマル・ハイヤーム『ルバイヤート』

目が覚めた。おだやかな朝だ。

頭は外気にさらされ、枕のかわりに平らな岩がある。

……息が……できない？

体にまきつけた毛布の中から、死にものぐるいで手を引っ張りだし、大あわてで顔のあたりを探った。氷が口と鼻の穴を薄くおおっている。氷をはがして深く息を吸いこむと、小さな笑いがこみ上げてきた。


ひと眠りした後で頭がぼけている。自分が一体どこにいて、何をしているのか、すぐには思い出せない。のびをする。岩に当たっていたせいでしびれてしまった部分をさする。徐々に感覚がもどっていくのを感じながら、あたりをゆっくり見回してみた。山々があり、その頂は淡いピンクや紫、青といった色に輝いている。まるでシュガーパウダーをまぶしたようだと思った。まもなく日の出をむかえる空は、風もなく澄み渡っている。


手足にまた血がめぐりはじめた。同時に、自分がどんなにやっかいな状況にあるか、記憶が順を追ってよみがえってきた。仲間がおらず、ここがどこかもわからない。だが不安はなかった。朝が来たから、何とかなるだろう。

カラスによく似た鳥が、頭上で輪を描きながら飛んでいる。その大きな黒い翼は、山頂をかすめんばかりだ。僕は毛布をリュックに押しこみ、水が半分入った水筒のふたを開けようとしたが、指がかじかんでうまくいかない。指が動くようになったら飲もうと水筒をそっともどした。上空を飛んでいた鳥は、僕が動いているのを見て興味を失ったのか、翼をはためかせ氷河をくだっていった。

わずかでも眠ることができたおかげだろう。頭がはっきりしてきたような気がする。ふり返って谷を見あげてみたら、ふと気がついた。ここまできた道を引き返していけば、数時間くらいで正しい道にもどれるはずだ。

北をめざして進んだ。まだ感覚が鈍っている足で、岩につまずいたり、力をふりしぼってクレバスを飛びこえたりしながら。それでもいい方向に向かっているという感覚を味わいながら。

子どもの頃よく歌っていた歌が、ふと口をついて出てくる。

「イエス・ニ・レフィキ・ヤング、アー・カイェー・ムビングニ（天にましますイエスは、我らのよき友人なり）」

スワヒリ語の歌詞だ。遠くにキリマンジャロ山をのぞむ小さな教会で、日曜の礼拝のときによく歌ったものだ。

ふと考えると、これはかなり奇妙な状況だろう――パキスタンで迷ったアメリカ人が、スワヒリ語を使ってドイツの賛美歌を歌っているのだから。

だが、救われた。

蹴飛ばした小石がクレバスに転がり落ちる。数秒してから、地下を流れる川に、ポチャンと落ちる音が聞こえる。

巨大な岩と青い氷だけが広がる、この月面のような世界では。

その歌はともしびのように、僕の心を温めてくれた。


1時間がすぎた。さらにもう1時間。

渓谷から急な道をのぼり、よつんばいになって雪庇《せっぴ》を乗りこえ、尾根の上にたどりつくと、ちょうど太陽が谷間を離れ、その姿を大空にあますところなくさらした。目を射ぬかれたような気がした。目もくらむような雄大な光景だ。ガッシャブルム山、ブロードピーク山、ミトレピーク山、ムズターグ・タワー山――氷をいただく巨大な山々が山肌をあらわにし、さえぎるものもなく日光が照りつけ、まるでかがり火のように燃えている。

岩に腰かけて、水筒の水を飲み干した。この光景はとても言い表せない。

ある山岳写真家は、バルトロ氷河に付き添う山々が刻一刻と移り変わる美しさをとらえようと長年挑んだが、とても叶わなかった。彼はここを地上で最も美しい場所だと考え、〝山の神々の玉座の間〟と名づけた。

もう何ヵ月もこの地ですごしているのに、山々がくり広げるこの劇的な光景にすっかり見とれてしまった。夏の間中ずっと、僕には最高峰K2の〝存在〟しか目に入らなかったが、この朝は山というものを初めて無心に眺めた。壮観だった。

歩き続ける。階段状にそそり立つ山肌、茶と黄土色の花こう岩がおりなす稜線、力強い調和を見せながら孤高の峰へと連なっていく――完璧な建築美。

心は不思議と満ち足りていた。体はすっかり弱り、このまま食べ物も暖かい服もなければ生きのびる可能性は低いが、関係なかった。氷河からとけて流れ出る水で水筒を満たす。飲んで冷たさに震えた。だが自分に言い聞かせる。食べ物がなくても数日間は平気だが、水は飲まなければ。

昼が近づいた頃、ごくかすかに鈴の音が聞こえてきた。

その音を追って西へと向かった。ロバの隊商《キャラバン》だ。あわててメインルートを示す石の目印を探すが、あたり一面、石が散らばっている。

そして不意に1500メートルはあるだろう大きな岩壁に行く手をはばまれた。

いつのまにか正しいルートをはずれてしまったようだ。さっきまで歩いていた方へ再び引き返し、たどるべき道の手がかりを探した。半時間ほど歩いたところで、タバコの吸いがらが、そして石の目印が見つかった。鈴の音をたよりに、道なき道を進む。鈴の音は、前よりもはっきりと聞こえるようになっている。

隊商《キャラバン》は見当たらない。だが1キロ半、もっと先かもしれない。

人の姿が見えた。氷河につき出した岩の上、空を背景に誰かが立っている。

呼びかけてみたが、遠すぎて声が届くはずもない。その人影は消えてしまった。が、しばらくしてからまた別の岩の上に現れた。さっきより数百メートルほど近い。残っている力をふりしぼり、大声で叫ぶ。人影はさっとこちらを向き、急いで岩からおりて、また見えなくなった。

氷河にはたくさんの岩が横たわっている。岩と同じような色のうす汚い服を着た僕の姿は見つけにくいはずだ。僕の声は岩の間でひびいた。

走る力は残っていなかったが、急ぎ足で息を切らしながら、最後にあの人影が見えた場所に向かった。数分ごとに大声をあげた。自分でもそんな声が出せるのがおどろきだった。

そして、ようやく相手と会える。

その人はクレバスのむこうで、クレバスに負けないくらいの大きな口を開けて、笑みを浮かべていた。

ムザファアだ。荷物を運んでもらうために、僕が雇ったポーターだ。彼は荷物をいっぱいつめこんだ僕のバックパックを背負い、小さく見えた。

ムザファアはクレバスの幅がせまくなっている場所を見つけると、40キロもある荷物を背負ったまま、ぴょんと飛び越えた。

「グレッグ《ギレグ》さん！　グレッグ《ギレグ》さん！」ムザファは叫びながら、荷物をおろすなり僕に抱きついてきた。

「神は偉大なり《アラー・アクバル》！　よかった、無事でしたか！」

ムザファは僕より頭ひとつ分くらい背が低い。それに僕より20歳ほど年上のはずだが、その力強さと勢いに圧倒された。僕は息が苦しくなってしまい、よろよろとその場にへたりこむ。

ムザファは体を離すと、僕の背中をうれしそうにピシャピシャたたいた。たたかれたせいか、よごれたシャツ《カミーズ》から砂ぼこりが舞ったせいか、咳が出てとまらない。

「お茶《チャイ》にしましょう」ムザファは僕の弱った体を気づかう。「お茶《チャイ》を飲めば、力が出ます」

そして風の入らない小さなほらあなへと僕を導く。荷物にくくりつけてあったヨモギの束をふたつかみほどむしりとり、ぶかぶかな上着のポケットから火打ち石をひっぱり出した。紫色がすっかり色あせたゴアテックスの上着。今までバルトロ氷河を案内した登山家の誰かからもらったものだろう。ムザファは金属製の湯わかしを手に腰をおろし、お茶の準備をはじめた。


ムザファ・アリと出会ったのは、スコットとK2をおりた4時間後だった。

K2のふもとから、ブロードピーク山のベースキャンプまでの距離は5キロほど。K2にのぼる前、スコットがメキシコ女に会いに通っていた頃なら、45分もあれば十分行ける距離だった。ところが登山後のくたびれきった足で歩いたら4時間。そこから重荷を背負って、さらに100キロ近くも歩くなんて考えられなかった。

そこへ現れたのが、ムザファとその友人のヤクブだった。ふたりはメキシコ登山隊のポーターとしての仕事を終え、バルトロ氷河を手ぶらでくだって帰る途中だった。

1日4ドルで僕たちの荷物をアスコーレ村まで運ぶと言う。ありがたく受け入れた。手もとにはほんの数ルピーしか残っていなかったが、山を無事におりられたら、もっとお礼をはずもうと思った。


ムザファはバルティ族だ。

バルティ族は〝パキスタン北部の高地にある渓谷〟というきわめて過酷な環境で暮らす。彼らは600年以上前、もともといたチベットの南西から、ネパールのラダック地方を通ってこの地にやってきた。

岩だらけの山道を越えてくる間に仏教は忘れ去られた。かわりに、自分たちをとりまく厳格な環境に見合った厳格な宗教、イスラム教シーア派を信じるようになった。一方で使う言葉には、チベット語の名残がある。

小柄で頑丈な体と、誰も訪れることのない過酷な高地でも暮らしていける、すぐれた運動能力。

登山家たちはバルティ族を見て、ネパールのシェルパ（ヒマラヤ登山の支援を主な生業としている、ネパールの高地少数民族）に似ていると感じる。だが、違いも多い。バルティ族は無口でよそ者に対する警戒心が強い。また熱心なイスラム教徒であるため、西洋人の間では、仏教徒のシェルパほどなじみがない。

彼らは結託して不平不満をまくしたてるから、いい加減うんざりさせられてしまう。体臭はおおむねきつい。いかにも山賊といった雰囲気。しかしその荒々しささえ気にしなければ、忠実で気高い心の持ち主であることがわかるだろう。たくましく、困難や疲労にも耐え、物事によくいどむ。小さくてやせた体とコウノトリのような足を動かして、よそ者なら手ぶらでも足をふみ入れたくないような道を、毎日毎日40キロもの荷を背負って進むのである。

～ Karakoram: Thre Ascent of Gasherbrum Ⅳ Fosco Maraini
(『ガッシャブルム４―カラコルムの峻峰登頂記録』フォスコ・マライーニ)

ムザファはほらあなの中でしゃがみこむと、火打ち石を使ってヨモギの葉に火をつけ、息をさかんに吹きかけて燃えあがらせた。彫りの深い整った顔つきが浮かび上がる。本当は50代半ばだが、ところどころ抜けた歯と日にさらされた肌のせいかずっと老けて見える。彼が準備していたのはバター茶《バイユーチャ》で、バルティ族の食事に欠かせないものだ。

ムザファは黒ずんだブリキの湯わかしでお茶を入れ、塩と重そうとヤギの乳を加える。さらにバルティ族にとっていちばんのごちそうである古いヤクのバター《マー》を薄く切りとって入れ、あまりきれいとはいえない人さし指でかきまぜた。

それを見ながら、僕は不安になった。ここへ来てから何度もバター茶《パイユーチャ》にお目にかかってきたが、そのにおいときたらフランス人が作ったいちばんくさいチーズよりもひどい。断る口実はないものかと思った。

ムザファから湯気の立つコップを渡されると、僕は思わず吐きそうになった。だが体が塩分と温かさを求めている。コップの中身をぐっと飲み干す。ムザファがお茶をつぎ足してくれる。また飲み干した。

3杯目のお茶を飲み干すと、ムザファは大喜びで僕の肩をたたき、小さなほらあなにはさらに砂ぼこりが立ちこめた。仲間のスコットは、ムザファの友人ヤクブといっしょに、先にアスコーレ村に向かったと言う。それを聞いて安心した。

「そうです、グレッグ《ギレグ》さん！」

それから3日間、バルトロ氷河をあとにするまで、ムザファは僕から決して目を離そうとしなかった。

僕には見つけることすらできないような道でも、ムザファにとっては大通りを歩くのと変わりない。「ついてきて」と言い、僕の手を引く。素足にたぶん中国製の安っぽいスニーカーを履いた彼の足取りを、僕は黙々と追っていく。

ムザファは信心深いイスラム教徒で、毎日5回の祈りは欠かさなかった。だが、たとえ祈っているときでさえも、ときどきメッカから目を離し、僕がそばにいるかどうかを確かめた。

「これはバルティ語で何て言うの?」

僕は何か新しいものに出会うたびに、名前をたずねた。氷河は「ガン・ジン」、なだれは「ルド・ルト」。イヌイットの言葉には〝雪〟を表す語がたくさんあるが、バルティ族の言葉は〝岩〟についての語が豊富だった。「ブラク・レプ」というのは、その上で眠ったり料理したりできる平らな岩。「クロク」はくさび形をした岩で、石造りの家のすきまをふさぐのに役立つ。小さな丸い石のことは「ホドス」と言う。バルティ族は、毎朝出かける前に、火で熱したホドスをパン生地でくるみ、「クルバ」というイースト菌を使わない丸いパンを焼いた。僕はわりと語学が得意なので、基本的なバルティ語はすぐに覚えられた。

せまい谷を進んでいくうちに氷は終わった。

3ヵ月と少し。僕は本当に久しぶりに、しっかりとした地面の上におり立った。

バルトロ氷河の先端は谷底にあり、黒くよごれたジェット機の鼻先のように見えた。そこから数十キロに渡って氷の下を流れる川が、今度はジェット機の噴射のように勢いよく空中にふき出している。

この泡立ちながら流れる水が、ブラルドゥ川の源流だ。

あるときスウェーデンのカヤック乗りがドキュメンタリーの撮影のために、スタッフといっしょにここへやってきた。ブラルドゥ川からインダス川に出て、３０００キロほど先にあるアラビア海まで旅をしようという企画だった。出発してから数分後、彼は荒々しいブラルドゥ川の力で岩にたたきつけられ命を落とした。

＊

数ヵ月ぶりに花を見た。花びらが5枚あるピンクの野ばらだ。ひざまずいて、しげしげと眺めていると、永遠の冬の世界から帰ってこれた気がする。

歩くにつれて、川岸にアシやヨモギなどの植物がちらほらと見られるようになってきた。このあたりは岩だらけで、生き物はそれほど多くはない。だが、僕には命があふれているように思えた。標高３４００メートルあたりまでおりてくると、秋の空気が心地良かった。空気がこんなにもずっしりとしていて、ありがたいものだとは。

バルトロ氷河の危険を無事に乗り切れたので、ムザファは毎日ひと足先に行くようになった。先に行ってテントを張り、夕食を用意して僕を待っていてくれるのだ。

僕はときどき道をまちがえたが、すぐ正しい道にもどることができた。夕方、ムザファのたき火が見えるまで、ずっと川に沿って歩けばいいのだから。

ただ、弱っている足で進むのはそれほど楽ではない。でも歩くしかない。何とか歩き続けるが、立ちどまって休むことも増えた。

K2をあとにしてから7日目、ブラルドゥ渓谷のがけの上に初めて木の姿を見つける。5本のポプラの木が強い風に吹かれながら、手招きをするようにしなっていた。きちんと並んでいるから、人の手が入っているのだろう。

生きてもどってきたのだ。木を見て僕は実感した。

ポプラの木のむこうには、あんずの林が広がっていた。9月半ば、標高3000メートルのこの地では、もう収穫は終わっている。

熟れた果物が、何百もの平らなかごに積んであった。ポプラの木の葉は実った果物の色をうつし、まるで燃えているようだった。

かごのそばでは女の人たちがひざまずき、実を切って種を出して、種の中から仁をとり出していた。女の人たちは、僕の姿に気がつくとショールで顔をかくし、ささっと木のうしろにかくれてしまった。

「アングレージ」つまり〝よそ者の白人〟から逃げたのだ。

黄色く色づいた畑の間を歩いていくと、刈り入れをしていた女の人たちは、畑のソバや大麦にかくれ、こちらの様子をうかがった。

だが、子どもたちは逃げもかくれもせず、あとからぞろぞろついてきて、僕のズボン《シャルワール》を指さしたり、手首を探って腕時計を探したり（僕は時計をしていなかったが）、かわるがわる手を引いてくれたりした。

ふと自分の姿が気になった。もう3ヵ月以上もシャワーを浴びていない。髪の毛は伸びっぱなしでボサボサだ。自分がばかでかくて、きたならしい男であるような気がした。子どもたちをこわがらせないように背をかがめてみたが、みんな僕をこわがっている様子はない。よく見ると、子どもたちの着ているズボン《シャルワール》・シャツ《カミーズ》は、僕と同じくらいよごれたり破れたりしているし、こんなに寒いのにほとんど靴も履いていない。

この村のにおいは、1キロ半離れていてもわかった。ねずの木を燃やすにおいと人間の体臭は、不毛の高地からもどった直後にはとてもきつく感じられた。

村の入り口には、ポプラの木で作った簡単な門がぽつんと立っている。そこにたどりつく頃には、ついてくる子どもが50人ほどに増えていた。

村の入り口でムザファが待っているのではないかと目をこらしたが、見当たらない。そのかわり、〝トピ〟という羊毛でできた灰色の小さなふちなし帽をかぶり、その帽子と同じ色のひげを生やした、しわだらけの老人が立っていた。

まるで渓谷のがけから彫り出したような、力強い姿だった。

「こんにちは。神の平和があなたとともに《アッサラーム・アライクム》」老人は言い、僕と握手をした。

名前はハジ・アリといい、この村のヌルマダル、つまり村長だという。

僕は案内されるままに門をくぐった。ここの人々は、客人を歓迎する習慣があるらしい。ハジ・アリは小川の近くで立ち止まり、僕に手と顔を洗わせてから、自分の家に招き入れてくれた。

ここはブラルドゥ川の200メートル上にある岩場の村だ。切り立ったがけに、危なっかしくしがみついているとも言える。ひしめきあった石造りの家には、何の飾り気もない。平らな屋根の上に、彩り豊かなあんずや玉ねぎ、小麦などが並べられていなければ、がけとほとんど見分けがつかない。


案内された村長ハジ・アリの家も、他の家とたいして変わりなかった。

寝具をたたくと、砂ぼこりが部屋中に立ちこめた。それから炉の近く、上座にあたる場所にクッションをおき、僕をそこに座らせた。

お茶を入れている間、言葉は交わされない。

ただ何十人もの男たちが次々に入ってくる足音と、炉のまわりにおいたクッションに座る音しか聞こえなかった。

やかんの下で燃えているのはヤクのふんだ。強烈なにおいがする煙は、ありがたいことに天井に空けた大きな四角い穴からぬけていく。見上げると、僕についてきた子どもたちが、天井の穴をぐるりと囲んでのぞいている。

今まで、この村に外国人が来たことはなかったらしい。

ハジ・アリは刺繍の入ったベストのポケットに突っ込んだ手をせわしなく動かし、油やけしたアイベックスの干し肉をとり出し、緑色の噛みタバコ《ナスワル》をこすりつけた。肉にタバコの風味が移ったのを確認すると、僕にひと切れくれた。

ちょっとひるんだが、思い切って飲みこんだ。見ていた子どもたちは、うれしそうにくすくす笑う。

さらにハジ・アリは、バター茶《パイユーチャ》の入ったコップをよこした。それを飲んだとき、なぜか喜びのようなものを感じた。

歓迎の儀式が済むと、ハジ・アリは僕の方に身をかがめ、ひげの生えた顔をつき出した。

「チーザリー？」しゃがれ声で言う。うまく訳すのはむずかしいが、「どうしたんだ？」というような意味だ。

場にいる全員が僕を静かに見つめている。僕は片言のバルティ語に身ぶり手ぶりをまじえながら、いきさつを説明した。

自分はアメリカ人で、K2にのぼりにきたこと（そう言うと男たちの間から、感心したようなどよめきがあがった）、すっかり疲れ果ててしまったが、こうして何とかアスコーレ村にたどりつけたこと。そして、これから乗せてもらえるジープを探し、バルティスタンの州都、スカルドゥの町まで行きたい。それだけ言うと、僕はクッションにぐったりともたれかかった。何日も歩き続けたし、これだけの話を伝えるのにも苦労した。暖かい炉のそばで、やわらかいクッションにもたれ、やさしそうな人たちに囲まれていると、どうにか押しとどめていた疲労感がどっと押し寄せてきた。

「ここはアスコーレ村《メット・アスコーレ》じゃない」とハジ・アリは言った。足もとの地面を指さして言う。「コルフェ村だ」

僕はぎょっとして飛び起きた。コルフェ村？　聞いたことがない。カラコルムの地図は何枚も見たが、そんな名前はどこにものっていなかった。絶対になかった。

いやな予感がした。3ヵ月前、アスコーレ村にきたときに見ていた景色とどこかちがっていたのだ。正しい道を歩いていれば、橋を通ってくるはずだった。独特な橋だったからよく覚えていた。ヤクの毛を寄り合わせて作ったロープを、ふたつの岩の間に渡しただけの橋だった。だが、そこを通ってきた覚えがない。ポプラの木に見とれているうちに、曲がるべき道を見落としたらしい。

「アスコーレ村に行く」僕は声をふりしぼった。「ムザファという男に会わなければならない。ムザファが僕の荷物を全部持っている」

ハジ・アリは立ちあがろうとする僕の肩をつかみ、力強く押しとどめた。

「トワハ！」彼は呼びつけ、何か話しかける。

「今日、アスコーレ村、だめ。あぶない。半日かかる」トワハと呼ばれた男はハジ・アリの息子のようで、少し英語がわかるらしい。父親そっくりの澄んだ目でこちらを見つめながら、父親の言葉をたどたどしく通訳する。

「すべては神の思し召しのままに《インシャッラー》。あした、父が、ムザファ、呼びにやる。今は、ねむれ」

ハジ・アリはおもむろに立ちあがると、暗くなった空からのぞいている子どもたちに向かって、帰るように手をふった。男たちは、炉のそばから去っていった。

僕の頭の中では不安が渦をまいている。道をまちがえた自分が腹立たしい。心細さも感じたが、やがて深い眠りに落ちていた。

CHAPTER

# 3

# 進歩と達成

*Progress and Perfection*

「あなたの村のために、何かお手伝いできることはありませんか？」
「教わることは何もありません。あなた方が持っているものも、たいしてうらやましくないです。どこをとっても、私たちの方が幸せそうだと思います。ただ、学校だけは欲しい。子どもたちを学校に通わせたいのです」

――Conversation between Sir Edmund Hillary and Urkien Sherpa.
from Schoolhouse in the Clouds
エドマンド・ヒラリー卿とウルキエン・シェルパの対話
『雲の中の学校』より

誰かがぶ厚いキルトをかけてくれていた。こうしてくるまっていると、暖かくていい気持ちだ。春が終わってから、家の中ですごすのは初めてだった。ほのかにくすぶっている炉の火で、眠っている人たちの姿がぼんやりと照らされる。部屋のあちこちで横になっている人たちの間から、いびきが聞こえてくる。僕も寝返りを打ち、その仲間に加わった。

次に目が覚めたとき、部屋にいたのは僕ひとりだけ。天井の四角い穴からのぞく空は真っ青に晴れ渡っていた。

ハジ・アリの妻サキナが、僕が起きたのに気づき、ラッシーと焼きたてのチャパティと甘いお茶を持ってきてくれた。

バルティ族の土地へきて、最初に僕に近づいた女性がサキナだった。

彼女はしわだらけで、笑いじわが目尻と口のはしでつながっている。こんなにやさしい顔の人にこれまで会ったことがない。長い髪はチベット風に大きく結いあげ、ビーズや貝がら、古い硬貨などで飾られた〝ウルドワ〟という毛糸の帽子をかぶっていた。

サキナは立ったまま、僕が朝食に口をつけるのを待っていた。

僕は温かいチャパティをラッシーにひたし、ひと口かじってみる。それから出されたものをがつがつと詰め込み、甘ったるいお茶で流しこんだ。

サキナはうれしそうに笑って、おかわりを持ってきてくれた。バルティ族にとって砂糖は貴重で、自分たちで使うことはめったにない。そのことを知っていたら、お茶のおかわりなんてもらわなかったのに。

　サキナが出て行くと、僕は部屋を見回した。貧しいといえるほど住まいは質素だ。色あせた観光ポスターが1枚、壁に打ちつけられている。野花が咲き乱れる牧場の中に、スイス風の山小屋がぽつんと立っている写真。

　黒ずんだ調理器具、何度も修理した形跡のあるオイルランプ……ポスター以外は、どれも実用的なものばかりだ。

　僕がかけぶとんにしていたキルトは、ずっしりとした重みがある。栗色の豪華なシルクで、小さな鏡が飾られていた。ほかの人たちが使っていた毛布は薄くてよれよれで、しかもつぎはぎだらけ。きっと、ハジ・アリの家でいちばん立派なものを使わせてくれたんだろう。


　午後遅く、何やら騒がしくなった。

　僕は村人たちといっしょに、ブラルドゥ川を見おろすがけの方に行ってみた。川から60メートルほどの高さ、がけからがけへ鉄製のケーブルが1本張られている。そのケーブルには箱がぶらさがっていて、その中に誰かが乗っていた。

　箱が近づいてくる。こんなふうにして川を渡れば、歩けば半日はかかる上流の橋まで行かなくて済むのか。だが、落ちたら確実に死ぬ。

箱が川のまんなかに差しかかると、誰が乗っているのかわかった。ムザファだ。見慣れた40キロのリュックを背負ったムザファは、木切れを寄せ集めて作った小さなロープウェイの中で窮屈そうに収まっていた。

今度は心がまえができていたから、背中をたたかれても咳きこまずに済んだ。ムザファは1歩さがると、僕の姿を頭からつま先まで潤んだ目で眺め、天に両手を差しのべた。まるで天から超自然的な力《マナ》でも降ってきたかのように。

「神は偉大なり《アラー・アクバル》！」

ハジ・アリの家で出されたにわとりの肉《ビアンゴ》は、バルティ族の人たちに似て、すじばっていて硬かった。彼らと食事をしながら話しているうちに、ムザファがカラコルムでは有名人だということがわかった。

彼は30年間、ヒマラヤでも特に優れた高地のポーターとして働いてきた。たくさんの業績があり、1960年に有名な登山家ニコラス・クリンチがマッシャーブルム山の登頂に初めて成功したときも同行しているという。

あんなに長い時間いっしょにいたのに、ムザファはそんな話をひと言もしなかった。感心した僕は押しつけがましくならないよう注意しながら、ムザファに3000ルピーを渡した。約束よりもかなり多い額だ。それから体力が完全に回復したら、ムザファのふるさとの村を訪れると約束した。

翌日、ムザファと僕はジープに乗り、スコットと合流してスカルドゥの町にたどりついた。

そこには登山家たちが愛用している〝K2モーテル〟という宿があり、ちゃんとした食事と心地良い寝床、そしてずいぶん気楽な生活が待っていた。

だが、ふとなぜかカラコルムが懐かしくなる。何か得がたいものを、あとに残してきたような気がしたのだ。

*

再びコルフェ村にもどった僕は、ハジ・アリの家を拠点に毎日を送った。

村の中をふらふら歩き回っていると、子どもたちが寄ってきて僕の手を引いた。岩だらけの不毛な地であるはずのこの村は、緑の小さなオアシスになっている。村人たちの苦労があってこそだろう。氷河がとけた水を畑や果樹園に引くために、何百本ものかんがい水路を手作業で管理しているのには感心した。

バルトロ氷河を無事にぬけ出した今になって、自分がどんなに危ない目にあっていたか、またどんなに体が弱っているかがわかった。

ジグザグの道をくだって川まで行くのもやっとだった。氷のように冷たい川で洗濯しようとシャツを脱いだときには、自分のやつれぶりにおどろいてしまった。腕は棒切れのようにガリガリで、自分のものとは思えないほどだった。

コルフェ村の老人たちは、よくあんずの木の下に何時間も腰をおろし、水ギセルを吸ったりあんずの仁を食べたりしている。僕もあの老人たちと同じくらいかもしれない。村までの道を息を切らして歩きながら思う。1、2時間歩き回って疲れると、ハジ・アリの家にもどり、炉のわきのクッションにもたれて横になった。天井の穴から空を眺めてすごすのだ。

村長ハジ・アリは僕の体調を気づかい、村の大切な〝チョゴ・ラバク〟つまり大きなヒツジを1頭つぶさせた。それほど肉は多くなかったが、40人で骨になるまでひと切れ残さずかじりとり、さらには骨を岩で割り、髄を歯でしごきとった。

みんながこれほど夢中で肉を食べる姿を見れば、いやでも気づく。コルフェ村ではこんなごちそうの機会はめったになく、つねに飢えと背中あわせで生きているのだ。


バルティ族は人生を楽しむすべをよく心得ているようだ。老人たちは、ひなたに腰をおろして美しいパイプを吸う。それ以外の者は、クワの木のかげで簡素なはたおり機に向かい、経験豊かな腕で仕事にはげむ。ふたりの少年が向かいあってすわり、おたがいにやさしい手つきで丁寧にしらみを取りあっている。

我々は満ち足りた思い、永遠の平和を味わった。ここでひとつの疑問が浮かぶ。何も知らずに生きていく方が……つまりアスファルトや自動車、電話、テレビなどを知ることなく生きていく方が良いのではないだろうか？

～Karakoram:Thre Ascent of Gasherbrum Ⅳ Fosco Maraini
（『ガッシャブルム4ーカラコルムの峻峰登頂記録』フォスコ・マライーニ）

この本が書かれて35年がたった今も、バルティ族は文明の利器を知らずに暮らしている。だがコルフェ村で数日すごすうちに、ここは僕たち先進国の人間が思い描くような理想の楽園ではないことがわかってきた。どの家でも、誰かひとりは甲状腺腫や白内障にかかっている。子どもたちの髪の毛はきれいなうす茶色だが、それは栄養失調のためだ。

村の礼拝堂《モスク》での夕べの祈りが終わった後、ハジ・アリの息子トワハといろんな話をした。医者は、いちばん近くてもスカルドゥの町から歩いて1週間かかるところにいる。だからコルフェ村の子どものうち3人に1人は、1歳の誕生日をむかえる前に死んでしまう。トワハの妻ロキアは7年前、一人娘のジャハンを生んだときに亡くなった。以前、僕のために用意してくれた鏡のついた栗色のキルトは、ロキアの嫁入り道具の中でいちばん立派なものだった。

コルフェ村の人たちに恩返しなんて、できるとは思わなかった。が、とにかくやってみることにした。

まず僕が持っているものをあげた。水筒や懐中電灯でも、バルティ族の人たちにとっては貴重品だ。夏に家畜を連れて、牧草地を探し求め長い距離を歩くときに役に立つ。これらはハジ・アリの家族に使ってもらうことに。そしてサキナにはキャンプ用のストーブをあげた。燃料の灯油はバルティ族の村でも手に入る。ワインレッドのフリースジャケットはトワハに着てもらった（彼にはだいぶ大きかったけれど）。ハジ・アリには、保温性の高い登山用ジャケットを贈った。

結果として最も喜ばれたのは、登山用の医薬品と、僕の看護師としての知識だった。

体力がもどると、僕は毎日急な坂をのぼってコルフェ村の家々を訪れ、みんなの手当てをして回った。

たいしたことはできない。たいていは傷口に消毒液をぬり、うんだ傷を切り開きうみを出すだけ。それでも、どの家でも長年静かに苦痛に耐えてきたバルティ族の老人たちが僕のことを待っていた。鎮痛剤や抗生物質を使ったり、折れた骨を治したりもした。できるだけのことをした。僕の評判が広まると、村中から「グレッグ先生」を呼びにくるようになった。僕は何度もただの看護師だと言ったが、このとき以来、僕はパキスタン北部では〝グレッグ先生〟として知られるようになった。

コルフェ村の子どもたちにとって、生活はたたかいだ。

彼らとすごしているうちに、よく妹のクリスタのことを思い出すようになった。クリスタはほんのちょっとしたことにも苦労し、だがめげずに取り組んでいた。人生がどんなにつらくても、クリスタは耐えていた。

そんな妹の存在と重なり、いつしか「コルフェ村の子どもたちのために何かしたい」と思うようになった。イスラマバードに着いたら、手もとに残ったお金で教科書や文房具を買い、学校に送ったらどうだろう。

「コルフェ村の学校を見せてください」

眠りにつく前、炉のわきに寝そべりながらハジ・アリに頼んでみた。するとなぜかハジ・アリのしわだらけの顔が曇るのがわかった。だが決して迷惑をかけるようなことはしないとしつこく頼み続け、何とか翌朝に連れていってもらえることになった。

いつものチャパティの朝食をすませると、ハジ・アリは僕を連れて急な坂道をのぼり、川から250メートルほどの高さにある広い岩棚にやってきた。すばらしい眺めだ。バルトロ氷河上流の青くとがった氷が、コルフェ村の灰色のがけからはるか上にそびえている。だが、景色にみとれている場合ではない。100人近くの子どもたち——男の子がほとんどで、勇気のある女の子がたった4人——が、建物などない、霜のおりた地面にひざまずいているのを見て、僕は言葉を失った。ハジ・アリは僕から目をそらして話す。村には学校がない。パキスタン政府は先生をやとってくれない。先生の給料は1日1ドル程度だが、村にはそれだけの余裕もない。そのため、隣のムンジュン村とあわせてひとりの先生をお願いし、コルフェ村では週に3日だけ授業がおこなわれている。残りの日は先生がいない。子どもたちだけで出された課題を自習しているという。

胸がしめつけられる思いで子どもたちを見ていた。

みんなは立ちあがって気をつけし、国歌を斉唱している。一日のはじまりだ。

「聖なる大地に祝福あれ。豊かな国土に幸せあれ。高潔な決意の象徴、パキスタンの地よ」

冬の気配がただよいはじめた空気の中に、たどたどしい子どもたちの歌声が白い息とともにとけていく。

そこにはトワハの娘・ジャハンもいる。スカーフをかぶった彼女も背筋をぴんとのばしながら歌っている。

「国民、国土、国家が、永遠の栄光に輝かんことを。三日月と星の輝く旗は、進歩と達成への道を示す」

僕が休養している間、パキスタン政府に対する村の人たちの不満をよく耳にしていた。

「低地で権力を握っているパンジャブ人は、しょせん俺たちとはちがう連中なんだ。政府の腐敗と怠慢のせいで、バルティスタンのために使われるはずのわずかな金でさえ寄こしてこない。首都イスラマバードからこの山村に来るまでの間に、すべて吸いあげられてしまうんだ」

パキスタン政府は、かつてカシミールの一部だったこの地域が欲しくて、インドとはげしく争っている。そのくせ、ここで暮らす人のためには何もしてくれない。皮肉なことだと。

コルフェ村のような高地に回ってくるお金のほとんどは、あきらかに軍事目的に使われている。シアチェン氷河沿いの地域で、インド軍とにらみあいを続けるには莫大な費用がかかるからだ。一方で、先生の給料として1日1ドルが出せない。いくらパキスタンが貧しい国とはいえ、そんな話があっていいものか？　三日月と星の輝く旗は、子どもたちを「進歩と達成」に導くために、たったそれだけのこともしてくれないのか？

歌い終えた子どもたちは、地べたに輪になって座り、かけ算の表を写しはじめていた。彼らのほとんどは手に持った枝で地面に字を書きつけている。ジャハンのように少し恵まれた子どもは、枝の先に泥水をつけて石板に字を書いていた。

7歳の子どもが、先生がいないのに静かに座って自習している。この子たちは、こんな状況でも、勉強したいと願っている。僕はクリスタのことを思い出した。何かしてあげなければ。胸をかきむしられた。

だが、何ができる？

手持ちのお金は多くない。いちばん安い宿に泊まっても、食事をして、ジープとバスを使ってイスラマバードに行き、飛行機に乗ってアメリカに帰ったらなくなってしまう。カリフォルニアにいても、ときどき看護師の仕事があるだけだ。ワインレッドの愛車、ガソリン食らいのラ・バンバ号が家のようなものだし、持ち物だって車のトランクに収まってしまうくらいしかない。

それでも、何かできるはずだ。

谷間を見おろす岩棚に、僕はハジ・アリと並んで立っていた。

山々が澄んだ姿を見せている。あそこにいどむために、はるばる地球を半周してやってきたのだ。

突然ある考えが浮かんだ。K2に登って山頂に妹のネックレスをおいてくる。なんて的はずれなことを考えていたんだろう。妹の思い出として、ほかにできることがあるはずだ。決心した。初めてお茶をいっしょに飲んだときから、ハジ・アリは何度も僕の肩に手をおいた。今度は僕の番だ。

「僕が学校を建てます」

CHAPTER

# 4

# セルフ・ストレージ

*Self-Storage*

偉大さは、つねに次のものを基盤とする。
ごく平凡な人間の姿と言動である。
――シャムス・ウッディーン・ムハンマド・ハーフィズ

アフリカのにおいがする。

僕はセルフ・ストレージのたて1・8メートル、よこ2・4メートルの部屋（といっても物置のようなものだが）の入り口でたたずんでいた。

48時間の飛行機の旅を終えた直後で、僕の頭はまだぼんやりしている。外はカルフォルニアのバークレー、サン・パブロ通りに面し、今は通勤時間帯で混み合っている。

イスラマバードからの帰途は実にやる気満々だったし、学校の資金集めについてあれこれ作戦を練るのも楽しくて仕方なかった。が、実際にもどってきたら、まったく何をどうしたらいいのかわからなくなってしまった。

ぎらぎらと照りつける太陽の下、カフェに向かう幸せそうな学生たちの中にまじっているうちに、自分の存在が希薄に感じられてくる。

ハジ・アリと交わした約束もあやふやだ。飛行機を3つ乗り継ぐ間に半分眠りながら見た映画とほとんど変わりない。

時差ぼけ。カルチャーショック。このぼんやり感の原因が何であろうと、今まで何度経験してきたことだろう。だから今度も、いつものように、この場所にもどってきたのだ。バークレーのセルフ・ストレージ114号。このかびくさい場所が僕の居場所だ。

息を深く吸い込みながら暗闇の中で手をのばし、電球のひもをさぐり当てて引っ張る。目に入るのは、壁ぎわに積み重ねられたほこりっぽい登山関係の本。アフリカの黒檀でできた象の隊商《キャラバン》の置物はもともと父のものだった。そしてページのすみが折れた古いアルバム。その上に座っているサルのぬいぐるみ、ジジ。

今ではもう遠い昔の思い出だが、あの頃のジジは僕のいちばんの友達だった。ジジを抱きあげると、胸の縫い目から中綿がはみ出していた。ジジを顔に押し当てて息を吸いこむ。

ぶかっこうに建てられたコンクリートブロックの家がよみがえる。中庭には大きく枝を広げたコショウの木がある。

子ども時代をすごしたタンザニアの光景だ。

＊

僕はアメリカのモンタナ州で生まれた。

だが1958年、僕が生まれてまだ3ヵ月のときに両親は一大決心をした。一家でアフリカの最高峰であるキリマンジャロ山のふもとタンザニアに移り住み、宣教師として働くことにしたのだ。

父のアーヴィンは口数の少ない男で、身長が180センチ以上あるスポーツマンだった。赤ん坊の頃から体格が良く、ボクシングの世界チャンピオンにちなんで「デンプシー」というあだ名をつけられた。この呼び名がすっかり定着し、本名は忘れ去られてしまった。

大恐慌で貧しくなった一家、その7人兄弟の末っ子として生まれた父は、高校のフットボールチームでは全米代表のクオーターバック、バスケットボールでは全米代表のガードをつとめ、そのすばらしい功績のおかげで、ミネソタ北部のごく小さな漁村から、広い広い世界へ旅立つことになった。

母のジェリーンは、アイオワ州からミネソタ州にやってきてすぐ父に夢中になってしまった。当時父は軍隊にいたが、3日間の休暇でカンザス州からもどってきたときにいきなり結婚することになった。

父は旅が好きだった。いつもミネソタより広い世界を見たがっていた。母がまだ僕を身ごもっていた頃、突然「教師を探しているそうだ。アフリカに行こう」と言い出したそうだ。母はいやだとは言えなかった。「若いときは自分が何を知らないかを知らないものよ。ただ思い立って行動しただけ」と後に母はよく言っていた。

こうして僕の両親は、〝東アフリカのケニアとルワンダの間にある〟ということくらいしか知らなかった国の、モシという町にやってきた。家はルター派教会の人たちが手配してくれた(その家はもともと、銃を売買していたギリシャ人のアジトで、政府当局が押収したものだった)。

衝動的な行動がうまくいくこともある。僕たち一家はすっかりこの国が気に入ってしまった。今思い返すと、いかに恵まれた子ども時代だったかを感じる。僕にとってはまさに天国だった。

＊

大きなコショウの木が大好きだった。あの木は僕にとっていつまでも変わらないものの象徴だ。夕方になるとねぐらにしているたくさんのコウモリたちが、えさを探しに飛び立ち、雨が降った後は庭中にコショウの香りが広がった。うっとりするような香りだった。

宣教師でありながら両親は宗教に対しておおらかだったから、僕たちの生活は宗教よりも社会活動が中心だった。父は日曜学校で教えるかたわら、うちのコショウの木をバックネットがわりにしてソフトボールのグラウンドを作り、それからタンザニア初の高校バスケットボールリーグも作った。そして最も力を注いだ仕事は、タンザニア初の教育病院、キリマンジャロ・クリスチャン・メディカルセンターの資金集めおよび設立だった。

一方で母はモシ・インターナショナル・スクールの設立に力を尽くした。僕もこの学校に通うことになり、さまざまな国から集まってきた子どもたちの言語や文化の中で楽しくすごした。だが国籍がちがうというだけで、どうしてけんかになるのかわからなかった。インドとパキスタンが対立を深めると、インド人とパキスタン人の子どもたちが休み時間に戦争ごっこをはじめる。銃を撃ったり相手の首を切るマネをする姿を見て、心を痛めた。ただそのほかの点では楽しい学校だった。小さな国連みたいで（生徒たちは28ヵ国から集まっていたし）、どの宗教の祭日も祝った。ユダヤ教のハヌカも、キリスト教のクリスマスも、ヒンドゥー教のディワーリも、イスラム教の犠牲祭も。

僕はスワヒリ語をすっかりマスターし、電話に出ればタンザニア人だと思われた。教会に行くのは嫌いだった。年を取ったアフリカの女の人たちが、いつも僕の金髪をいじくろうとしたから。

初めて本格的な登山をしたのは11歳のとき。小さい頃からキリマンジャロの頂上を指さしては「連れていって」とねだり続け、父もとうとう僕が山登りできる年齢になったと考えたらしく、希望を叶えてくれた。そして登っている間、僕はずっと吐きっぱなしだった。楽しむどころではなかった。山なんて大嫌いだと思った。

だが夜明けに山頂に立ち、一面に広がるアフリカのサバンナを見おろした瞬間、僕はすっかり登山にはまってしまった。

母は女の子を3人生んだ。カリ、ソーニャ・ジョイ、そして、僕が12歳のときに生まれたのが末っ子のクリスタ。父が病院の資金や優秀な職員を集めるためにヨーロッパやアメリカに行き、何ヵ月も帰ってこないことがあったので、僕が一家の大黒柱をつとめた（13歳にして身長は180センチ以上あった）。

妹たちはすくすく育ったが、クリスタだけは小さくてきゃしゃなままで、学校に入る前には彼女がほかの家族とは決定的にちがうことがわかった。赤ん坊のときに受けた天然痘の予防接種によってひどい副作用（腕が真っ黒になってしまった）が出たが、母はクリスタが脳に障害を持つようになったのは、この予防接種のためではないかと考えている。

クリスタは3歳のときには髄膜炎になり、母の必死の看病もむなしく重い後遺症を残した。8歳になるとよく発作を起こすようになり、てんかんだと診断された。ほかにも障害はあった。文字を読むことはすぐ覚えたが、それはクリスタにとってはただの音でしかなかった。文章の意味をまったく理解できなかったのだ。

だがクリスタは、僕たち家族の中でいちばんやさしかった。自分の限界にもいさぎよく立ちむかえる女の子だった。朝起きて着がえるのには長い時間がかかったが、学校へ行く僕たちにあまり迷惑をかけないようにと、前の日にきちんと服を用意していた。そんなクリスタのやさしさは、父親ゆずりだと思う。

父はモシの若者たちの話に耳を傾けた。若者たちの意欲は高い。だがタンザニアは世界で最も貧しい国のひとつで、せいぜい農作業くらいしか仕事がなかった。

そこで父は外国人理事たちの意向に反し、アフリカの豊かなエリート層の若者だけではなく、地元の優秀な学生たちを奨学金で受け入れようとがんばった。

病床数640の教育病院は立派に完成した。テープカットではタンザニアの大統領のスピーチもあった。父は病院の成功を願ってバーベキューパーティーを開こうと、バナナから作るポンベという酒を大量に買いこみ、庭の低木を切り払って500人の客がくつろげるようにセッティングした。

パーティーの当日、タンザニアの黒い民族衣装に身を包んだ父は、コショウの木の木陰に作ったミュージシャン用のステージに立った。アフリカに来てからの14年間で父はだいぶ太っていて、スポーツマンだった頃の面影はあまりなかったが、堂々としていた。

「私は予言する」と、父はスワヒリ語で切り出した。

「今から10年後には、この病院の幹部たちはすべてタンザニア人になっているだろう。ここはみんなの国だ。そしてこれはみんなの病院なんだ」

父の予言は当たった。病院が完成してから10年後、幹部はすべてタンザニア人になり、そこは今でもタンザニア最高の教育病院だ。

あの日ステージに立つ父を見て、僕はとても誇らしかった。この胸板の厚い大男は僕に、そしてみんなに、自分を信じればどんなことだってできると教えてくれたのだ。


父が力を尽くした病院も、母が力を尽くした学校も軌道に乗り、両親のタンザニアでの任務は終わった。父には新しい仕事の話がきていたが、両親はそろそろ僕たちにふるさとを知ってもらおうと考えていた。

僕と妹たちは、アメリカにもどると聞いてうれしくもあり、不安でもあった。僕は家にあった百科事典を開いて、アメリカ50州すべてについての項目を読み、どんなところだろうと想像し、胸をふくらませた。

僕たちがアフリカにいた14年間、ミネソタ州の親せきが、出られなかった家族の行事について教えてくれるついでに、メジャーリーグのミネソタ・ツインズの記事の切り抜きなどを送ってくれたりした。僕はその切り抜きを部屋に持ちこみ、夜になるとベッドの中で何度も読み返し、未知なるアメリカ文化に触れようとした。

そして僕たちは本や織物、木彫りの像を箱につめて、母方の祖父母が住んでいたセントポールの4階建ての古い家に引っ越した。それから中流階級の人たちが暮らすローズヴィルという町に、手ごろな値段の家を買った。

初めてアメリカの高校に行った日、教室に黒人の生徒がたくさんいるのを見て、「モシみたいだ」と思ってほっとした。一方で「あの図体が大きくておどおどしているやつはアフリカからきたらしい」という噂がたちまち広まっていた。

休み時間になると、背の高いがっしりした男たちが近づいてきた。バスケットボール部のやつらだ。金のネックレスにキャデラックの飾りをぶらさげていた。僕は水のみ場に押しつけられた。まわりには、こわそうな仲間たちが集まっていた。

「おまえ、アフリカ人じゃねえだろ」

そいつが笑い飛ばすと同時に、連中はいっせいに殴りかかってきた。「僕が何かした?」と疑問に思いながら、必死で頭を守った。げんこつの雨がやんで、唇をわなわなと震わせながら腕をおろすと、そこへ、ひとりが僕の目に1発食らわせ、別のひとりがゴミ箱を持ってきて、さかさまにして僕の頭にかぶせた。

僕は水のみ場のそばで臭いゴミ箱をかぶり、廊下のむこうに遠ざかっていく笑い声を聞きながら、その場で立ちつくした。

そんなこともあったが、学校になじむのは簡単だった。数学と音楽と科学は得意だったし、運動神経の良さも両親から受け継いでいた。ひとつだけできなかったのは、時間を守るということだ。僕の時間は子どもの頃からアフリカ時間だ。

父のアフリカでの仕事はあらゆる点で実り多いものだったが、お金にはならなかった。息子を学費の高い私立大学に行かせるなんて問題外だと知っていた。

そこで僕は高校生活の終わりに入隊を志願し、2年間の兵役につくことにした。ベトナム戦争の直後、軍に入ろうなんて考えるやつはめったにいない。同級生にはひどくおどろかれたが、お金がなかったから仕方ない。

高校を卒業してから4日後、ミズーリ州で基礎訓練がはじまった。大学に入った僕の同級生たちは、きっと朝をのんびりすごしていたことだろう。軍隊での初日、朝5時に訓練担当の軍曹が現れて、寝床ごと蹴飛ばされた。

「さっさと起きろ、この野郎！」

こんなやつをこわがったりするものか、と思った。

翌朝はまだ暗い中で着がえ、整えた寝床にすわり、5時にやってきた軍曹をむかえた。すると軍曹は「決められた8時間の睡眠をとらなかった」としかり、腕立てふせ40回を命じた。

それから僕は本部に連れていかれて、記章をもらった。兵舎にもどるなり、軍曹は言った。

「こいつはモーテンソンといって、きさまらの新しい小隊長だ。きさまらみたいなクズどもよりましだから、これからこいつの言うことを聞け」

僕は困った。おとなしい性格だったから、ほかの兵士たちに命令するのは性にあわなかったのだ。それでも、ただの兵士としてはわりと優秀だったと思う。フットボールできたえていたおかげで、訓練の厳しさはあまり気にならなかった。むしろベトナム戦争が終わり、やたらと軍の士気が低下していたことの方が記憶に残っている。

僕は新型の大砲の使い方や戦術を学んだほか、衛生兵としての訓練を受けたことで、医学に興味を持つようになった。

その後、第33機甲師団の一員としてドイツに派遣された。志願したときは本当に何も知らなかったが、軍隊に入ればもうそんなことは言っていられない。

ベトナム帰還兵の多くは、ヘロイン中毒になっていた。麻薬のやりすぎで死ぬやつもいて、遺体を回収しなければならないこともあった。ある冬の朝、軍曹の遺体を回収した。ゲイだということがばれたために殴られて雪の中に放りだされ、そのまま死んでしまったのだ。

ドイツのバンベルクは、東ドイツとの国境に近かった。誰かに発砲したことはなかったが、当時はまだベルリンの壁があり、かなりの時間、東ドイツの警備兵を銃でねらってすごした。西へ逃げようとした東ドイツの市民を共産主義の兵士が撃った場合は、撃ち返していいことになっていた。たまにはそんなこともあったようだが、ありがたいことに僕が見張っているときにはなかった。

*

ドイツで知りあった白人の兵士たちは、たいてい週末、酒や女や麻薬におぼれていた。それが嫌だった僕は、よく黒人の兵士といっしょに軍の飛行機に乗り込み、ローマやロンドンやアムステルダムをただで旅行した。旅も旅の仲間も最高だった。仲良くなった相手はみんな黒人だったが、軍隊では人種なんて問題じゃない。ドイツにきてようやく、僕は孤独を感じなくなった。タンザニアを出て以来初めてのことだ。

こうして2年が経ち、めでたく除隊した。除隊後は、フットボール選手として奨学金をもらい、ミネソタ州の小さな大学に入った。そして僕たちのチームは全国大会で優勝した。

その頃、母は大学院で教育学の博士号をとろうとしていたし、法律に関する地味な仕事をしていた父の給料は安かったから、うちの家計はあいかわらず苦しかった。僕は大学に通うかたわら、学食で皿洗いのバイトをしたり、ダコタ病院で夜勤の仕事をしたりして、毎月かせぎの一部を父にこっそり送った。

それから数年後、父にガンがみつかった。僕は化学と看護学を専攻していたから、父のガンが転移してリンパ節と肝臓に広がっていると聞いて、父との別れが近いことがわかった。48歳だった。だから僕は試験勉強やアルバイトの時間をやりくりして、週末は車で6時間かけてミネソタの家に帰り、父といっしょにすごした。会うたびに、父の衰えぶりにがく然とした。

僕は父の主治医にお願いして、放射線治療をやめてもらった。回復する見こみはなかったので、残されたわずかな時間を楽しんでもらいたかった。退学してずっと父の世話をしようかとも思ったが、父は「ばかなことを言うな」と聞き入れてくれなかった。訪問を続けた。天気のいいときには庭に連れだして日光浴をさせた。父を抱きあげると、すっかりやせてしまったのがわかってつらかった。父はまだタンザニアの家の庭が忘れられないのか、ハーブを大切に育てていて、雑草を1本も残さないよう僕に草取りをさせた。

夜寝る前になると、父の部屋からタイプライターの音が聞こえてきた。自分の葬儀の段取りをこと細かに決めているのだ。母はソファでうとうとしながら待ち続け、父がタイプを終えると彼を寝床に連れていった。

最後の別れのとき。僕は翌朝に試験を控えていたので夜までには帰りたいと思っていたが、やはり父のそばを離れられなかった。父は愛情表現が苦手だったが、僕がいる間ずっと僕の肩に手をおいていた。とうとう僕が立ちあがると、父は言った。

「大丈夫だ。心配ない。何もかも片がついているから」

アフリカでの日々をしめくくるために、父はモシで盛大なパーティーを開いた。そのときと同じように、父はこの世に別れを告げるときも、最後の賛美歌にいたるまできちんと段取りをつけていた。

翌朝、安らかに息を引き取った。

＊

別の大学に行こうとも思ったが、自分で稼げるようになるまであと5年もかかってしまう。

一方でクリスタの発作はどんどんひどくなっていた。父に続いてクリスタまで失ってしまうのではないかと心配だった。そこで僕は家にもどり、1年間クリスタのそばですごすことに決めた。まずは彼女に点滴の袋を集める仕事を紹介し、それから職場にひとりで行けるようになるまで、何度もいっしょに路線バスに乗った。クリスタは僕のガールフレンドに興味を持ったので、母には恥ずかしくて言えないようなこともいろいろと教えてあげた。

それから僕は神経生理学の勉強をはじめた。がんばればクリスタの治療法をみつけられるかもしれないという淡い希望を抱いていた。だが医学の進歩はあまりにも遅く、てんかんについて知れば知るほど、クリスタを治せる見こみはますます遠のいていった。ぶ厚い教科書をめくったり、研究室ですごしたりしながら、僕の心はだんだん非現実をさまよいはじめた。友人ふたりとロッククライミングを覚えたサウスダコタの岩山へ、水晶の鉱脈が縦横に走っている花こう岩の山へと。

山に行きたくてたまらなくなった。祖母からもらった愛車ラ・バンバ号があるし、数千ドルの貯金もある。ここでの生活とはちがう、タンザニアですごした日々のような、屋外での生活を送りたい。カリフォルニアに行こうかなと思い立ったとき、僕はもうラ・バンバ号に荷物を積んでいた。

＊

カリフォルニアでの生活といえば、南カリフォルニアの岩山とネパールの6000メートル級の山々を往復するだけ。うっとりするような体験だった。母が取り仕切っていた家をはじめ、軍隊、大学ときまじめな生活をしていたが、今は好きなだけ山を登る自由、そして次の登山に必要な分だけ働けばいい。僕は看護師として働きはじめ、ベイエリアの救急室で、夜間や休日などの誰もやりたがらない時間帯を受け持った。そのかわり、山に行きたくなれば好きなときにぬけ出せばいい。

さらに倉庫街にある〝シティー・ロック〟というクライミング・ジムの会員になり技術をみがいた。マラソンもはじめたし、ベーカー山の北面ものぼった。アンナプルナⅣ山やバルンツェ山なども のぼった。僕の人生は登山一色だった。登山にまつわる物語を読んだ。登山の歴史もかなり勉強した。この頃の僕の愛読書は『山々の自由』という本だった。

ときどき遊びにきていたクリスタにも山のすばらしさをわかってもらおうと、ヨセミテ国立公園に連れていき、ハーフドーム山の一枚岩を指さし、僕がのぼったことのあるルートを教えたりした。

僕はガールフレンドといっしょに、シエラネバダ山脈東部にあるシル山に登っていた。僕たちが登頂をすませ山で一泊した次の日、朝の4時半。氷河をくだっていたときに僕はつまずいて倒れ、急な斜面をころげ落ちた。途中何度も1、2メートルくらいの高さにまではねあげられては、硬くなった雪と氷にたたきつけられ、重い荷物のせいで、左肩はねじれて脱臼し、上腕の骨が折れた。高さにして240メートルほどすべり落ちただろうか。使える方の腕でどうにかピッケルを雪に食いこませ、それ以上は落ちないようふん張った。

もうろうとする意識の中、24時間かけて山をおりて、彼女の運転する車で最寄りの救急病院まで連れていってもらった。病院から母に電話した。助かったことを伝えるためだった。だが母から聞かされた話は、自分のけがよりずっと耐えがたいものだった。その日、母とクリスタは、クリスタの23歳の誕生祝いに、映画『フィールド・オブ・ドリームス』のロケ地、アイオワ州ダイヤーズヴィルのフィールド・オブ・ドリームスに行くことになっていた。だが母がクリスタを起こそうと部屋に入ってみると、彼女は床の上にうつぶせになっていた。トイレに行った後でベッドにもどろうとしたとき、発作が起きたようだ。冷たくなっていた。せめてものなぐさめは、クリスタが苦しまずにこの世を去ったということだ。

クリスタの葬儀に、僕は三角巾で腕をつって参列した。牧師は弔辞の中で、クリスタが大好きだった『フィールド・オブ・ドリームス』の中の有名な台詞をもじって言う。

「目覚めたクリスタが『ここはアイオワなの？』とたずねたら、きっとこんな答えが返ってくるでしょう。『いや、ここは天国だ』と」


カリフォルニアにもどり、今までにないほど生きる意味を見失っていた僕のところへダン・マズーアから電話がかかってきた。ダンは優秀な登山家であり、意志が固いという評判だった。

「K2登山を計画しているんだが、医療担当者が必要なんだ。いっしょにくる気はないか」

これでまた、自分の進むべき道を見出せる。クリスタを弔うこともできる。登山家が最も敬意を払っている山に登り、無意味な生活からぬけ出して、何らかの意味を見出すこともできるかもしれない。

＊

ぬいぐるみのジジをゆっくり顔から離し、再びアルバムの上においた。サン・パブロ通りを大型バイクが轟音をたてて走りすぎ、この小さな部屋をゆらしていく。僕はいったん部屋を出て、ラ・バンバ号のトランクから登山用具を取ってもどってきた。

ハーネス、ロープ、アイゼン、カラビナ、六角ボルト、ユマール……道具を一つひとつ壁にぶらさげてみる。この5年間ほとんど休むこともなく大陸を越え、人がたどりつくのは不可能だと思われていた山頂に僕を連れていってくれた道具たち。今は何の役にも立たないように思えた。地球の反対側には、冷たい地面にひざまずき泥と棒を筆記用具がわりに勉強している子どもたちがいる。そんな彼らに関心を持ってもらうためには、そしてお金を集めるためには、一体どんな道具を使えばいいんだろう。

部屋におかれた思い出の品たちは、電球のコードを引っ張ると同時に暗がりにとけこんでいく。カリフォルニアの太陽の光がひとすじ、ジジのプラスチックの瞳を照らしていた。

CHAPTER

# 5

# 580通の手紙と1枚の小切手

580Letters, One Check

心に哀しき憧れを抱け。
決してあきらめず、決して希望を失うな。
アラーいわく「我は打ちのめされた者を愛する」。
傷つくがいい。打ちのめされるがいい。

――シャイフ・アブ・サイード・アビル・ヘイル、
またの名を、名も無き者の息子

このタイプライターは、僕の手には小さすぎる。何度も何度もふたつのキーをいっしょにたたいてしまう。そのたびに手紙を破り、また最初からはじめるものだから余計なお金がかかる。古いＩＢＭのタイプライターで、使用料が1時間1ドルというのは格安だと思ったが、コピーセンターでタイプと格闘しはじめてから5時間、まだ手紙は4通しかできていない。

問題は、タイプライターのキーとキーの間がせますぎるだけではない。どう書いたらいいかもよくわからないのだ。

5通目の手紙は、テレビ司会者として有名なオプラ・ウィンフリーに宛てた。

〝拝啓、ウィンフリー様。番組を楽しく拝見しています。あなたはいつも「人々にとって今最も必要なこと」について真剣に考えていらっしゃるようにお見受けします。こうしてお手紙をお送りしているのは、コルフェ村というパキスタンの小さな村のことと、そこに私が学校を建てようとしていることを、あなたにお伝えするためです。ヒマラヤは美しいところです。しかし子どもたちが通える学校がない。その事実をご存じでしょうか?〟

ここで、いつもつっかえてしまう。〝寄付してほしい〟とはっきり書くべきだろうか? それとも〝協力してほしい〟か? 寄付を頼むにしても、具体的な金額を提示すべきだろうか?

〝私は100人の生徒が通える学校を建てようと計画しています。世界第2の高峰K2にのぼるために(結局登頂はできませんでしたが)パキスタンに行ったとき、専門家に相談したところ、現地で資材を調達し人手を集めれば、1万2000ドルで建てられることがわかりました〟

次がいちばんむずかしいところだ。全額を頼んでいいのだろうか？

〝金額を問わず、ご協力いただければ幸いです〟

だが指先はあいかわらず思いどおりに動かず、まちがったキーを押してしまった。手紙を破り捨てた。また最初からやり直しだ。

この日、夜勤のため病院の救急室へ向かうまでに、封をして切手を貼れた手紙はたった6通だった。1通はオプラ・ウィンフリー、それからCNNなど、テレビ各局のニュースキャスターに1通ずつ。あと女優のスーザン・サランドン。親切そうだし、こうした問題に興味を持ってくれそうだったから。

ハンドルを中指1本で回してラ・バンバ号をとめて、助手席の窓から身を乗り出し、バークレー郵便局のポストに手紙を放りこんだ。

1日の仕事としてはたいしたことはない。ともかく手はつけた。そのうち、もっと早く手紙を書けるようになるだろう。目標は500通だ。ラ・バンバ号を走らせながら、僕は浮かれた気分になっていた。導火線に火をつけたらじきに爆発が起きる。こんなふうに動いていれば、そのうちいい知らせがドカンとやってくるにちがいない。

＊

救急室では時間があっというまにすぎていくこともある。反対に重症患者がひとりもおらず、朝までのろのろとすぎていくこともある。そんなときは仮眠をとったり、医師たちと話してすごす。そのひとりに呼吸器専門のトム・ヴォーンがいた。トムはやせていて背が高く、眼鏡をしたまじめな男だった。登山家でもあり、パキスタンのガッシャブルムⅡ山の登山隊に医師として参加したことがある。

「ガッシャブルムⅡ山からK2を見てみるといい。とても美しくて、おそれさえ感じるんだ」

ガッシャブルムⅡ山は、8000メートル級の山の中では最も登頂が簡単だとされている。だがトムがいた登山隊のメンバーは誰ひとり頂上にはたどりつけなかった。1人はなだれにまきこまれてがけから落ち、遺体すら見つからなかった。

だからトムは、僕がK2の頂上近くまで行ったことがどんなに危険で、すごいことかをわかってくれた。トムは仕事の合間に、荒涼としたバルトロ氷河の崇高な美しさについて聞きたがった。反対に僕は登山家にとって時に命取りとなる肺水腫について、専門家であるトムにあれこれ聞いた。

トムはあるとき言った。

「君の急患に対する処置はいつも適切で手際よく、落ち着いている。でも医学に対する熱意は感じられない。ここでの仕事は、次にパキスタンに行くまでのつなぎなんだろうな」

たしかに僕の心は、2万キロ離れた山あいの村をさまよっていた。だが実はこのとき僕の心をとらえて離さなかったのは、麻酔学の研修医であり、登山家でもあるマリーナ・ヴィラードの存在だった。

彼女に会うと、いつだって落ち着かない気分になった。マリーナは飾り気がなく、化粧もしていない。だが黒い髪とふくよかな唇は、目がくらみそうなほどだった。いっしょに仕事をすると胸が苦しくなった。デートに誘おうかと思った。いっそ会わないようにした方が悩まなくてすむんじゃないかとも思った。本当にどうしたらいいか、ずっと決めかねていた。

＊

学校の資金を作るために、アパートを借りるのはやめた。

セルフ・ストレージがあるし、ラ・バンバ号の後部座席もソファくらいの大きさがある。バルトロ氷河で使っていたテントに比べれば、すきま風も入ってこないし、ずっと快適に眠れる。クライミング・ジムの会員だから、毎日のように体をきたえられる。会員用のシャワーを使うこともできる。夜になると、ラ・バンバ号で海辺の倉庫街をうろつきながら、眠れそうな静かで暗い場所を探した。車の中で寝袋にくるまりできるだけ足をのばすと、マリーナの姿を思い浮かべながら眠りに落ちるのだ。

仕事がないときは、手紙を少しずつ書いた。上院議員には全員手紙を送った。図書館に入りびたり、ふだんは読まない週刊誌をめくって、映画スターやポップス歌手の名前を見つけてはリストに加えた。アメリカの金持ち上位１００人が掲載された本から住所を写した。自分が何をしているのかよくわかっていない。ただ、影響力がありそうな有名人、ＶＩＰなどに宛てて、手紙をタイプし続けた。僕は36歳になっていた。

ある日いつものコピーセンターに行ってみたら閉まっていた。仕方なく、そこからいちばん近くにあった別のコピーセンターに入った。

「タイプライターなんてありませんよ」

「ない？」

「もうそんな時代じゃないですよ。パソコンならお貸しできますが」

店主は言ったが、僕はパソコンの使い方を知らないと答えた。

店主のキシュワール・サイードはパキスタン人で、僕がなぜ手紙をタイプしたがっているかを伝えると、僕をマッキントッシュの前に座らせた。パソコンの使い方を無料で教えるという。

「パキスタンの私の村にも学校がなかった。あなたがやろうとしていることは、私にとっても大切なことです。お手伝いするのは義務でしょう」

パソコンのコピーとカット＆ペーストという機能にはおどろかされた。

これまで何ヵ月もかけて、３００通の手紙をタイプしたあの苦労は何だったんだろう。パソコンを使っていれば１日で終わっていたのに。

その週末、僕はサイードの手ほどきを受けながらコピー&ペースト機能を駆使して手紙を書き続け、目標の500通を一気に書きあげた。さらに勢いづいた僕は、サイードといっしょにほかの有名人を挙げ、手紙は最終的に580通になった。

その後も仕事がないときにはサイードの店に行き、コルフェ村の学校のために、助成金の申請書を16通作った。

パソコンに向かう合間に、僕とサイードは女性について話しあった。孤独のこと、愛のこと。切ないけれど、心地良いひとときだった。サイードには婚約者がいたが、母親が決めた相手だった。今はパキスタンのカラチに住んでいるが、働いてお金がたまったら結婚して、彼女をアメリカに連れてくるつもりだという。

僕がマリーナにまいっていることを打ち明けると、サイードは彼女をデートに誘う作戦をいろいろと考えてくれた。

「いいか、もう家庭を持っていい年齢なんだぞ。何をぐずぐずしているんだ?」

もっともだが実際、マリーナをデートに誘おうとするたびに舌が動かなくなってしまう。だからかわりに、カラコルムのことや学校を建てる計画について話した。彼女の瞳に見とれて我を忘れそうになりながら。何とかふみとどまって、自分の思い出に集中して、エチエンヌを助けたことや、バルトロ氷河をさまよったことを話した。コルフェ村でハジ・アリのもてなしを受けた日々のことも聞いてもらった。目をあげると、マリーナの瞳が輝いているのがわかった。

こんな会話をするようになってから2ヵ月後、マリーナの方からデートの誘いがあった。僕の苦しみはやっと終わった。

パキスタンからもどって以来、僕の生活は修道士のようにつつましかった。朝食はほとんど毎日、マッカーサー通りにあるドーナツ店のスペシャルセット。ドーナツ1個とコーヒーのセットで、99セントだ。昼飯はぬくことが多い。夜はバークレーのメキシコ料理店で3ドルのブリトー。だが最初のデートで、僕はマリーナを海辺のシーフードレストランに連れていった。歯ぎしりしたくなるような値段だったが、白ワインも1本頼んだ。夢中だったからだ。

マリーナには、別れた夫との間にふたりの娘がいた。5歳のブレーズと3歳のデイナ。僕は母親だけでなく、娘たちのことも大好きになった。

週末、女の子たちが父親のところに泊まりにいくとき、マリーナと僕はヨセミテ公園に出かけ、ラ・バンバ号をねぐらに山登りを楽しんだ。女の子たちがいるときは、バークレー・ヒルズにある岩山、インディアン・ロックへ。景色を楽しみながら、ロッククライミングの基礎を教えた。突然家族ができたような気がした。それまで気づいていなかったが、僕はきっと家族が欲しかったのだ。

母はその頃、あちこちさまよっている僕のことを心配していた。学位をとった母はウエストサイド小学校の校長になっていたので、僕は母の頼みで600人の生徒たちを相手にスライドショーとスピーチをすることになった。

いつも誰かに会うたびに「なぜパキスタンの子どもたちを助けたいか?」という疑問に答えるのはひと苦労だったが、子どもたちはすぐに理解してくれた。

寒い外で、先生もいないのに勉強している子どもたち。その写真を見て、信じられなかったみたいだ。みんな、何かしよう、と考えてくれた。

1ヵ月後、母から手紙が届いた。母の小学校で、子どもたちが「ペニーをパキスタンへ」というプロジェクトをはじめたという。全部で6万2345枚、150リットル入るゴミ箱ふたつがいっぱいになる量のペニー(1セント硬貨)が集まったらしい。

送られてきた623ドル45セントの小切手を見て、ずいぶんうれしかった。ようやく運が向いてきたような気がした。

＊

ほかのことは、なかなか進まない。

580通の手紙を送って半年すぎたが、返事はたった1通だけ。

返事をくれたのは、NBCのあるキャスターだった。彼は僕と同じ大学の出身で、僕と同じフットボールのコーチに指導を受けていたらしく、100ドルの小切手に〝成功を祈る〟というメッセージが添えられていた。

助成金の申請結果もひとつ、またひとつと届いたが、僕はそのたびに打ちのめされるだけだった。

僕は医師のトム・ヴォーンにキャスターからの手紙を見せた。そして寄付金が思うように集まらないことを打ち明けると、トムは自分が支援していた米国ヒマラヤ財団に協力を頼んでくれた。

僕のK2登山のこと。コルフェ村に学校を建てようとしていること。それから著名な登山家エドマンド・ヒラリー卿がネパールでおこなったことを思い出してほしいということ。

それらをまとめたトムの記事が、財団のニュースレターに載った。

ヒラリー卿は1954年、人類で初めてエヴェレストの頂上に立った。

そして彼は、エヴェレスト山麓のクンブ渓谷で新たな使命に挑んだ。登頂をサポートしてくれたシェルパ（ヒマラヤ登山隊の案内人）たちが暮らす貧しい村のために、学校をつくること。それは世界一高い山にのぼるよりもむずかしい、とはヒラリー卿自身の言葉だ。

「裕福な国には発展途上国を支援する義務がある。私たちは少しずつ、痛みをともないながら、そのことを認識しはじめている。相手への慈悲の心のためだけではない。このようにしてこそ、私たち自身の安全と平和が、永遠に守られるからだ」

地上で最も高い山を征服したヒラリー卿は、世界中でその名が知られる有名人になり、寄付を頼まれた人たちは、競って「ヒマラヤ学校遠征隊」を支援した。

『ワールドブック百科事典』はチーフ・スポンサーとして5万2000ドルを提供した。シアーズ・ローバック社は、〝ヒラリー卿公認〟のテントや寝袋を売り出す一方で、遠征に必要な物資を提供したり、撮影隊を派遣したりした。ヨーロッパの映画会社や出版社は、ヒラリー卿がネパールに発つ前、遠征の記録を発表する権利を買い取った。


一方、僕はK2登頂に失敗しただけでなく、一文なしになってもどってきたわけだ。

そしてマリーナに夢中になっている。計画がだめになってしまうから、無駄なお金は一切使えない。おまけに警察にも目をつけられた。いつものようにラ・バンバ号の中で寝泊まりしていると、真夜中に警官がやってきて、懐中電灯の光を当てて僕を起こす。僕はとりあえずその場を去り、ねぼけまなこで運転しながら倉庫街をうろつき、朝まで邪魔されずに眠れる場所を探す。そんな毎日なのだ。

やがてお金のせいでマリーナとの関係がぎくしゃくしはじめた。週末にラ・バンバ号で山登りというデートに彼女はもう魅力を感じなくなっていた。ヨセミテに向かう途中、マリーナが「ちょっとぜいたくしたい。高級ホテルに泊まりたい」と言い出したから、僕はそっけなく断った。そんなところに1泊したら、今まで学校のためにためてきたお金がなくなってしまう。その後はたがいに口もきかず、車の中は気まずいムードに包まれた。

＊

ある日仕事にいくと、トムが処方せんの紙に書いたメモを寄こした。

「この人が僕の記事を読んで電話してきた。登山家で、科学者か何からしいけど。正直言って、ひとくせありそうな感じだった。君のことを麻薬中毒患者だと疑ってたな。金をつぎこんでるんじゃないかって。でも、金持ちらしい。電話するといいよ」

紙には〝ジャン・ヘルニ博士〟という名前と、シアトルの電話番号が書いてあった。僕はお礼を言ってポケットにメモを突っこんだ。

翌日、図書館でジャン・ヘルニ博士について調べてみた。そしておどろいた。何百件という資料が見つかったからだ。ほとんどが新聞の切り抜きで、半導体産業に関するものだった。

ヘルニはスイス生まれの物理学者で、ケンブリッジ大学で学位をとった。ノーベル賞を受賞したウィリアム・ショックレーの研究所で働いていたが、悪評の高いショックレーに反発し独立。その後発明した集積回路が、マイクロチップの発展につながった。回路に情報を搭載する方法を思いついたのは、シャワーを浴びていたときだという。手の上を細い筋になって流れていく水を見て、シリコンも同じような方法で回路の上に重ねられるという理論を導き出した。そのおかげで回路の表面積と容量は劇的に増大した。ヘルニはこれに〝プレーナー・プロセス〟と名づけて特許をとった。

ヘルニは優秀な科学者である一方で気難しいところがある。数年ごとに仕事を変え、仕事仲間とは絶えずけんかしていた。だがその過程で設立した会社の中には、フェアチャイルド・セミコンダクター、テレダイン、インテルのように、後に大企業に成長したものがある。

そのときヘルニは70歳で、数億ドルの資産を持っていた。

またヘルニは登山家でもあった。若い頃に登ったエヴェレストをはじめ、五大陸の最高峰すべてに登っている。強い精神と肉体の持ち主で、高山で寝袋に新聞紙をつめて寒さをしのぎ、ひと晩すごしたこともある。無事に下山するとウォールストリート・ジャーナル紙に投書し「これまでに発行された新聞の中で最も温かかった」と褒めた。ヘルニは特にカラコルムが気に入っていた。トレッキングに行って帰ってくると、山々の眺めはすばらしいのに、そこで暮らすバルティ族のポーターたちがひどい生活を送っていることに衝撃を受けたという。

僕は10ドル札を小銭に両替し、図書館の公衆電話からシアトルに電話をかけた。数分間分の料金が無情にも消えた後、ようやくヘルニが電話に出た。

「グレッグ・モーテンソンと申します。トム・ヴォーンから番号を教わってお電話さしあげたんですが……」

「お前さんのやりたいことはわかっとる」フランス語なまりのあるするどい声が僕の話をさえぎった。

「さて、もしわしがその学校とやらに寄付したら、メキシコの海岸にでもしけこんで、麻薬をやったり女といちゃついたりするつもりだろう?」

「僕は、その……」

「どうなんだ?」

「いえ、もちろんそんなことは……ただ子どもたちに勉強させたくて、場所はカラコルムで、本当に助けが必要なんですが、何しろ、あそこの生活は……」

「わかっとる。わしも寄った。バルトロ氷河に向かう途中でな」

「トレッキングですか、それとも……」

「で! その学校には、正確にはいくら必要なんだ!」ヘルニは大声を出した。僕は電話にコインを足した。

「スカルドゥの町の建築家や建設業者に相談しまして、必要な資材の見積もりを作らせましたが、部屋は5つで、4つは教室、もうひとつはみんなで使える……」

「金額を聞いとるんだ!」

僕はおずおずと答えた。「1万2000ドルです。でも、ご協力いただける範囲で……」

「それだけかね？」疑っているような声だった。「うそじゃないだろうな？　1万2千で学校が建つんだな？」

「はい、そうです」自分の心臓がどきどきしているのがわかる。「たしかです」

「そうか。ならばお前さんの住所は？」

「……え？　それは……面白いご質問ですね」


1週間後、私書箱のふたを開けると封筒があった。

中には、小切手が入っていた。金額は1万2000ドル。方眼紙に書きなぐったメモも同封されていた。

〝しくじるな。J・Hより〟

＊

何年もかけて古書店をめぐり、登山の歴史に関する本を何百冊と集めてきた。今、その段ボール6箱分の本を車で古本屋に運びこみ、600ドル弱で買い取ってもらった。

ヘルニの小切手が現金で受け取れるようになるのを待つ間、ほかの持ち物もすべてお金にかえた。

パキスタンまでの航空券と、滞在費用にあてるためだ。

しばらく帰ってこられないかもしれない。

マリーナには「きみと出会ったこの道を終わりまでまっすぐ進んでいくつもりだ」と伝えた。まずはコルフェ村の子どもたちとの約束を果たしたい。それから約束した。もどってきたらすべてが変わる。フルタイムの仕事につき、住む家も見つけ、もっと落ち着いた生活を送れるはずだと。


登山用具はアウトドア用品専門店に持ちこんだ。セルフ・ストレージから車でわずか4分程度の距離だったが、それには国を横断するくらいの覚悟が必要だった。カリフォルニアに来てからの生活に別れを告げるのだ。ポケットには1500ドル近い金が入っている。

出発の前日、マリーナを職場に送った後さらにつらい別れが待っていた。

ラ・バンバ号で中古車屋に向かった。この車は本当に長い間、忠実に僕のことを運んでくれたし、この1年間は寄付金集めにむなしくかけずり回る僕の家にもなってくれた。そして地球の反対側に僕を送り届けるために、最後の最後まで尽くしてくれたのだ。500ドル。僕はラ・バンバ号のボンネットをそっとなでる。お金をポケットに突っこんだ僕は、ダッフルバッグを肩にかけそのままタクシーに乗りこんだ。

CHAPTER

# 6

# たそがれのラワルピンディ

*Rawalpindi's Rooftops at Dusk*

祈りは眠りに勝る。

——アザーン（イスラム教の祈りの時間を知らせる呼びかけ）より

汗だくになって目が覚めた。お金はちゃんとあるか。うす汚れた100ドル札が128枚。よれよれになった緑色のナイロン袋に入っている。1万2000ドルは学校のため。800ドルは、これから数ヵ月間の生活費。セメントの床にぐらぐらのベッドがおかれたこの部屋は殺風景だ。お金をかくす場所は服の下しかない。ナイロン袋に触れる。サンフランシスコを出発してからこの蒸し暑い部屋にやってくるまでに、こうしてお金を確認するのがくせになった。

カーテンを開けると紫色の空が見えた。空は近くに見える礼拝堂《モスク》の尖塔によってふたつに分けられている。朝か。眠気をふり払い考えてみる。いや夕方だ。イスラマバードについたのが明け方だったから、1日中眠っていたのだろう。

格安航空券を使って飛行機をいくつも乗りつぎ、56時間かけて地球を半周した。サンフランシスコからアトランタ、フランクフルト、アブダビ、ドバイ。時差を越え、息苦しい出発ロビーをいくつも通過し、やっと暑くて騒がしいイスラマバード空港に到着した。僕が今いるのはイスラマバードのすぐ隣、雑然としたラワルピンディという町にあるハイヤバン・ホテル。そこのオーナーが「いちばん安っぽい」と保証してくれた部屋だ。

もう1ルピーも無駄にできない。使った分だけ学校のレンガや本がなくなってしまう。今さらながら、1泊80ルピー、約2ドルも使ってしまったのが悔やまれる。ホテルの屋上にあるこの部屋はたてもよこも約2メートル半しかない。ガラス張りになっていて、客室というより温室だ。ズボン《シャルワール》をはき、胸に張りついているシャツ《カミーズ》をはがしてからドアを開けた。夕方の空気はたいして涼しくない。だが、体を動かせるだけましだった。

ホテルの客室係《チョキダル》であるアブドゥル・シャーが、うすよごれた水色のズボン《シャルワール》・シャツ《カミーズ》を着て座り、ひとつしかない目でこちらを見ていた。

「こんにちは。グレッグ様。平和があなたとともにありますように《アッサラーム・アライクム》」

まさか、僕が起きるのを1日中待っていたのだろうか。アブドゥルは立ちあがると、すぐさまお茶をとりにいった。

屋上にはコンクリートのブロックが積んであった。これから建て増しでもするつもりだろうか。そのそばにおかれたさびた折りたたみ椅子に座り、カップを受け取った。注がれたティーポットはところどころ欠けていて、ミルクティーは非常に甘ったるかった。ひと息つき、これからどうするか考えようとした。

1年前、登山隊のひとりとしてこのホテルに泊まったときは、いつ何をするか、こと細かに計画されていた。小麦粉の袋やフリーズドライの食料の荷づくりをしたり、許可証や航空券の手配をしたり、ポーターやラバを雇ったり、毎日やることだらけだった。

「グレッグ様、どうしてもどってきましたか？」

アブドゥルは、僕の心の動きを読んでいるようだった。

「学校を建てにきたんだ。神がお望みなら《インシャッラー》」

「ここ？　ラワルピンディにですか？」

僕はお茶を飲みながらうなずいた。そしてK2登頂に失敗したこと、氷河をさまよったこと、コルフェ村の人たちが迷いこんだ僕を親切にもてなしてくれたことなどを話した。

座って僕の話を聞いていたアブドゥルは、口をすぼめ太鼓腹をひっかいた。

「お金持ちですか？」

だが僕のすり減ったスニーカーと着古した泥色のズボン《シャルワール》を見る目つきからすると、そうは思っていないようだ。

「いや」だがこの1年間の苦労をどう説明すればいいだろう。「アメリカ人がみんなで少しずつ、お金を出してくれたんだ。子どもたちも」そしてシャツの下から緑のナイロン袋を取り出しアブドゥルに見せた。

「これで学校がちょうどひとつ建てられるらしい、うまく使えばだけど」

「慈悲深く全能なるアラーの思し召しで」アブドゥルはぱっと立ちあがった。

「明日、買い物に行きましょう。たくさん交渉しますよ」

そしてお茶の道具一式を小脇に抱えて立ち去った。

折りたたみ椅子に座っていると、礼拝堂《モスク》の尖塔からパチパチと電源が入るときの音が聞こえてきた。夕方のお決まりの時刻。まもなくスピーカーから、礼拝を呼びかける〝アザーン〟が流れる。

ホテルの庭の木にとまっていたツバメの群れが、木の形を残したままいっせいに飛び立ち、屋上をぐるりと回って去っていった。

町中の礼拝堂《モスク》からアザーンがひびいてくる。たそがれの町が神聖な雰囲気に包まれていく。1年前、ここで夕暮れをむかえたとき、アザーンは僕の冒険に異国情緒をそえるBGMのようなものとしか思っていなかった。

だが今1人でこの屋上に立っていると、直接僕に語りかけているような気がする。はるか昔から唱えられてきた、信仰と義務を説く言葉が「行動しろ」と僕に命じている。アブドゥルがお茶をさっさとかたづけたように、僕は不安や迷いをわきに追いやった。きっとうまくいく。明日、いよいよ行動開始だ。

早朝4時半、スピーカーのパチパチいう音が聞こえ、まどろんでいたラワルピンディが目覚めて祈りはじめる。

アブドゥルは朝のアザーンと同時に僕の部屋をノックした。

「タクシーが来ました。でも、まず、お茶をどうぞ」

ドアを開けるとアブドゥルが、何かたくらんでいるような顔つきで立っていた。

「タクシー?」

「セメントを買います」

僕が真意をはかりかねていると、アブドゥルはできの悪い生徒に教えるような口ぶりで言った。

「セメントがなかったら、どうやって学校を建てますか？」

僕はお茶をぐいっと飲んだ。カフェインがはやく効いてくるといいんだが。

「ああ、そうだね、もちろんだ」


夜明けとともに、かつての王の道《グランド・トランク・ロード》を西へ向かった。この道はカブールとカルカッタを結ぶ全長2600キロの幹線道路だったが、今ではインドとアフガニスタンの国境がよく閉鎖されるため、ただの国道になっている。僕たちが乗った黄色いスズキの小型車は快調に進んだ。穴ぼこだらけの道を、時速100キロで飛ばす。僕はちっぽけな後部座席でひざを抱えて縮こまり、車が揺れるたびにあごがひざにぶつからないよう注意した。


都市遺跡・タキシラについたのは朝6時。だが、もうかなり暑い。

タキシラは紀元前326年、東に進軍してきたアレキサンダー大王が、最後に宿営した土地だ。のちに王の道《グランド・トランク・ロード》となった東西の貿易路と、かのシルクロードが交差したところにある。そこはもちろん当時、戦略上重要な場所で、今でも古代遺跡が残っている。世界で3番目に大きい仏教寺院もある。

ヒマラヤのふもとに広がるこの地は、いまや砂ぼこりをかぶった工場の町だ。パキスタン軍は、ここで旧式のソ連の戦車と同じ型のものを作っている。立ちのぼる4本の煙は、大規模なセメント工場が4つあることをしめしている。これこそがパキスタンの公共施設の基盤である。

僕はどこでも目についた工場に入り、交渉をはじめたかった。だが、ここでもアブドゥルは僕をたしなめた。

「グレッグ様、まずはお茶を飲んで」

「お茶?」

「そう。お茶を飲みながら、セメントの情報を集めるのが先」

僕はちっぽけないすに危なっかしく腰かけている。小さな湯のみにつがれたお茶を吹いて冷ました。もう5杯目だ。

アブドゥルはカフェの客3人と話しこんでいる。みんな年配で、白いひげがニコチンで黄ばんでいるが、会話の内容はわからなかった。アブドゥルが熱心に聞きこんでいるところを見るとセメントについてくわしい人たちのようだ。

「どうだった?」僕はしわくちゃのルピー札で支払いをしながら聞いた。「どの工場がいいって? フェクト? ファウジ? アスカリ?」

「いえいえ」アブドゥルは目を細める。

「あの人たち、それはわかりません。他の店をすすめてくれました。そこの店主のいとこが、セメントの仕事をしてたそうです」

さらに2軒のカフェをまわり何杯も何杯もお茶を飲み続けた結果、ようやく結論が出た。ファウジだ。ファウジのセメントなら値段も手ごろだし、不純物がなく、ヒマラヤの気候にも耐えられるという。

ファウジの事務所に入る。学校を建てるには100袋も必要だから、値引き交渉に苦労するだろうと覚悟した。だが実際に買う段になると、僕は拍子ぬけしてしまった。アブドゥルはむこうにただ注文だけを伝えて、僕に「前金として100ドル払ってください」とだけ言った。

〝今週中にセメント100袋をハイヤバン・ホテルに届けます〟と書いた領収書をしまいながら「交渉はどうなったんだい？」と僕はたずねる。

アブドゥルはすっかり暑くなったタクシーに乗りこみ、タバコに火をつけ煙を払った。

「セメントの、交渉は、無理です」アブドゥルは丁寧に言った。「セメントの仕事は……」そして頭の鈍いアメリカ人にも伝わるよう、しばらく言葉を選んだ。

「……マフィアみたいなんです」

僕は黙ってひざを抱える。そんな様子を見てアブドゥルはつけ加えた。

「安心して。明日行くラジャ・バザールでは、交渉たくさんしますから」

ハイヤバン・ホテルにもどり、シャワールームで泥だらけのシャツ《カミーズ》を脱ぐと、ビリッという音がした。見ると、背中の部分が肩から腰までまっぷたつに破れている。水がちょろちょろとしか出ないシャワーで、旅でついた砂ぼこりをできるかぎり流し、また破れたシャツ《カミーズ》を着た。1枚しかないから仕方がない。K2に登る前に買ったもので、ずいぶん長い間役に立った。でもそろそろ新しいのが必要だ。

部屋にもどる途中アブドゥルに出くわすと、彼は僕の破れた背中を見てチッと舌打ちした。

「仕立て屋に行きましょう」

緑に包まれたハイヤバン・ホテルを出て、ラワルピンディの町に足をふみ入れる。通りのむこう側には、馬にひかれたタクシーが十数台、客を待っている。馬たちは暑さと砂ぼこりの中、汗を流しながらひづめをふみならし、ひげをヘナ（天然の染毛剤）で染めた年寄りが、熱心に値段の交渉をしていた。往来のはげしい通りの交差点の上には、ど派手な原色で描かれた薬の看板がある。下手くそだが勢いよく描かれた骸骨がうつろな目でこちらを見つめていて、隣には「副作用なし！」の文字。

仕立て屋は看板を出していなかった。通りからちょっとはずれたところ、コンクリートの建物が並ぶ一角にあった。10年くらいほったらかしにされているか、工事が終わるのを寂しく待っているようなところだった。

仕立て屋のマンズール・ハーンは、間口が2メートルもない小さな店先で、扇風機と布地、仕立て用のマネキンの前で正座していた。だがその姿からは、なぜか王族のような威厳がにじみ出ていた。厳格そうな黒ぶち眼鏡ときちんと刈りこんだひげは、学者のような風情だ。マンズールは僕の胸囲をはかったあと、その数字を見ておどろき、もう一度やり直した。

「彼は『申し訳ない』と言っています」アブドゥルが説明してくれた。

「普通のパキスタン人は、布4メートルもあれば足ります。が、グレッグ様は6メートルいる。だから50ルピー余計にかかります。これは本当だと思います」

僕がうなずくと、アブドゥルは店にあがり布を選んでくれた。コマドリの卵のように鮮やかな青い布と、ピスタチオのようなうす緑の布。

だが、僕はバルティスタンの砂っぽい景色を思い浮かべ、茶色2着にしたいと言った。「その方が、汚れが目立たないだろう」

するとアブドゥルはがっかりしたような顔を見せた。

「グレッグ様、お願いです。紳士らしく、身なりをきちんとしてください。その方が尊敬されます」

僕はコルフェ村を思い浮かべていた。はてしなく続く冬の間、村人たちは石と泥でできた家の地下室にこもっている。ヤクのふんがくすぶる炉を、家畜たちといっしょに囲んでいる。たった1枚しかない服を大切に着てすごしている。そんな村人たちの姿を思い起こし、「茶色がいい」と言った。

仕立て屋のマンズールに前金を払っていると突然、礼拝の時間を告げるアザーンの声がした。小さな店が立ち並ぶ、この通りのすみずみまでひびき渡っている。仕立て屋は急いで金をしまい、礼拝用の色あせたピンクの敷物を広げた。きちんとメッカの方角を向くように。

「祈り方を教えていただけますか？」僕はとっさに言う。

「イスラム教徒？」

「僕はイスラム教に敬意を払っています」こう答えると、隣にいたアブドゥルは満足そうな顔をした。

「こちらへ」マンズールは僕を店に招き入れ、待ち針のささったマネキンの隣に座らせた。

「イスラム教徒は、祈る前に沐浴《ウドゥウ》をする。身を清める儀式のこと。今日はもう済ませたから、それは明日お見せしよう」

そして自分の隣に布を敷き、そこでひざまずくように言った。

「まずメッカの方角を向く。我らが聖なる預言者ムハンマドが休んでおられるところ。彼に祈る。いつまでも彼の上に平和がありますように。それから、慈悲ぶかきアラーの前にひざまずく。その名がたたえられんことを」

僕がせまい店内で無理やりひざまずこうとしたら、足をぶつけてマネキンが上に倒れてきた。神のひんしゅくを買ったらしい。

「だめだ！」マンズールは僕の手首をぐいっとつかみ、腕を組ませた。

「バスを待っているんじゃなくて、神の御前にいるんだ。アラーをうやまい、そのご意思にしたがって」

僕はぎゅっと腕を組み、耳を澄ませる。マンズールが何かイスラム教に関する言葉を大切そうに唱えている。

「『アラーはいつくしみ深く偉大なり』と言っています」アブドゥルが教えてくれた。

「うん、わかるよ」

「静かに！」マンズールがぴしゃりと言う。そして腰を曲げると、額を敷物におしつけた。

僕もまねようとしたが、すぐ動きを止めた。腰を曲げかけたところで、背中の破れ目がぶざまに開き、背中がむきだしになったからだ。背中に扇風機の風が当たるのを感じながら、おそるおそる目線を上げ「これでオッケーですか？」

仕立て屋は太い黒ぶちの眼鏡の奥から、するどい目つきで僕をじっくりと眺めた。「新しいズボン《シャルワール》とシャツ《カミーズ》ができたら、もう一度やってみよう」そして敷物をしっかり巻いてかたづける。「うまくなるかもしれない」

ハイヤバン・ホテル屋上のガラス張りの部屋は、1日中太陽の光を集め、夜になっても暑かった。昼間は階下にある肉屋から、ヒツジを解体する包丁の音が絶えず聞こえてきた。眠ろうとすると、ベッドの下からはなぜか水が流れる音が聞こえている。それに天井の蛍光灯がまぶしかった。部屋の中も外も探し回ったが、スイッチはどこにも見当たらない。夜明けが近づくまで、明るい部屋の中でごろごろと寝返りを打っているうちに、突然ひらめいた。ベッドの上に立ってよろよろと手をのばし、蛍光灯をとりはずすと部屋は真っ暗になった。僕は満足し、アブドゥルがドアをノックする時間までぐっすりと眠った。

ラジャ・バザールは、活気にあふれたところだった。頭の上に針金の束を山のように乗せたポーターや、大きな氷を積んだロバの荷車などが行きから中、アブドゥルは片目しか見えないのに、僕の手を引いてすいすい進んでいく。

大きな広場のまわりでは、建物を作ったり壊したりするのに必要なあらゆる物が売られていた。かなづちを売る店が8軒並んでいたが、どの店も品ぞろえはほとんど同じ。釘だけをあつかっている店もたくさんあって、大小さまざまな釘が、棺おけ大の箱の中で光っていた。

お金を集めたり支援を頼んだり、ずっとそんな漠然としたことばかりやってきた。

その後でこういった具体的なものを見ると、わくわくしてしまう。あそこのあの釘が、コルフェ村の学校を仕上げる最後の1本になるかもしれない。

だが浮かれる前にやるべきことがある。値段の交渉だ。わきに抱えた新聞紙の包みの中には、1000ドル分のルピー札が両替してある。

まず材木置き場に行った。両側に同じような店が並んでいたが、アブドゥルは迷わなかった。

「この店の男、いいイスラム教徒です」

アブドゥルの後について、せまくて長い通路をぬける。壁には、屋根用の木材が何本か危なっかしく立てかけてあった。

店に入ると、店主のアリは重ねたじゅうたんの上に座っていた。その隣に座るようすすめられた。

アリはしみひとつないラベンダー色のズボン《シャルワール》・シャツ《カミーズ》を着ていた。

これだけの砂ぼこりと汚れの中でまさに奇跡的だ。

あらためて自分の身なりが気になった。新しい服ができるまでの間、アブドゥルが破れ目はとりあえず繕ってくれていた。それでもしみだらけだ。アリはまだお茶の用意ができていないことを詫び、使い走りの少年にオレンジソーダを3本持ってこさせた。

学校の図面はハイヤバン・ホテルのロビーにある小部屋を事務所にしていた建築家に200ドルで描いてもらっていた。5部屋あるL字型の学校。広さは185平方メートルで、図面の余白には必要な資材が書きこんである。費用の中でいちばん額が大きいのが、当然ながら材木だ。僕は図面を広げ、小さく書きこまれた字をもう一度確認する。長さ2・4メートルの角材92本。たて1・2メートル、よこ2・4メートルの合板54枚。その建築家の見積もりでは2500ドルだった。

僕がひびの入ったストローでぬるいオレンジソーダを飲んでいるそばで、アブドゥルは図面に書かれた資材の一覧を読みあげている。

店主のアリはひざに乗せた計算機を慣れた手つきでたたいていく。その様子を見ていると、何だか緊張する。

　やがてアリは帽子をかぶりなおし、長いひげをなでてから金額を言った。

　するとあぐらをかいていたアブドゥルは飛びあがった。銃で撃たれたかのように頭を抱えこんだ。それからののしりの言葉をまくしたてた。日常会話程度ならだいたい聞き取れるようになっていたが、このときアブドゥルが並べた侮辱や嘆きの言葉は、初めて聞くものばかりだった。しばらくして、ようやく落ち着きを取りもどすと、アブドゥルは身を低くかがめ、両手を銃のようにかまえて言った。

「お前はそれでもイスラム教徒か？　お前から材木を買ってくださろうというこの方は聖者《ハムダード》だぞ。ほどこし《ザカート》をするためにここにきてくださったのだぞ。本物のイスラム教徒なら、貧しい子どもたちを助けられるこの機会にとびつくはずだ。金を巻きあげようなどとは考えない」

　アブドゥルの熱弁に対して、アリはゆったりとオレンジソーダを飲みながら聞き流していた。何を言われてもまったく気にする様子はない。

　アリが答える前に、お茶が運ばれてきた。めったに見ない上等なボーンチャイナの茶器で出されたお茶に砂糖を入れながら、3人ともしばらくの間黙っていた。聞こえるのはお茶をかきまぜるスプーンのかすかな音だけ。

　アリはお茶をひと口飲むとうなずき、廊下にむかって何か指示を出した。アブドゥルはしかめ面のまま、口もつけずにお茶をわきにおく。するとうっすらと口ひげを生やした10代の男が現れた。アリの息子らしい。彼は持ってきた2種類の角材をじゅうたんの上に、僕の茶碗をはさむようにしておいた。

アリはお茶を、まるで年代もののボルドーワインを味わうように口の中でよく転がしてから飲みこむと、専門家ぶった口調で話をはじめた。まず、右側の材木を指さした。表面は黒い節や油のしみで汚れ、切り口はヤマアラシのようにささくれ立っている。さらに材木を望遠鏡のように見立て、虫食いの穴をのぞいてみせた。そして「地元のやり方」と英語で言った。

それから、もう一方の材木を指し、「イギリスのやり方」と言った。節はなく、対角線にそってきちんと切ってある。それから僕の鼻先にその材木をつきつけ、においをかがせた。原生林から切り出されたばかりだというのだ。

アリの息子が合板の見本を2枚持ってきた。それらを積み重ねたコンクリートブロックの上に置き、サンダルを脱いで乗っかる。彼の体重はせいぜい45キロくらいだが、1枚目の板は曲がり、キイキイと不気味な音を立てた。2枚目は数センチしなっただけ。アリの指示で息子が飛びはねると、ちがいはより明確になった。2枚目の板は、びくともしない。

アリは「3層の板」と1枚目の板を指し、見るのもいやだというように口をへの字に曲げた。そして「4層の板」と自信たっぷりに言い、息子が飛びはねている方の板を指した。

それからまた現地の言葉、ウルドゥ語で話しはじめた。細かい部分はわからなかったが、だいたいこんなことを言ったんだと思う。

「材木を安く買うこともできる。だが、それは一体どんな材木だ？　ほかの恥知らずの商人だったらこんな粗悪品を売りつけるかもしれない。だが、そんなもので学校を建ててみろ。1年くらいなら持つかもしれない。だがある日、かわいい子どもたちがコーランを暗唱していたら、突然床が恐ろしい音を立てて割れる。こんなひどい代物で学校を建てたせいだ。材料費を出し渋って良質の材木を買わなかったせいだ。あんたは、金をけちって子どもが命を落とすようなことがあってもいいのか？」

2杯目のお茶を飲み終えた僕は、芝居がかったやりとりをいらいらしながら眺めていた。アブドゥルは何度も立ちあがって出ていこうとするが、アリはそのたびに少しずつ値段を下げていく。とうとうポットが空になった。交渉をはじめてから2時間が経とうとしている。いい加減うんざりだ。僕は立ちあがり、もうやめようとアブドゥルに合図した。あさってバルティスタンに向けて出発したい。なのに、あと30回以上も交渉しなければならない。もう1分も無駄にはできない。

「座って、座って！」アブドゥルは僕のそでをつかんだ。「こっちの勝ちです。もう、こっちの予算より安いですよ！」

「ほんと？」僕はアブドゥルの顔を疑わしげに見つめた。

「本当ですよ、グレッグ様。8万7000ルピー払えばいいです」

僕は頭の中で計算した――2300ドルだ。

「たしかに。いいイスラム教徒ですね」

2日目の夕方。長時間に渡る交渉を終え、お茶ではちきれそうな腹を押さえながら、僕とアブドゥルは荷馬車に揺られた。行きかうタクシーの排ガスがただよう中、馬車を引く馬は僕たちよりずっとくたびれているようだった。僕のポケットには、かなづち、のこぎり、釘、金属板、木材などの領収書がぎっしりつまっている。そのすべてが翌朝にはトラックに積みこまれる。それから3日間かけてカラコルム・ハイウェイをのぼっていくのだ。

アブドゥルは、ハイヤバン・ホテルまでタクシーで行こうと提案してきたが、持っていたルピーがあっというまに減ってしまったのが気がかりで、タクシー代をけちった。そのせいでわずか3キロほどの道のりでありながら、ホテルにつくまでに1時間以上かかった。

ホテルにつくと、シャツ《カミーズ》を脱ぎもせずバケツに入った生ぬるい水を頭から浴び、1日の買い物の汚れを落とした。それから仕立て屋に向かった。金曜日の夕方の礼拝がはじまる前に、新しい服を受け取りたかったのだ。

仕立て屋のマンズール・ハーンは、地元のポップソングにあわせて鼻歌をうたいながら、できあがった僕のシャツ《カミーズ》にアイロンをかけていた。女性ボーカルの甲高い声は、通路を挟んだ向かいにある靴屋のラジオから聞こえてくる。それが店じまいでおろされたシャッターに反響して、何だか物悲しい感じがした。

アイロンをかけたばかりでまだ温かい。パリッとした茶色のシャツ《カミーズ》にそでを通してみる。それからゆったりとしたズボン《シャルワール》をはき、腰ひも《アザルバンド》をちょう結びにした。

それを見たマンズールは悲鳴をあげた。そしてつかつかと近づいてくると、外に出ていた腰ひも《アザルバンド》をつかみ、ズボン《シャルワール》の中にねじこんだ。「そのような着かたは許されない！」

パキスタンの文化には、まだまだ僕の知らないことがたくさんあるようだ。


マンズールはシャツ《カミーズ》のすそで眼鏡をふき、それから僕のかっこうを点検した。

「うん。これで50%はパキスタン人に見える。また礼拝してみるか？」

マンズールは店のシャッターをおろし、僕を外に連れだした。熱帯地方がたそがれていく時間、光はどんどん薄れ、暑さもやわらいでいく。僕たちは腕を組み、礼拝堂《モスク》の尖塔をめざした。通りの両側の店はすでに閉まっているか、閉める準備をしている。そこを僕たちのように2、3人ずつ連れ立った人々が通りすぎていく。夕べの礼拝のときに運転するのは好ましくないとされているので、車はほとんどやってこない。

てっきり尖塔まで行くのだと思っていたが、その2ブロックほど手前でマンズールは立ち止まり、だだっ広いガソリンスタンドに僕を連れこんだ。そこで１００人以上の男たちが身をかがめ、礼拝前の儀式、沐浴《ウドゥ》を行っている。

マンズールは蛇口から水差《ロタ》しに水をくみ、どうやって身を清めるか、厳格に定められた手順を教えてくれた。僕はマンズールのまねをする。しゃがんでズボン《シャルワール》のすそとシャツ《カミーズ》のそでをまくり、まず、最も汚い場所とされている足に水をかける。最初に左足、それから右足、左手、右手をすすぎ、顔を洗うために水差《ロタ》しに水を足そうとかがんだマンズールがおならをした。

マンズールはため息をついた。そしてしゃがみ、また左足から洗いはじめた。僕もまねをしようとすると、マンズールはそっと制した。

「いや、私だけでいい。おならは不浄だから」

両手を清め終わると、マンズールは指を鼻の左の穴、右の穴に突っこんで、それぞれ鼻をかんだ。僕もまねをした。あちこちからひびいてくるアザーンの声に混じって、咳払いや、つばを吐く音も聞こえる。マンズールにならって耳を洗った。それから、イスラム教徒が人間のからだで最も神聖な場所と考えている部分である「口」をすすいだ。口から出た祈りの言葉は、じかにアラーの耳に届くからだ。

以前から、「ムスリム」という言葉が「服従する」という意味だと知っていた。そんな考えは非人間的だと思っていた。だが100人以上の知らない人たちに混じって、からだの汚れだけでなく日々の悩みや苦しみまでも洗い流しながら、祈り、ひざまずいていると、神に服従するという喜びが少しわかったような気がした。

ガソリンスタンドの従業員が発電機のスイッチを切り、派手な給油機を地味なシートでおおった。マンズールはポケットから礼拝用の帽子を取り出して広げ、僕の大きな頭にかぶせてくれた。そして僕たちは彼が持ってきた敷物の上にひざまずいた。目の前の壁には紫とオレンジの目立つ文字で、ガソリンスタンドの宣伝文句が書かれている。そのはるか彼方にはメッカがあるのだ。

マンズールと並んでひざまずき、腕を組む。アラーの神に礼儀正しく語りかける。誰も壁なんて見てはいない。自分の内面を見つめているのだ。

額をまだ温かい地面にこすりつけていて気づいた。今は誰も僕のことをよそ者として見ていない。パキスタンに来てから初めてだ。アラー・アクバル。神は偉大なり。やみに包まれていくガソリンスタンドで、僕はほかの人たちと声をあわせ静かに唱えた。信仰の声がさざめいている。どんな場所でも、聖地に変えてしまうほど力強く。

CHAPTER

# 7
# けわしい道のり

*Hard Way Home*

雪におおわれた岩山、冷たく澄んだ川、
糸杉、ネズ、トネリコが茂り、深き森のある
この厳しくもすばらしき土地は、
今そなたたちが見ているわがからだにも等しい。
この土地からも、そなたたちからも離れはしない。
我ら幾多の胸の鼓動はただひとつ。

——from The Warrior Song of King Gesar
叙事詩『ゲセル王の戦いの歌』より

アブドゥルがノックしてきたのは、夜が明けるかなり前だった。だが僕はすでに何時間も前から、ベッドの上で目を開けていた。何かまずいことが起こるんじゃないかと心配で、眠るどころではなかったのだ。

ドアを開けると片目の男がぴかぴかの靴を僕に差し出している。

僕のテニスシューズ。履き古して色あせたものだったが、アブドゥルは夜のうちに、直したり洗ったりして、少しでも見栄えよくしてくれたようだ。困難な長旅に出る男の足もとを美しく飾るために。

アブドゥルも、この日は白髪まじりのひげを深いオレンジ色に染めていた。

僕はお茶を飲んだ後、バケツ1杯の冷たい水と、この1週間ちびちび使っていた石けんの残りでからだを洗った。

持ち物を全部まとめても、ぼろいダッフルバッグの半分くらい。バッグはアブドゥルに持ってもらうことにした。自分で持つなんて言ったら、すさまじい反対にあうことはわかりきっていたから。

靴もぴかぴかになったことだし、いよいよこの屋上の〝サウナ〟ともお別れだ。

見栄をはるとアブドゥルが喜ぶから、ラジャ・バザールの町まではタクシーで行くことにした。かつての大英帝国のなごりである黒いタクシーは、まだまどろんでいる通りを静かに進んでいった。

＊

シャッターの閉まった店が並ぶ市場はまだ薄暗かったが、僕たちのトラックはすぐに見つかった。1940年代、パキスタンがまだイギリス領インドの一部にすぎなかった頃に軍用トラックとして使われていたものだが、もとの姿がわからないくらい改造されている。こういうトラックは、パキスタンでは珍しくない。部品のほとんどは、地元で作られたものに何度も取りかえられている。地味なオリーブ色だった車体は、鏡や四角い金属で飾り立てられている。飾りのない部分はど派手なディスコ・ペイントでうめつくされている。ラワルピンディの町には、トラックの装飾を専門にしている工房がいくつもある。ライム色や金色や毒々しい赤で描かれているのは、たいていうずまきや唐草模様だ。イスラム教は偶像崇拝を禁じているので、具体的なものの絵は描けない。だがこのトラックのうしろには、クリケット選手のイムラン・ハーンが等身大で描かれていた。これだって偶像崇拝だと言えなくはない。だが彼はパキスタンの国民的英雄だから、この絵を見ても眉をひそめる人はいない。

眠れる巨人といった雰囲気のトラック。まわりをぐるりと歩いてみた。乗組員はどこだろう。早く仕事にかかりたいのに、と思いながらあたりを見回すと、ガーガーいう音が聞こえた。荷台をのぞくと、ハンモックで気持ち良さそうに眠る3人の男の姿がある。

起こしてやろうと思ったところへ、アザーンの声が鳴りひびき、僕の手間をはぶいてくれた。広場のむこうから大音量で流れてくるこの声は、朝の何時だろうがおかまいなしだ。3人はうめいてハンモックから起きあがると、それぞれが勢い良くつばを吐き、その日最初のタバコに火をつけた。

僕たちはひざまずいて祈る準備をした。イスラム教徒には体内磁針でもあるのか、アブドゥルはどこにいてもメッカの方角がわかるらしい。目の前にあるのは材木置き場の門にすぎないが、僕はその彼方にあるものを見つめようとした。手近に水はなかったが、アブドゥルはズボン《シャルワール》のすそとシャツ《カミーズ》のそでをまくり、清めの儀式をおこなった。僕もアブドゥルにならって身を清めた後、腕を組んでひれ伏し、朝の祈りをおこなった。アブドゥルは僕のやり方を見て、よしというようにうなずいた。「これでパキスタン人に見えるかな？」

アブドゥルは、僕のおでこについた汚れを拭いてくれた。

「パキスタン人には見えません。ですが、ボスニア人には見えるでしょう」

きれいなシャツ《カミーズ》を着た材木屋のアリが現れ、材木置き場の門を開けた。僕は市場《バザール》で買った小さなノートを取り出し計算してみる。買ったものが全部トラックに積みこまれたら、持ってきた１万２０００ドルのうちすでに3分の2以上を使ったことになる。あと３０００ドルで人件費と、ジープを借りる費用と、学校ができるまでの僕の生活費をまかなわなければならない。

トラックの運転手と乗組員の指示により、まずはアリの家族5、6人が材木を積みこんだ。僕は合板の枚数を数え、丈夫な4層の板であることをたしかめた。続いて角材がその上に積まれていく。実に気持ちのいい光景だった。

太陽が市場を照らし出すころ、気温はもう37度を超えていた。店主たちが、いっせいにガラガラと店のシャッターや門を開けた。荷物を頭にのせたポーターたち、人力タクシー、ジープ、ロバに引かれた荷車、あっというまに人や動物や物であふれかえり、学校の資材も次々とトラックに運ばれてくる。セメント100袋を積んだもう1台のトラックもやってきた。

トラックの荷台は暑かったが、僕たちは手を抜かなかった。アブドゥルは何かが運ばれてくるたびにその品物の名前を呼び、僕はそれを聞いてリストに印をつけた。石工が使うこて、おの、シャベルの束……アブドゥルとふたりで買い集めた42種類の品物がきちんと積みこまれていくにつれて、気持ちが満たされていった。

茶色いパジャマを着た異教徒の大男（つまり僕）がイスラム教徒の子どもたちに学校を建てようと資材を積みこんでいる。午後になると、市場中に噂が広まりトラックのまわりに人だかりができた。ポーターたちは何重にもなった人垣をかきわけ荷物を運ばなければならなかった。

僕の32センチの靴は人目を引いた。僕の国籍についてもあれこれ意見が飛びかった。この大きくてうす汚いやつはボスニア人かチェチェン人だろう。「いいや。アメリカ人だよ」とウルドゥ語で教えてあげると、汗と砂ぼこりですっかり汚れた僕の姿をもう一度見て、「それは嘘でしょう」と言う人もいた。

途中で、いちばん大切な道具である水準器と測鉛線を見失った。たしかあったはずなのにどこにいったんだろう。次から次へといろんなものが積みこまれたから、わからなくなってしまった。アブドゥルはコンクリートの袋をわきによけて、すきまに落ちていたそれらを見つけ出した。アブドゥルはふたつの道具をしっかり布でくるみ、もったいぶって運転手に渡して「スカルドゥの町まで運転席に保管しておくように」と言いつけた。

積みこみ作業は夕方までかかった。積まれた資材の山の高さは6メートル。乗組員たちはてきぱきと働き、あたりが暗くなる前に、上から丈夫な布をかけ太いロープでしっかりとしばりつけた。これでもう安心だ。

荷台から降りアブドゥルに別れを告げると、集まっていた人たちがどっと押し寄せてきた。タバコをくれる人や、「学校のために」と言ってしわくちゃのルピー札をくれる人もいた。運転手はさっさと出発したくてエンジンをふかし、あたりは真っ黒な排気煙で包まれていく。

この騒ぎの中でも、アブドゥルは静かだった。人ごみのまんなかにたたずみ、僕の旅の無事を祈っている。目を閉じ顔のそばで両手をあおぎ神の息吹を浴びた後、ヘナで染めたひげをなでた。それから何か言ったようだが、その声はクラクションにかき消されてしまった。

アブドゥルは目を開き、僕の汚れた手を両手で握る。前の晩きれいにしてもらったのにもう真っ黒になってしまった靴、そして買ったばかりなのにもう汚れたシャツ《カミーズ》。「あなたはボスニア人じゃないですね」と僕の背中をたたく。

「グレッグ様。あなたは本物のパキスタン人です」

僕は黙ってトラックのてっぺんによじのぼり、群集の先頭に立っているアブドゥルに向かってうなずいた。運転手がトラックのギアを入れる。

「神は偉大なり《アラー・アクバル》！」集まった人たちが声をあわせて叫ぶ。

「神は偉大なり《アラー・アクバル》！」

僕は両手を高くあげてこたえ、力のかぎり手をふった。炎のようなひげをした友人アブドゥルの小さな姿が、押し寄せた人たちにかき消されてしまうまで。

＊

トラックはラワルピンディの町のにぎやかな市場を離れ、かわいた茶色の野を走った。僕はトラックのてっぺんに乗っていた。運転手のモハンメドからは、煙くさい運転席にくるように言われたが断った。僕はこの幸せなひとときを、自分なりの方法で味わいたかったのだ。


このトラックをど派手に飾りつけたラワルピンディの町の芸術家は、荷台に洒落たひさしを取りつけていて、それが小粋にかぶった帽子のように運転席の上に突き出ている。帽子のつばに当たる部分に、僕はざっくりと目の粗い布と干草の束を敷いて座り、のんびり眺めを楽しんだ。トラックはがたがたと揺れながら快調に進んでいく。モハンメドが山岳地帯で売ろうと連れてきたニワトリと、開けっぱなしの窓から流れてくる、騒々しいパンジャブのポップミュージックとともに。

ところどころで緑が芽ぶき、午後の暑い日ざしでかすんだ空気のむこうでは、ヒマラヤの山々が僕たちを招いている。トラックがクラクションを鳴らすと、小さい車はわきに寄って道を譲ってくれた。そしてバットを持ったクリケット選手、イムラン・ハーンの姿が走り去るのを見て、みんな歓声をあげるのだ。

道の両側にタバコ畑が現れた。風に吹かれた緑の葉が、熱帯の海のようにおだやかに光りさざめいている。交渉や出費に悩む暑くるしい1週間が終わった。トラックの上は心地良い風が吹き、涼しい。ラワルピンディに来てから今まで、涼しかったことなんてなかった。こうしていると、玉座にでも座っているような気がする。僕は王だ。すばらしい勝利をおさめたのだ。玉座の下には、僕の学校がある。必要なものは全部買ったし、ちゃんと予算内におさまった。大金を寄付してくれたジャン・ヘルニだってきっと文句なしだ。あと数週間で学校ができる。学校ができたら、アメリカに帰ってこれから先のことを考えよう。これまでにないほど充実した気分だった。

モハンメドが急ブレーキをかけたので、僕は運転席の屋根に落っこちそうになり、あわててニワトリのかごにしがみついた。下をのぞいて、どうしたのかとウルドゥ語でたずねると、モハンメドは、タバコ畑のむこうを指さした。簡素な白い塔があり、そちらに向かって男たちがぞろぞろと歩いている。パンジャブのポップスが消されてあたりが静かになると、風に乗ってアザーンの声がはっきり聞こえてきた。

あんなに先を急ぎたがっていた運転手が、夕方の礼拝のためにわざわざ車をとめるなんて意外だった。だが、この土地には思いもよらないことがたくさんある。

僕は助手席のドアに足をかけてトラックから降りた。祈り方を覚える機会はたくさんありそうだ。

日が暮れて、道沿いの店で濃いお茶と黄色いレンズマメのカレーを3杯平らげた後、僕はトラックの上に寝そべり、夕暮れの空に散りばめられた星を眺めた。

ラワルピンディの町から西に30キロ。都市遺跡タキシラで北に曲がり、山岳地帯へと向かって進んできた。タキシラは何百年も前に仏教とイスラム教が衝突した土地だ。だが僕にとって問題となるのは、何百万年も前に起きた〝プレートの衝突〟だ。

ここでは平原が山と出会う。けわしさを増したかつてのシルクロードは、そう簡単に通れるとは思えない。

1876年にこの地を訪れた女性探検家、イザベラ・バードはこう言っている。

「上にのぼりたいと思っても、馬車やかごは使えない。ほとんどの道は徒歩でしか進めない。馬を大切にする者ならば、岩だらけの急斜面を自分の足でくだることを選ぶだろう。〝道（あえてそう呼ぶならば）〟は、多大な労力と費用をかけて作られている。道を作る者たちは、自然の意思に服従するしかない。自然が選んだせまい谷間、渓谷、峡谷、深い淵に沿って作るしかないのだから。この〝道〟は、急流の上を通る何キロも続く岩棚でしかない。ふたつの隊商《キャラバン》がすれちがう場合、片方が道を譲り、足場のない山腹をよじ登らなければならない。他の隊商《キャラバン》に道を譲ろうとして……私の召使いの馬は荷物を積んだラバに押されてがけから落ちてしまった」

僕たちのトラックが走っているカラコルム・ハイウェイは、イザベラ・バードが通った道なき道を、多額の費用をかけて開発したものだ。1958年、独立したばかりのパキスタンが、同じくインドに敵対している中国につながる道を作ろうとしたのがきっかけ。だがそれは人間史上最も困難に満ちた土木工事となった。

工事をはじめる前、ヘリコプターでブルドーザーを運びこもうとしたが、最初の飛行でせまい谷を抜けようとしたところ、強風にあおられてがけにぶつかり、インダス川に墜落し、乗っていた9人全員が死亡した。ブルドーザーを分解してラバで運び、現場で組み立て直さなければならなかった。それから400キロが開通するまで、1キロにつき1人が工事中に命を落としているという。

トラックが高度を上げていくにつれて、大気に冬の気配がただよいはじめた。僕は頭から毛布をかぶった。初めて不安が胸をよぎる。本格的な冬がくる前に学校を完成させられるだろうか。だが心配するのはやめよう。僕は干草の束をまくらがわりにトラックに揺られて眠った。

夜明けとともにニワトリが鳴き、僕は飛び起きた。ニワトリのかごはほんの数歩先にあった。寒くてからだがこわばっている。おまけに用を足したくて仕方がなかったので、トラックをとめてもらおうと下をのぞくと、髪を短く刈りこんだ熊のような乗組員が窓から身を乗り出していた。

その先はがけっぷちになっている。谷底は数百メートル下、コーヒー色の川が岩にぶつかってあわ立っていた。トラックは急な坂道をのぼっていたが、タイヤが空回りしたので、モハンメドはシフトをいじくりまわしギアを変えた。助手席側から見おろすと、うしろのタイヤはがけから30センチくらいしか離れていない。モハンメドがエンジンをふかすたびに、はね飛ばされた小石ががけからこぼれて谷底に消えていく。タイヤががけに近づきすぎるたびに助手がするどく口笛を吹き、トラックは左側に寄るのだ。

モハンメドの気を散らしてはいけない。僕はトラックの上の席にもどった。

K2に登りにきたときは頂上につくことしか考えていなかった。だが、こんなふうにトラックが時速25キロでこの〝ハイウェイ〟を苦労しながら進んでいるのを見ると、バルティスタンはあらためて別世界だと感じる。


しばらくすると、がけにしがみついているような小さな村が現れた。

そこに僕たちはトラックをとめて、チャパティとドゥド・パティ（砂糖をたっぷり入れたミルクティー）の朝食をとった。食事が終わると、モハンメドが昨日よりもっと強く運転席に入るようにすすめるので、今度はしぶしぶ従うことにした。

モハンメドとふたりの乗組員に囲まれて座席につく。トラックは巨大だが、モハンメドは小柄だ。

ブレーキにやっと足が届くくらいだ。熊のような男は大麻《ハシッシュ》を次から次へと吸っては、もうひとりの乗組員、口ひげが生えはじめたばかりの小柄な少年に煙をふきかけていた。

トラックの中も、外に負けないくらい派手だった。点滅する赤い電球、カシミール地方の木彫り人形、インド映画スターの3D写真、何十個もの、きらきらした銀色の鈴。プラスチックの造花もぶらさがっていて、モハンメドが急ブレーキをかけるたびに、揺れて僕の顔を突っつく。まるで走る売春宿みたいだ。もっとも走るというより、シャクトリムシのようだったが。

特に急な坂にさしかかると、乗組員は飛びおりてうしろのタイヤの下に大きな石を挟み込んだ。トラックがよろよろと10センチくらい進むと、また石をタイヤの下にはさみなおす。このつらい仕事をえんえんとくり返し、ようやく平らな道に出たときには心底ほっとした。ときどきジープが僕たちを追いこしていった。バスとすれちがったこともあった。女の人たちは砂ぼこりと男の目をさけるため、服を頭からすっぽりかぶっていた。

太陽は早々とがけのむこうに姿を消した。午後も遅くなれば、谷底は夜のように暗く視界も悪くなる。カーブを曲がったところで突然、モハンメドが急ブレーキをかけた。大きなバスがとまっていた。もう少しで衝突するところだった。

客を乗せたバスの前では、さらに車が渋滞している。そのむこうには橋がある。何があったんだろう。モハンメドと僕は、トラックを降りて様子を見にいった。

橋に近づくと、車が進めないのは落石やなだれのせいではないことがわかった。ひげを生やし、黒いターバンをまいた荒々しい男が30人ほど、橋の前に立ちはだかっている。彼らはロケット砲やカラシニコフ（旧ソ連の機関銃）をかまえていて、ねらっている相手はパキスタン軍の兵士だ。こちらは銃をホルスターから出していない。

「よくない」モハンメドが英語でつぶやいた。

*

ターバンの男がひとり、ロケット砲をおろして僕を手招きする。

僕は2日間の旅路でうす汚くなり、頭から毛布をかぶっている。ランプの明かりでは外国人には見えないと思うのだが。

「どこからきた？」男は英語で聞いてきた。「アメリカ？」そしてランプを持ちあげ、僕の顔をしげしげと見る。

青くてするどい目は、スルマという黒い顔料で縁どられている。タリバンの一員にちがいない。イスラム原理主義を教える神学校マドラサを卒業した非常に信心深い（狂信的だという説もある）者たちだ。この年、１９９４年に彼らは戦士として西の国境を越え、アフガニスタンで権力を握ることになる。

「ええ、アメリカです」僕は用心深く答えた。

「アメリカ、ナンバーワン」相手はそう言って武器をおろすと、タバコに火をつけこちらに差し出した。僕はタバコを吸わないが、ここはありがたく受けとっておいた方がいいだろう。モハンメドはわびの言葉を並べながら、男と目をあわせないように、僕のひじをそっと引きトラックにもどった。

トラックのうしろ、英雄イムラン・ハーンが見守る前で小さな火を起こす。モハンメドはお茶を入れ、夜をすごす準備をしながら、足どめされた大勢の旅人のところを回り噂を仕入れてきた。タリバンの連中は朝から橋を封鎖していて、それをやめさせるために、パキスタン軍が35キロ離れた基地からやってきたということだった。

僕のウルドゥ語はまだ不十分だったし、さまざまな矛盾する話が飛びかっていた。だから事実をきちんと把握できたかどうか確信がもてなかったが、少なくともここがコヒスタン郡のダスという村で、パキスタンの北西辺境州の中でも特に物騒な地域であることはわかった。コヒスタンは山賊が出ることで有名で、政府の支配などおよばない（数年後、9・11同時多発テロの後にアメリカがタリバンを倒そうとして戦争をはじめたとき、タリバンとアルカイダの支持者はこの人里離れた高地、谷間のけわしさに目をつけ、集結することになる）。

*

橋を封鎖していた男たちは、近くの谷に住んでいた。

彼らの話によるとこうだ。

この地域でとれた材木を運んで売ることができるよう、狩猟用の道を拡張する計画があった。そのために遠く離れた低地、イスラマバードの政府から何百万ルピーもの金を託された業者がやってきた。ところがその業者は金を持ち逃げし、道は手つかずのまま残された。そこでカラコルム・ハイウェイを封鎖し、その業者が現れたらこの橋で絞首刑にするのだという。

僕たちはお茶とクラッカーで夕食をすませ、眠ることにした。モハンメドは、夜は車の中ですごした方が安全だと言ってくれたが、僕はトラックの上で寝ることにした。よこではニワトリたちも眠っている。

橋の上では人々がランプの光に照らされている。パシュトー語を話すみすぼらしいコヒスタン人たちがいる一方、ウルドゥ語を話すパキスタン人たちは、若い娘のように着飾り、青いベレー帽をかぶって、弾薬ベルトを細い腰にきつくまきつけている。同じ国の人間とは思えない。パキスタンというのは、国というより概念にすぎないのではないだろうか。そんな考えが僕の脳裏をよぎった。

今夜は眠れそうにないなと思いながら干草の束に頭をのせた。が、銃声で目覚めたときには、あたりはもう明るかった。起きあがると、まずこちらをぼんやりと見ているニワトリの、ピンク色の謎めいた目が見えた。それから、橋の上に立っているコヒスタン人が空に向かって銃をぶっ放している姿があった。

トラックが息を吹き返し、マフラーから黒い煙があがる。身を乗り出して、運転席の窓をのぞきこんだ。「よし!」とモハンメドは笑顔を見せ、「祝砲ですよ、すべては神の思し召し《インシャッラー》のままに!」ぐいっとギアを入れた。

ベールをかぶった女の人たちが、ひと晩すごした村の家の戸口からぞろぞろと現れ、急いで自分たちの車へもどっていく。

砂ぼこりを巻きあげながらのろのろ進む車の列にまじり橋を渡る。そのとき僕にタバコをくれたコヒスタン人とその仲間が空に向かって拳を突きあげ、機関銃を盛大に撃ちまくっているのが見えた。こんなにすごい銃撃を見たことはない。例の持ち逃げした業者が橋からぶらさがっている様子もない。たぶん、軍から賠償金でももらえることになったのだろう。

*

登っていくにつれて谷の両側のがけはよりいっそう高くなり、しまいには空を隠してしまった。暑さで白くかすむ空の切れはししか見えない。今はおそらく、世界で9番目に高い山、ナンガ・パルバットの山すそを進んでいるはずだ。山があることをしめす証拠は何かないかと、インダス川の川面を見つめた。氷河がとけた水が、コケにおおわれた岩を越え勢いよく流れている。土砂を含んで白くにごった川の表面には、高山特有の青い色が散らばっていた。

パキスタン北部最大の都市ギルギットをすぎると、カラコルム・ハイウェイはさらにくねくねと曲がりながら中国に向かって進んでいく。だが、僕たちはギルギットの町の手前でハイウェイを降り、インダス川に沿って東のスカルドゥの町に向かった。

空気はどんどん冷たくなったが、心は懐かしさで温かくなっていく。このあたりでは珍しくもない6000メートル程度の名もなき山々。その間を抜けるこの道は、バルティスタンへの入り口だ。

このあたりは月面のような景色が広がっている。地上で最も人を寄せつけない土地かもしれない。深い谷底にある薄暗い土の道、そそり立つ花こう岩の山をかすめて差しこむ高地の太陽、だがその中にいると、僕はとても自然な気持ちでいられる。ふるさとのバンガローで暮らすよりもよっぽど。

アメリカですごす日々、ぎくしゃくしはじめたマリーナとの関係も、学校の資金を集めるための苦労も、病院でのきつい夜勤も、もうどうだっていい。すべてが夢のようで、このがけや岩山こそ現実だ。

デルヴラ・マーフィというアイルランド人の看護師も、この山々に同じように引き寄せられた。マーフィは、雪のバルティスタンを行くのは不可能だという冒険家の忠告を無視して、5歳の娘を連れて真冬のカラコルムを馬で旅した。

この渓谷に圧倒されたマーフィは、『Where the Indus Is Young（インダス川が生まれるところ）』という著作の中でこう語っている。

「山の景色を表現する言葉は、どれもふさわしくない。〝景色〟という言葉すら、こっけいなほどだ。〝壮麗〟〝崇高〟などという言葉でも足りない。何キロも何キロも何キロも曲がりくねってのびている、このせまくて暗くて深い荒涼とした谷間の雰囲気を伝えることはできない。草の葉1枚、低木1本すら見当たらない。この世に植物というものが存在することを忘れてしまいそうだ。ヒスイのような緑色の水をたたえて白くあわ立つインダス川だけが、岩山、がけ、急な斜面だけが続く灰色の世界で、ただひとつ変化を与えている。」

さらにマーフィは馬で進みながら、車でこの道を通ることを想像しぞっとしていた。

「あふれんばかりの荷物を危なっかしく積みこんだ性能の悪いジープで、ほんの少しでも判断をまちがえたらはるか下のインダス川に転げ落ちる。そんな道を何時間も運転する勇気など持てるはずがない。川がこの恐るべき山々の間をぬける唯一の道を見つけ出したのだから、我々はそれに従うしかない。このような大地を踏破するまともな方法はただひとつ。歩くことだ。」

あふれんばかりの荷物を危なっかしく積みこんだトラックは、僕たちを乗せてゆらゆら揺れながら進んでいた。落ちている岩を避けようとするたびに、がけっぷちに危険なほど近づいていく。見ると数十メートル下に、壊れてさびついたバスの車体が横たわっていた。

道路のわきに殉教者《シャヒド》のための記念碑が立っている。この岩壁との戦いに敗れて命を落とした作業員たち。何千人ものパキスタンの兵士のおかげで、スカルドゥの町への道はマーフィの時代と比べて大幅に〝改良〟された。インドとの戦争に備えて、トラックが通れるようにしたのだ。だが落石やなだれに加え、風雨にさらされたアスファルトは突然崩れることがある。また幅がせまく車がすれちがえないため、毎年何十台もの車ががけから転落している。

9・11のテロ以降、僕はよく「パキスタンでテロリストにおそわれたことはないか?」と聞かれるようになった。だが僕がここで死ぬとしたら、爆弾や弾丸のせいではなく、きっと事故のせいだろう。

この地で本当に危険なのは道路なのだ。

光の具合から、だんだん道がひらけてきたことがわかった。せま苦しかった両脇のがけは幅を広げて遠ざかり、雪をいただきつらなる巨大な山々が見えてきた。

峠をくだりきって平地に入ると、インダス川の流れはやわらいだ。泥を含んだ水がゆったりと蛇行し、日ざしに焼かれた黄褐色の砂丘が広がっている。雪をいただいた山々がなければ、まるでアラビア半島の景色みたいだ。

スカルドゥの町はずれには、あんずとくるみの林が広がっている。インダス川に沿って進む旅は終わった。僕は〝学校〟を連れてスカルドゥの町にやってきた。ヒツジ毛の帽子をかぶったバルティスタンの人たちが収穫にいそしんでいる。僕が手をふると、みんな笑って手をふり返してくれた。子どもたちはトラックと並んで走る。英雄イムラン・ハーンの姿と、その上に乗っている僕の姿を見て歓声をあげた。僕はもどってきた。次のカーブを曲がればハッピーエンドが待っている。このとき、僕はそう信じていた。

CHAPTER

# 8

# ブラルドゥ川にはばまれて

*Beaten by the Braldu*

アラーを信ぜよ。
だが、自分のラクダはしっかりつないでおけ。
——スカルドゥの第5飛行団基地の入り口にあった注意書き

かがみそこねてポプラの枝が顔にぶつかった。2本目の枝は僕の頭から毛布を奪い、トラックのうしろの道に落とした。トラックの上で腹ばいになり前方を凝視していると、木々の間からスカルドゥの町が現れた。

軍のヘリコプターが、僕たちの上をゆっくり飛んでいる。バルトロ氷河からスカルドゥの第5飛行団基地にもどるところだろう。ヘリコプターのそりの部分には、布でくるまれた人がしばりつけられていた。ひん死のエチエンヌも、あんなふうに運ばれていったっけ。

壊れた砦が町を見おろしている場所で、トラックは速度を落とし市場《バザール》に向かうヒツジの群れに道を譲った。通りはにぎやかだった。両側にはサッカーボールや中国製の安物セーター、きれいなピラミッド型に積まれた外国製の粉末ドリンクなどを売る店が並んでいる。流れる川しかない厳しいインダス渓谷と比べ、ここははるかに国際色豊かだし、安心感がある。

道のはしにトラックを寄せていたが、数台のジープが通れるほどの幅はなかった。モハンメドは窓から身を乗り出し、いらいらしたドライバーたちが鳴らすクラクションに負けないように声を張りあげた。

「どっちに行けばいいんだ?」

僕は仕方なく玉座から降り、運転席に乗りこんだ。

どうやって行けばいいんだろう? コルフェ村はここからジープで8時間くらいのところだ。電話して「約束を果たすためにもどってきたから、迎えにきて」と伝えることもできない。困った。チャンガジなら何とかしてくれるかもしれない。チャンガジはトレッキングやツアーの手配をしている男で、K2登山のときいろいろと世話をしてくれた。彼なら学校の資材を運ぶのにも手を貸してくれそうだ。

そう考えた僕は、チャンガジの真っ白い家の前にトラックをとめ、頑丈な木のとびらをたたいた。するると、とびらを開けて現れたのは本人だった。しみもしわもない真っ白なシャルワール・カミーズを着ている。

俗世間の卑しい仕事には一切触れない、とでもいうように。

バルティ族にしては背が高い。きちんと刈りこんだひげに高貴そうな鼻、青い縁どりをした茶色い目はするどく輝いている。魅力的な男だ。地元の言葉で「チャンガジ」というのは「チンギス・ハーンの一族」という意味だが、一方で無慈悲で恐ろしい人をさす俗語としても使われる。

「グレッグ先生ではありませんか！」チャンガジは僕の大きなからだに手を回し抱きしめた。

「どうなさったのです？ トレッキングのシーズンは終わりましたよ」

僕はいたずらっぽく答えた。「学校を運んできたんですよ」

きっと感心してくれるだろうと思った。チャンガジは以前、学校の建設費用の見積もりを出すのを手伝ってくれた。だがチャンガジは今、僕が何の話をしているのか、まったく思い当たらないようだ。

「学校を建てるのに必要なものを全部、ラワルピンディの町から運んできたんです」

そこまで言っても、チャンガジは戸惑っていた。

「この季節では、もう何かを建てるのは無理ですよ。それに資材ならすぐそこ、スカルドゥの町でも買えたはずですが」

僕が言葉につまっていると、トラックのクラクションが鳴った。

そんなこと思ってもみなかった。

モハンメドがさっさと積荷を降ろしてラワルピンディの町に帰りたがっている。トラックの乗組員は荷をほどき、資材を地面にうずたかく積み上げた。チャンガジは目の前の高価な資材をほれぼれと眺めた。

「わかりました。私のところで保管いたしましょう。それから、お茶でも飲みながら、学校をどうするか相談しませんか」

チャンガジは言い、それから顔をしかめて、僕のしみだらけのシャツ《カミーズ》やうす汚れた顔、もつれた髪を、上から下までじろじろ見た。

「何にせよ、まずは汚れを落としたらどうです?」

熊のような乗組員が、測鉛線と水準器を渡してくれた。アブドゥルが布できちんとくるんでくれたものだ。

セメントの袋や丈夫な4層の合板が次から次へと降ろされてくる。その様子を見て、チャンガジもだんだん乗り気になってきたようだ。僕はチャンガジがくれた真新しい石けんを使って、4日間の旅でたまった汚れを落とした。チャンガジの召使いがお湯を沸かして持ってきてくれた。給湯器はどうやらどこかの登山隊からくすねたものらしい。

ふと不安になって、資材のリストを作ろうと思ったが「後でやればいい」と言うチャンガジに押し切られてしまった。アザーンがひびく中、僕はチャンガジの事務所に通される。立派な机と古い世界地図のかかった壁。ベッドのようなものがあり、そこへ召使いたちがマーモットの毛皮でできた真新しい寝袋をおいた。

「今はお休みください」チャンガジはきっぱりと言った。「夕方の礼拝が終わりましたら、またまいります」

隣の部屋から聞こえる声で目が覚めた。窓からは、山の強烈な光が差しこんでいる。また朝まで眠りこんでしまった。

声がする方を見ると、小柄でがっしりした男がお茶に手もふれず、しかめ面であぐらをかいている。見覚えがあった。K2登山のときに料理係をつとめたアフマルだ。

アフマルは荒々しく立ちあがると、チャンガジの足もとにつばを吐くまねをした。これは、バルティ族の間ではひどい侮辱とされている。そのとき、彼はふと戸口に立っている僕の姿に気づいた。

「グレッグ先生《ギレグ》！」

アフマルはぱっと顔を明るくした。そして駆け寄ってくるなり、バルティ式に僕をぎゅっと抱きしめた。

チャンガジはお茶のほか、どこから手に入れたのか白パンのトースト6枚とオーストリア産のコケモモのジャムを、得意そうに並べていた。

どうやら、学校の資材が届いたという噂がスカルドゥの町中に広まり、争奪戦がはじまっていたらしい。まいったな。そしてアフマルは、僕の食事を何ヵ月も世話してきた人間として、何かしらの権利を主張しにきたのだ。

「グレッグ先生《ギレグ》、いつか、うちの村くる、約束しました」

そうだ。たしかに約束した。「ジープ用意しました。これからハーネ村に行きましょう」

「うーん。明日か、あさってにね」

僕は言いながらあたりを見回していた。ゆうべ7000ドル以上する建築資材を運びこんだはずなのに、今はかなづち1本見当たらない。どこにいった?

「でも、村のみんな、お会いしたい、思ってます。宴会のしたくもできてます」

貧しいバルティ族の村でわざわざ用意してくれた食事。それを無駄にするなんて、とてもできないので、仕方なくアフマルが用意したジープに乗りこんだ。チャンガジもついてきて、断りもなく後部座席に乗りこんできた。

あっというまにスカルドゥの町から遠ざかり、舗装された道は途切れた。

「ハーネ村まで、どのくらいかかる?」僕はたずねた。赤くさびたトヨタのランドクルーザーは、タイヤと同じくらい大きな岩を乗りこえながら、曲がりくねった山道をがたごとのぼり、インダス川を見おろす岩棚に飛び出した。

「とても遠いですよ」チャンガジは顔をしかめて答えた。

「とても近いです」アフマルが言い返す。「たった3時間か7時間です」

バルティスタンで旅にかかる時間を聞いたって仕方ない。車の中の空気はぴんと張りつめていたが、まるでクモの巣のようにひびの入ったフロントガラスのむこうには、きれいな空に向かってぎざぎざのカラコルム山脈がそびえていて、それを見ていたらなぜか幸せな気分になった。

インダス川に沿って何時間も車に揺られた。道は悪くなる一方だ。車のバックミラーにぶらさげてある3D写真にはメッカの、黒い布でおおわれたカーバ神殿の四角い姿が写っている。それがはげしく揺れてフロントガラスにしょっちゅうぶつかる様子は、熱狂的に何かの祈りを捧げる姿のようだった。

カーバ神殿の壁にうめこまれている大きな黒い石〝アル・ハジャルル・アスワド〟は、隕石だと言われている。イスラム教徒の間では、この石はアラーからの贈り物として地上に落ちてきたと信じられている。かつては白かったのだが、運良く石に触れた信者たちの罪を吸い取っているうちに、漆黒に輝くようになったのだという。僕は道の上にせり出す岩を見ながら、今は石が落ちてきませんようにと祈った。

橋《ザンバ》のそばでジープはとまり、僕は降りた。ヤクの毛を編んだロープだけでできた橋だ。橋は小柄なバルティ族のために作られているので、大男の僕にとってはかなり頼りない。

アフマルとチャンガジがうしろからついてくると、橋はぐらぐら揺れて、まっすぐ立っているだけでも大変だ。両側の手すりをぎゅっとつかみ、大きな足をそろそろと動かしてロープの上を進む。綱渡りみたいだ。15メートルほど下では、川がはげしく流れている。橋は水しぶきを浴びてさらにすべりやすい。僕は足もとだけに集中していたから、渡り終える頃になってようやく、大勢の人が出迎えていることに気づいた。

登山用の黒いズボンに、「より高く」と書かれたオレンジ色のTシャツを着たひげ面の男がいる。彼が僕の手をとり、ハーネの村の地面にしっかりと立たせてくれた。ジャンジュンパだった。この男は僕がK2にいたとき、他の登山隊のポーターとして参加していて、料理係のアフマルと仲がよかった。アフマルが食事を配っているときにかぎってベースキャンプに現れるという特殊な才能の持ち主だった。だが勇敢な男だったし、楽しい体験談をいくつも持っていた。

ジャンジュンパは西洋のやり方になじんでいる。アラーへの感謝のかわりに僕と握手すると、僕の腕をとり、ハーネ村の泥と石でできた家の間の小道をぬけた。

僕たちのうしろには、20人くらいの男たち、そして訴えかけるような目をした茶色いヤギが2頭ついてきた。きれいな白い壁の家につくと、鶏肉を焼くにおいに誘われるがまま丸太のはしごをのぼった。

ジャンジュンパがクッションの砂ぼこりをざっと払って僕にくれる。小さな部屋にはハーネ村の男たちがひしめきあっている。色あせた花模様のじゅうたんの上に輪になるよう、それぞれ腰をおろした。僕の席からは、家の屋根ごしに美しい渓谷の斜面がよく見えた。

輪になった男たちのまんなかに、ピンク色のテーブルクロスが広げられる。鶏の焼肉、カブのサラダ、ヒツジのレバーと脳のシチューが目の前に並んだ。そして僕が最初のひと口をかじるなり、ジャンジュンパは口を開いた。

「グレッグ《ギレグ》・モーテンソンさん、おこしいただき、ありがとうございます。そしてハーネ村、学校を建てにきてくださったこと、とても感謝します」

「ハーネ村に学校？」あやうく肉をのどに詰まらせるところだった。

「はい、学校です、お約束どおり」

ジャンジュンパはそう言って、堂々とした態度で他の男たちを見回した。

「ポーターのための登山学校です」

集まった人たちの顔を見ながら、頭をフル回転させた。これは手のこんだ冗談じゃないか。だがハーネ村の男たちの顔はまじめだ。そそり立つがけと変わりない。

K2ですごした数ヵ月のことを思い返してみる。ジャンジュンパとは、たしかに話をした。バルティのポーターたちは登山技術を身につける必要がある、という話だ。

彼らは山岳救助について基本的なことすら知らない。ジャンジュンパはよく「バルティのポーターはケガが多いのに報酬は少ない」とこぼしていた。それからふるさとのハーネ村の話をして、ぜひ来てほしいと言っていた。そのことはよく覚えている。だが学校を建てるなんていう約束はしていない。話すらしていない。

「グレッグ《ギレグ》さん、ジャンジュンパの言うこと、気にしないでください。どうかしてますよ」

アフマルが言ってくれたので僕はほっと安心した。

「登山学校だなんて」アフマルは頭を激しくふりながら話を続けた。「ハーネ村に必要なのは、普通の学校、子どもたちのための学校です。ジャンジュンパが金持ちになるためじゃない。普通の学校、建ててください」安心した気持ちは一瞬にして消えた。

僕の隣では、ふかふかのクッションによりかかったチャンガジが、鶏の肉を骨から爪で器用にはがしながら、うっすら笑っている。

男たちはアフマル派とジャンジュンパ派の二手にわかれ、バルティ語ではげしく言い争いはじめた。まわりの家の屋根によじのぼった女たちは、吹き降ろす風をよけるためショールにくるまりながら、だんだんと熱をおびていく議論を盗み聞きしようとしている。

「僕は約束なんかしていない」

まず英語で言ったが、誰も聞いていないようだったので、もう一度バルティ語で言った。僕はここにいる誰よりも大きかった。だが誰の目にも見えていないようだ。アフマルは、何度もジャンジュンパを「欲張りなやつだ」と言ってののしった。だがジャンジュンパは何を言われても軽く受け流し、僕がそう約束したとくり返すばかりだった。

こうして1時間以上経ったころ、アフマルが突然立ちあがり、僕の腕をとって立たせた。そして、場所を変えれば有利になるとでも思ったのか、丸太のはしごをおり、泥だらけの水路を横切り、彼の家の2階まで連れていかれた。ほかの男たちも、がやがや言いながら、あとからついてきた。こうして一同がさっきよりもせまい部屋におちつくと、アフマルの息子が僕の前にまた料理を並べた。カブのサラダ、そのまわりは野の花で飾られ、ヒツジのシチューには脂っこそうな腎臓が浮かんでいた。それ以外は、さっきジャンジュンパのところで食べたごちそうとほとんど変わらない。

アフマルの息子が、最高のごちそうである腎臓をすくいごはんの上にかけたものを、はにかみながらくれた。他の人たちにも食事を配った。僕は腎臓をどけて、脂っこい肉汁につかったごはんだけを食べたが、誰も気づかないようだった。

みんな僕のことなんておかまいなく、再び議論と食事に没頭しはじめた。

議論が4時間以上も続くと、部屋にこもったタバコの煙で目が痛くなってきた。

僕はアフマルの家の屋根にのぼり、風よけがわりになっている、刈り取ったばかりのソバの束にもたれかかった。のぼった月が、山の斜面でくすぶっている。風が霧を吹きはらい、マッシャーブルム山の山頂が姿を現していた。僕はその頂をじっと見つめた。ナイフのようにするどい尾根が、月の光でとぎすまされ、不気味な姿をさらしている。あのすぐむこうに、巨大なＫ２があるのだ。その存在が感じられた。山をのぼるためにバルティスタンにいたときは、何も難しいことはなかった。やることがはっきりしていた。山頂のことだけを考え、隊員や物資をやりくりしていればよかった。頂上につくまで――あるいは失敗するまで。

屋根の四角い大きな穴から、タバコの煙とヤクのふんを燃やす煙が立ちのぼってくる。いやなにおいだ。男たちの議論も聞こえてくる。もううんざりだ。ソバの上に横になると、デイパックからうす手のジャケットを取り出し、毛布がわりにからだにかけた。満月に近い月が、ごつごつした尾根から姿を現した。巨大な隕石のようだった。あれが落ちてきたら、この村はぺしゃんこになるだろう。

「さっさと落ちてこないかな」そう思いながら眠りについた。

翌朝、こわばった足で屋根から降りると、チャンガジがミルクティを飲んでいるところだった。僕はチャンガジに頼みこんで、また食事と議論がはじまらないうちにスカルドゥの町に連れ帰ってもらうことにした。ただアフマルもジャンジュンパも、いっしょにジープに乗りこんできた。議論に勝つまで、僕を逃がしたくないらしい。

チャンガジはずっとうす笑いを浮かべていた。時間をこんなに無駄にした自分がいまいましい。スカルドゥの町にもどると、あたりはすっかり冬の寒さに包まれていた。低くたれこめた雲が山々をおおい、霧雨は空中にしつこくとどまり、なかなか地面に落ちようとしない。

ジープの窓はビニールシートでおおわれていたが、僕のシャルワール・カミーズは、チャンガジの事務所につくまでにすっかりびしょぬれになっていた。「さあどうぞ」チャンガジは僕の泥だらけのシャツ《カミーズ》をじろじろ見ながら言った。「お湯を用意させます」

「それより先に、いくつかはっきりさせておきたい」

僕は口調がきつくなるのをおさえられなかった。「まず、学校の資材はどこにあるんです？　どこにも見当たりませんが」

チャンガジの立ち姿は、偉人の肖像のようだった。

「別の事務所に移しました」

「移した？」

「はい……移しました。ここより安全な場所に」そんな当たり前のことをわざわざ聞くなんて、と気分を害したように。

「どうしてここではだめなんです？」

「ごろつきどもがおりますので」

「今すぐ確認しに行きたいんですが」僕は背筋を伸ばし、チャンガジに詰め寄った。

彼は目を閉じ、両手の指を組んだ。それから親指を重ねて目を開いた。そうすれば僕が消え失せるとでも思ったらしい。

「もう遅いですし、助手が鍵を持って帰ってしまいました」

「鍵を持って帰った？」

「はい。それに今から夕方の礼拝のしたくをしなければ。でも問題ありません。明日になれば100％ご満足いただけるとお約束いたします。そうしたら、こんなやかましい村人たちのことは忘れて、学校を建てはじめましょう」

＊

日の出とともに目が覚めた。チャンガジの寝袋をショールのように肩にかけ、湿気のひどい通りに出てみた。スカルドゥの町をとりまく山々の頂は、まだ低く垂れこめた雲にかくれている。山が見えないと、スカルドゥの町はどうしようもなく醜い。シャッターをおろした店と、ゴミだらけの市場《バザール》、泥や灰を固めて作ったずんぐりとした建物ばかりだ。

カリフォルニアにいたとき、スカルドゥの町は伝説に出てくる王国のように光り輝く都市であり、そこで暮らしているバルティ族は、高潔ですばらしい人たちだと信じていた。だが今、こうして霧雨の中に立っていると、僕の単なる妄想だったような気がしてきた。Ｋ２から生きてもどれたうれしさのあまり、この場所やここに住む人たちを美化しすぎていたのだろうか？

迷いをふりはらおうとしたがだめだった。コルフェ村はここから北にむかってたった１１２キロしか離れていない。だがはるか彼方、別世界のような気がしている。

まず資材をとりもどそう。それから、何としてでもコルフェ村に行く。ここまでやって来たのは、何かを信じたかったからだ。がけにしがみついているような、あのさびしげな村を選んだのには理由がある。望みを捨てる前に、あそこに行かなければ。

朝食のとき、チャンガジはめずらしくいろいろと気をつかってくれた。

僕にお茶をついでくれたし、「運転手とジープがきたらすぐに出発できますから、どうかご安心ください」などと言った。ランドクルーザーが現れる頃には、運転手用の休憩所に泊まっていたジャンジュンパとアフマルも現れた。出発したが、みんな黙りこくっていた。

砂丘を越えて西へ向かう。砂丘が終わると、ジャガイモ畑が現れた。畑のはしには収穫したばかりのジャガイモを入れた麻袋が積まれている。風が徐々に力を増し、雲の切れはしを吹き飛ばしていく。雪におおわれた山腹が姿を見せはじめ、僕の気分も軽くなっていった。

スカルドゥの町を出てから１時間半。本道を離れ、でこぼこ道をくねくね曲がりながらのぼっていくと、泥と石でできた住み心地の良さそうな大きな家が並ぶ村へやってきた。チャンガジのふるさと、クワルドゥ村だという。チャンガジは黙ったままの僕たちを大きな家の2階に連れていった。

居間にはよく見るうす汚れた花柄のクッションではなく、キャンプ用のマットがおいてあった。壁には額入りの写真が何枚も飾られている。どの写真にも、しみひとつない白い服を着たチャンガジが、フランス、日本、イタリア、アメリカなど各国の登山隊たちといっしょに写っていた。僕の写真もあった。K2に登る前に撮ったもので、陽気にチャンガジの肩に腕を回している。これがたった1年前のものだなんて信じられない。写真の中からこちらを見ている僕の姿はとても若かった。

開いたドアから、女の人たちが何か料理しているのが見える。チャンガジは別の部屋に姿を消したかと思うと、グレーのカシミヤセーターを着て現れた。

続いて羊毛でできたトピという帽子をかぶり、もじゃもじゃのひげをのばした老人が5人入ってきて、力をこめて僕と握手をしてから腰をおろした。さらにクワルドゥ村の男たちがどやどやと入ってきて、ビニールのテーブルクロスをところせましと囲んだ。

チャンガジは召使いたちに命じ、次々と料理を持ってこさせるので、足の置き場もない。料理はどんどん運ばれてくる。鶏の丸焼き、花の形をあしらった大根やカブ、ナッツとレーズンの入ったピラフ《ビリヤニ》、ハーブ入りの衣をつけて揚げたカリフラワーの天ぷら《パコラ》。トウガラシとジャガイモのシチューには、ヤクの睾丸らしきものが浮かんでいる。

バルティスタンでこんなにたくさんの食べ物を見るのは初めてだ。ジープに乗っている間、必死に抑えていた不安がわきあがり、口の中がすっぱくなってきた。

「ここで何をするつもりなんですか？　僕の資材は？」

チャンガジはヤクの肉を山盛りのピラフ《ビリャニ》の上にたっぷりとのせて僕に差し出した。

「こちらにおりますのは、我が村の長老たちです」

5人のしわだらけの男たちをさして言う。「ここクワルドゥ村では、議論などしません。お約束します。冬になる前にこの村にあなたの学校を建てる。そう決めておりますので」

黙って立ちあがり、食べ物をまたいだ。

もてなしを断るのがどんなに失礼なことかは、よくわかっている。年長者に背を向け、汚い足で食べ物をまたぐのがどんなに許しがたいことかも。だが、どうしても外に出たかった。

クワルドゥ村から逃げ出し、けわしい道をがむしゃらにのぼった。この高さでは肺が苦しいが、かまわずに走り続けた。頭がくらくらしてきた。クワルドゥ村を見おろすひらけた場所に出ると、息を切らして座りこんだ。クリスタが死んでから泣いたことなんてなかった。吹きさらしの牧草地で、両手に顔をうずめた。

＊

気配を感じて顔をあげると、クワの木の陰に子どもたちの顔があった。真剣な顔でこちらの様子をうかがっている。どうやらヤギに草を食べさせるつもりだったようだが、見慣れない外国人《アングレージ》の大男が泣いているのを見かけ興味津々のようだ。世話を放棄されたヤギたちは、自分勝手に丘をのぼっている。

立ちあがって服の汚れを払い、子どもたちに近づいた。

「やあ」いちばん年上っぽい男の子のそばにしゃがむ。11歳くらいだろうか。

「あなた……だれ？」その子は恥ずかしそうに言い、握手しようと手を差し出した。小さくて僕の手にすっぽりかくれてしまう。

「僕はグレッグだ。こわくないよ」

「ぼくは、ぐれっぐ、こわくない」子どもたちはいっせいにくりかえした。

「ちがうよ。グレッグは僕だ。君の名前は？」もう一度言ってみた。

「ちがうよ、ぐれっぐはぼくだ、きみのなまえは？」子どもたちは、くすくす笑いながらまたくり返す。

バルティ語で話すことにしよう。

「ミン・タクポ・グレッグ。ンガ・アメリカ・イン（僕の名前はグレッグ。アメリカから来た）。キリ・ミン・タクポ・イン（君の名前は）？」

外国人《アングレージ》の言うことがわかって、子どもたちは手をたたいて喜んだ。

みんなに名前を教えてもらいながら、ひとりひとりと握手する。女の子たちは、用心深くスカーフで自分の手をくるみ、異教徒である僕に触った。

僕は立ちあがってクワの木にもたれ、授業をはじめた。「アングレージ」と自分を指さした後、ゆっくり「外国人」と発音する。「がいこくじん」子どもたちは声をそろえる。それから僕は、自分の鼻、髪、耳、目、口を順番に指さし、それぞれ英語で発音した。知らない言葉を聞くたびに、子どもたちは声をあわせてその言葉をくり返し、笑いあった。

30分後、子どもたちといっしょにしゃがみこみ、地面にクワの枝でかけ算の表を書いているところへチャンガジがやってきた。

「グレッグ先生。下におもどりください。お茶にしましょう。まだ話すことがいろいろとございます」

僕は子どもたちを見たまま答えた。

「コルフェ村に連れていってもらえないなら、話すことなどありません」

「コルフェ村は遠すぎます。それに汚い。先生、この子たちがお気に召したようではありませんか。学校をここに建ててはいかがです?」

「お断りします」9歳の女の子ががんばって書いた答えを手で消し、正しい答えを書いた。「6かける6は36だよ」

「グレッグさん、お願いです」

「コルフェ村です。話はそれからです」

ブラルドゥ川は一軒家ほどもある大きな岩を越え、あわ立ちながら流れていく。隣を走るランドクルーザーの揺れもはげしく、僕たちは道ではなくまるで茶色い濁流の中を移動しているようだった。

アフマルとジャンジュンパは、やっとあきらめた。がっかりした様子で別れを告げると、僕を追おうとはせずスカルドゥの町にもどるジープにさっさと乗りこんだ。

コルフェ村につくまでは8時間、考える時間はたっぷりある。チャンガジは後部座席で米袋によりかかり、白い帽子《トピ》を目深にかぶって、がたごと揺れるジープの中で眠っていた。少なくとも、眠っているように見えた。

アフマルには申し訳ないと思っていた。彼はただ、村の子どもたちのために学校が欲しかった。パキスタン政府が建ててくれないからだ。

だが、チャンガジとジャンジュンパのやり方があまりにも汚すぎた。アフマルが何ヵ月もの間、K2のベースキャンプで文句ひとつ言わずに働いてくれたことへの感謝の念すらふきとんでしまうくらい腹が立った。だがその怒りも、醜いこの川のようによどんでいった。

もしかしたら、僕はちょっと厳しすぎるのかもしれない。

経済力の差が大きすぎるのだ。世界で最も貧しい国のひとつパキスタンの中でも、特に貧しいこの地域の人々にとっては、仕事は不定期で、物置のようなところに住んでいる僕でさえドルマークのネオンサインに見えるのかもしれない。

僕は反省した。もしもコルフェ村の人たちが学校をめぐって争ったとしても、もっとしんぼう強く我慢しよう。

学校はみんなのためのもので、村長のハジ・アリや誰かの利益のためじゃない。

そんなことを偉そうに言う前に、最後までみんなの話を聞き、何度食事が出されても食べるようにしよう。

＊

コルフェ村の対岸につくころ、あたりはもうすっかり暗くなっていた。ジープから飛び降り川のむこうを見たが、誰かいるかどうかすらわからない。チャンガジの指示で、運転手がクラクションを鳴らし、ヘッドライトをつけた。僕はヘッドライトの前に立ち、やみに向かって手をふった。誰かが叫ぶのが聞こえた。運転手がジープの向きを変え、ヘッドライトでむこう岸を照らす。

光の中、小柄な男が〝箱〟に乗りこみ、こちらに近づいてくるのが見えた。

「トワハ？」ハジ・アリの息子だ。

トワハは箱から飛び降りたかと思うと、無言で駆け寄ってきて、僕の腰にぎゅっと抱きつき、僕の胸に頭をうずめた。煙と汗のにおいがした。そしてしばらくそのままのときをすごした。

トワハはようやく両手を離すと、顔をあげて笑った。

「父のハジ・アリ、言ってました。アラーがいつかまたグレッグ先生を連れてくるって。ハジ・アリ、何でも知ってる」

トワハは、僕がロープウェイに乗るのを手伝ってくれた。これは本当にただの箱だ。板を寄せ集め釘で打ちつけただけの、果物用の箱みたいなものだ。べとべとするケーブルを引っ張って進み、きしむ音がしても気にしないようにする。箱が壊れたら落ちてしまう、落ちたら死んでしまう、なんていうことを考えてはいけない。

僕は長さ100メートルのケーブルをつたって、ゆっくりと進んだ。強い風に吹かれて、ケーブルは左右に大きく揺れる。水しぶきがかかるのが感じられる。30メートル下では、硬い岩をもなめらかにするブラルドゥ川のはげしい流れが、見えはしないけれど聞こえてくる。

むこう岸の高いがけの上、ジープのヘッドライトに照らされ、何百人もの人たちが集まっているのが見えた。きっとコルフェ村の住民全員だろう。そしてがけのいちばん高いところに立っている人の姿は、見まちがえようがない。まるで花こう岩からそのまま掘り出されたようだ。足を大きく広げて立ち、がっしりとした肩の上に、ひげを生やした大きな顔が岩のようにどっしり乗っている。

長老ハジ・アリ。僕がおっかなびっくり川を渡る様子を、彼はとても静かに見守っていた。

ハジ・アリは客が無事に到着したことをアラーに感謝した後、僕を抱きしめた。去年はあんなに大きく感じられた人だが、現実のハジ・アリの背は僕の胸までしか届かない。

そしてハジ・アリの家があった。燃えさかる炉のそば、道に迷いぼろぼろになった僕を迎えてくれた場所、かたときも忘れたことのないこの人たちに囲まれ、幸せな気持ちがあふれてくる。心からくつろげる。ハジ・アリに早く〝良い知らせ〟を伝えたくてうずうずしていたが、まずはありがたく歓迎の儀式に呼ばれよう。

ハジ・アリの妻サキナが、古いクッキーの包みを欠けた皿に盛り、バター茶《パイユーチャ》といっしょに持ってきてくれた。僕はクッキーを小さく割り、みんなが食べられるように皿を回した。

ハジ・アリはバター茶《パイユーチャ》を飲む僕の顔を見て、ひざをたたいて笑った。

「どうしたんだ《チーザリー》!」

初めて会ったときとまったく同じセリフだ。

だが今度は、疲れ果ててコルフェ村に迷いこんだのではない。1年間の苦労の末に、良い知らせを持ってもどってきたのだ。早く伝えたくてたまらない。

バルティ語で言った。

「学校です。ここに学校を建てます。そのために必要なものを全部持ってきました」

これを言いたくて、頭の中で何度もリハーサルしてきていた。

「材木にセメント、道具も全部。今はスカルドゥの町においてあります」

そう言ってチャンガジを見ると、彼はクッキーをお茶にひたして食べていた。

こんなにいい気分だと、チャンガジにだって親しみを感じてしまう。さんざんふり回されたけど、結局はこうしてコルフェ村に連れてきてくれたのだから。

「つまり、約束を果たしにもどってきました」ハジ・アリの目を見つめた。

「早く建てはじめたいと思っています、すべては神の思し召し《インシャラー》のままに」

「グレッグ先生」ハジ・アリは片手をベストのポケットに突っこみ、アイベックスの干し肉をいじっていた。

「慈悲深きアラーのお恵みにより、先生はコルフェ村に帰ってきてくださった」

「はい」

「帰ってくると信じていたし、何度もそう言っていた。風がブラルドゥ渓谷を吹きぬけるのと同じくらい、何度もだ」

そう言われて、温かい気持ちになった。

「だから話しあった。先生がいない間、みんなで話しあったのだ。コルフェ村に学校を建てたい。この村にいる誰もがそう強く願っておる」

だが、ハジ・アリは僕の目をしっかりと見つめ返した。「だが決めたのだ。アイベックスは、K2に登るより先に川を渡る方法を覚えなければならない」

「どういうことですか？」

「橋《ザンバ》だ。学校を建てる前に、橋《ザンバ》を作らなければなければならない。これがコルフェ村の決断だ」

「橋《ザンバ》?」聞き返した。僕の勘ちがいだろう。きっとバルティ語がよく聞きとれなかったんだ。

「橋、ですか?」確認するために、ゆっくり英語で聞いてみる。

「そうです。大きな橋、それも石の橋です」英語のできるトワハが言った。

「橋があれば、学校をコルフェに運ぶことができます」

僕はお茶をゆっくりすすって考えた。考えこんだ。もう一口、お茶をすすった。

CHAPTER

# 9

# 国民の声

## The People Have Spoken

諸君。
美しい女の瞳はなぜ許可制でないのか？
弾丸のように男をつらぬくし、刃のようにするどいのに。
——バルティスタンのサトパラ渓谷にある、
現存する世界最古の仏像にスプレーで書かれた落書き

サンフランシスコ国際空港は、子どもの手を引き殺気立っている母親でいっぱいだった。もうすぐクリスマス。空気はよどみ、人でごった返している。浮かれた気分の旅人たちが何千人もひしめきあいながら、飛行機の搭乗口に向かって急いでいるが、騒がしい中、次々とフライトの遅れを知らせるアナウンスが流れていた。

僕は手荷物受取所に向かい、大小さまざまなトランクにまじってベルトコンベアを流れるぼろい軍用バッグを肩にかけた。

ひょっとしてマリーナがきていないかと人ごみを見渡す。

上の階も探してみたが、到着したばかりの人が見せがちなあいまいな笑顔と目が合うだけで、マリーナの黒髪は見当たらなかった。

4日前、ラワルピンディの町の電話局から電話した。帰ることを伝えたら、ひどい雑音を通してだったけれど、空港に迎えにくると言っていたはずなのに。

だがどの飛行機で帰るかくり返す前に電話は切れてしまったし、お金のことが心配で、かけなおす気にはなれなかった。電話ボックスからかけてみる。留守電だ。

「やあ」僕は不自然なほど明るい声で言った。「グレッグだよ。メリークリスマス。元気かい？　会いたかったよ。無事サンフランシスコについたから、これから電車に乗って……」

「グレッグ」マリーナが電話に出た。「おひさしぶり」

＊

「やあ。大丈夫かい？　何だか……」

「話があるの。あなたが行ってから、いろいろあったわ。聞いてもらえる？」

「もちろん」僕は答えた。汗で脇の下がちくちくする。もう3日もシャワーを浴びていない。「今から行くよ」と、電話を切った。

学校のことを何も進められなかったのに帰ってくるのはいやだった。だが、長いフライトの間、マリーナとふたりの娘のことを考えると気が軽くなった。少なくとも、愛する人たちのところへ向かっている。失敗から逃げているわけじゃない、と自分に言い聞かせた。

駅までバスに乗り、それから電車に乗る。さらにケーブルカーに乗りかえてマリーナが住んでいる地区へ向かう。マリーナの言葉を思い出すたびに、不安がつのっていく。どう考えたって、はっきりしている。僕と別れるつもりなのだ。たしかにラワルピンディの町から電話をするまで、もう何ヵ月も電話をしていなかった。だが、今は国際電話の料金だって節約しなければならない。それくらいわかってくれているはずだ。これから埋め合わせをしよう。銀行口座に残ったわずかなお金で、マリーナと子どもたちをどこかに連れていこう。

太陽はもう灰色の太平洋のむこうに沈んでいた。イルミネーションを飾った白い壁の家がたち並ぶ通りをすぎて、潮風に吹かれながらアパートの階段をのぼった。

マリーナはドアを開け、片手で僕を抱いてから、入り口に立ちはだかった。入れるつもりはないようだ。

「これだけ言っておくわ」僕はバッグを肩にかけたまま次の言葉を待った。「またマリオとつきあってるの」

「マリオ？」

「知ってるでしょ。麻酔医で、カリフォルニア大学サンフランシスコ校出身の」僕はぼう然とする。

「昔の彼氏よ。話したと思うけど……」

マリーナは話し続けた。僕もマリオとは何度か会っているとか、救急室でいっしょに働いたこともあるとか、そういう話をしているらしいが、そんなことはどうでもよかった。僕はただマリーナの唇を見つめていた。ふっくらとした唇。マリーナの最も美しいところ。その唇から出てくる言葉は耳に入らない。

「それで、モーテルの部屋を予約しておいたわ」

そう言われて、ようやく我に返った。

まだ何か話そうとするマリーナに背中を向けた。

あたりはもう真っ暗だ。それまで気にならなかったバッグが突然重く感じられた。これを運んでもう1ブロックだって歩けるかどうか。幸いモーテルはすぐそばだった。赤いネオンサインが傷口のように脈打っていた。

ポケットに残っていたわずかなお金を払って、木目調の壁に囲まれたタバコくさい部屋に入り、シャワーを浴び、バッグをかきまわし、パジャマがわりになるいちばんよごれていないTシャツを選んで着ると、明かりとテレビをつけたまま寝てしまった。

疲れ果てて夢ひとつ見ずに眠りこんでいた。そこへ1時間後、ドアをノックする音がして目が覚めた。からだを起こしてあたりを見回す。まだパキスタンか。だが、テレビの中では政治家が英語でしゃべっている。「少数党の院内幹事が共和党による議会の支配権奪取をめざし……」だが何を言っているかは、外国語のようにわからない。

まるで部屋全体が揺れているような気がした。何とかドアにたどりついた。ゴアテックスの黄色いパーカーを着ているマリーナだった。

「ごめんなさいね。そんなつもりじゃなかったの。大丈夫？」そう言って、マリーナはパーカーの前をぎゅっとあわせた。

「ああ、その……いや」

「寝てた？」

「ああ」

「聞いて。私だって、こんなふうになるなんていやだった。でも、パキスタンにいるあなたに連絡する方法がなくて」開いたドアから冷たい空気が流れこみ、下着姿の僕は寒くて震える。

「絵はがきを送っただろ」

「ええ、ほんとにロマンチックだったわ。屋根の材料の値段がどうとか、スカルドゥの町までトラックでいくらかかったとかね。私たちのことは何も書いてなかった。帰るのが予定より遅れるっていうこと以外はね」

「いつからマリオとつきあってるんだ?」マリーナの唇から目をそらし、うつむいた。

「話をそらさないで。絵はがきを読んだとき、私にはもう用がないんだって思ったの」

「それはちがう」そう答えてみたが、あまり自信がなかった。

「私のこと、嫌いにならないで。嫌いじゃないでしょ?」

「今のところはね」

マリーナは組んでいた腕をほどきため息をついた。右手には、クリームリキュールのびんを持っている。マリーナがびんを差し出し、僕は受け取った。中身が半分くらい入っていた。

「あなたっていい人ね。さよなら」

「さよなら」

急いでドアを閉めた。何か馬鹿なことを言って後悔しないように。

がらんとした部屋で、中身の半分残ったびんを手にしたまま立ちつくした。半分残ったびん? 半分空いたびんか? どっちにしても、こんなものは飲まない。マリーナだってそのくらいよくわかっているはずだ。僕はほとんど酒を飲まない。ひとりならなおさらだ。それにこんな甘ったるい酒なんて大嫌いだ。

テレビから耳ざわりな声がする。「我々は第2の革命を成しとげようとしています。議会で共和党が過半数を占めれば、みなさんの生活は根底から変わるとお約束します。これは国民の声です」

部屋のすみにゴミ箱があった。大きくて、鈍い色の金属でできていて、運悪くこの部屋に泊まるはめになった何千人もの心ない人たちによってぼこぼこにされている。僕はゴミ箱の上に腕をのばし、手を放した。リキュールのびんが落ちた。鋼鉄のドアが閉まったような音がして、僕はベッドに倒れこんだ。

まず、お金を何とか工面しなければならない。銀行から200ドル引き出そうとしたら、残高が83ドルしかないと言われてしまった。

メディカルセンターの上司に電話してみた。財産が底をつく前に、仕事をさせてもらおうと思った。

「11月末の感謝祭までには出てくると言ってたじゃないか。なのにクリスマスにもこなかった。君は仕事ができるけど、仕事にこないんじゃ意味がない。やめてもらうよ」

それから何日間も、僕は同じ言葉をつぶやき続けた。

「これは国民の声です」

登山家仲間に連絡して、これからどうするか決まるまで、とりあえず登山家のための無料宿泊所ですごさせてもらうことにした。

ビクトリア朝様式の古い家で、ひと月の間その2階の廊下に寝泊まりした。下の階では、大学院生や、ヨセミテに行ったり帰ってきたりする登山家たちが、夜遅くまで騒いでいた。僕は寝袋にくるまって廊下に横たわり、薄い壁の向こうでセックスしている音などを聞かないようにがんばった。トイレに行く人たちは、眠っている僕をふんづけていった。

幸い僕は看護師だから、そう長くは仕事にあぶれずにすむ。要はやる気の問題だ。ケーブルカーに乗ってあちこちで面接を受け、雨の日はラ・バンバ号がないさびしさをかみしめた。その結果ふたつの病院で、希望者が少ない深夜の勤務につくことができた。

何とかお金がたまると、部屋を借りることもできた。

エレベーターのない建物の3階、ポーランド出身の雑役夫、ウィトルド・ドゥジンスキーがシェアしてくれた部屋だ。ドゥジンスキーはヘビースモーカーで、酒飲みでもあり、ラベルのない青いびんに入ったポーランド製のウォッカを大量に買いこんでいた。

最初のうち、僕たちはそれなりに会話を楽しんですごした。だがドゥジンスキーはウォッカが進むと、誰を相手にするでもなく勝手にしゃべりちらすだけだったから、僕は夕方になるとたいてい自分の部屋にこもった。

マリーナのことは考えないようにした。今までもガールフレンドにふられたことはあったが今回はちがった。本当につらかった。だが立ち直るしかない。

忙しくて心配ごとを忘れられる夜もあった。大やけどをした5歳の女の子が運びこまれてすぐに治療しなければ、なんていうときは。それでも西洋の病院では、必要な薬や器具、包帯がいつでも手もとにありすぐに処置ができる。実にありがたいことだ。7週間すごしたコルフェ村は、いちばん近い診療所まで片道8時間、それもしょっちゅう通れなくなるようなひどい道を通っていかなければならなかった。

ハジ・アリから「橋が必要だ」という話を聞かされたとき、僕は必死に他の方法を考えようとしたがだめだった。じたばたするほど、深みにはまる気がした。

コルフェ村は旅の最終目的地。ここから先は永遠の氷の世界だ。もう逃げ場はない。チャンガジの笑みが広がった。これで学校は自分のものになったと思っているにちがいない。

落ちこんだが、コルフェ村の人たちに対する怒りはなかった。

もちろん橋は必要に決まっている。僕は一体、どうやって学校を建てるつもりだったんだ？　材木や金属板を一つひとつ、ブラルドゥ川の上に頼りなくぶらさがったあの箱で運ぶのか？　どうして、もっとよく考えなかった？　自分が腹立たしかった。

こうなったらもうコルフェ村を離れない。実現のために必要なものをひとつ残らず知るまでは。さんざん回り道をしたんだ。もう一度くらい、どうってことはない。

「その橋について教えてください」

沈黙を破り、僕はハジ・アリにたずねた。部屋に集まったコルフェ村の男たちが、期待に満ちた顔でこちらを見ていた。

「必要なものは何ですか？　何からはじめればいいですか？」

あまりお金がかからず、簡単にできることだといいと願いながら。

ハジ・アリのかわりに息子のトワハが言った。

「ダイナマイトをたくさん使います。石をたくさん、たくさん切り出さないと」

それから男たちはバルティ語で議論をはじめた。この近くの石を使った方がいい。いや、谷をくだったところからジープで運んできた方がいい。いちばんいい花こう岩がとれるのはどの山か。

その他の点では、みんなの意見はほとんど一致していた。

鉄のケーブルと厚い木の板を、スカルドゥの町かギルギットの町で買って運んでこなければならない。腕のいい作業員を雇えばさらに数千ドルかかるということだ。

数千ドル。

僕は言った。お金はもうほとんど残っていない。橋を作るためには、またアメリカにもどって金を集めなければならないと。そう伝えたら、コルフェ村の人たちも、僕と同じくらいがっかりするだろうと思っていた。

だがちがった。ここの人たちにとって〝待つこと〟は、標高3000メートルの薄い空気の中で暮らすのと同様、すっかり生活の一部になっているらしい。

1年間の半分は、ヤクのふんを燃やした煙が立ちこめる部屋で、また外に出られる季節がくるのを待ちながらすごす。狩りをするときには、貴重な弾丸をむだにせず1発でしとめるためにたった1頭のアイベックスを、何日も何日もかけて少しずつ追いつめていく。バルティ族の男は、両親が結婚相手に選んだ12歳の少女が、大人になり家族のもとを去れるようになるまで何年間も待ち続ける。忍耐こそが、彼らの最も優れた特質なのだ。

「どもありがと」ハジ・アリは、僕のために片言の英語を使った。

僕は胸がいっぱいになり、ハジ・アリを抱きしめた。煙と湿った羊毛のにおいがした。ハジ・アリはうれしそうな顔をして妻を呼ぶと、バター茶《パイユーチャ》のおかわりを持ってこさせた。飲むたびに、だんだんこの味が好きになる。

チャンガジには「僕をおいてスカルドゥの町に帰ってください」と言った。チャンガジの顔にはおどろきの表情が浮んだが、すぐに平静にもどった。僕は満足だった。

まずはハジ・アリといっしょにジープで下流に向かい、ブラルドゥ渓谷にかかっている橋がどんなものかを調べてみた。それからコルフェ村にもどり、村の人たちがどんな橋を欲しがっているのか聞いた。ノートに図を描いた。コルフェ村の長老たちに会い、僕が（神のお恵みで）アメリカからもどることができたら、どこに学校を建てればいいかを話し合った。

バルトロ氷河から吹き下ろす風が、コルフェ村に雪の結晶を運んできた。いよいよ村全体が雪におおわれ、村人たちが屋内ですごす長い季節がはじまる。

帰りじたくをはじめた。チャンガジといっしょにやってきてからすでに2ヵ月以上経っていた。もう12月。これ以上出発をのばすわけにはいかない。僕はコルフェ村の半分の家を訪れて、別れのお茶をくみかわした。スカルドゥの町へ向かうジープはぎゅうぎゅうづめだった。どうしても僕を見送りたいと、11人もいっしょに来てくれることになったのだ。ジープが何かに乗りあげて揺れるたびに、僕たちはバランスと暖をとるために体を寄せあった。

＊

病院での勤務を終えた。夜明けの薄暗がりの中、静まり返った町を通ってアパートに帰ってきた。タバコくさい、がらんとした部屋。突然、さびしさに包まれる。

コルフェ村の仲間たちは手が届かないほど遠くにいる。ジャン・ヘルニなら、僕がもどれるように資金を出してくれるかもしれないが、もうとてもそんなことはお願いできない。

この冬、僕は毎日のように倉庫街にあるクライミング・ジムに通っていた。ラ・バンバ号がないので不便だったが、運動がしたかったし、誰かと会いたかったのでバスに乗った。K2をめざしていた頃の僕はここのジムのメンバーたちに一目置かれていた。だが今では、口を開けば、出てくるのは失敗談ばかりだ。登山には失敗する、恋人にはふられる、橋も学校も作れない。

ある深夜、仕事から帰ってくる途中、家のすぐそばで何者かにおそわれた。相手は4人、だがどう見てもせいぜい14歳くらいだった。ひとりが震える手で僕にピストルを突きつけ、別のひとりが僕のポケットを探る。「ちきしょう、2ドルしかねえや」その子はお札を取り出すと、空の財布を僕に投げ返した。「よりによって、町一番の貧乏人にあたっちまうとはな」

貧乏。貧乏人。貧乏。春になっても、気分は落ちこんだままだった。僕をイスラマバード行きのバスに乗せてくれたとき、コルフェ村の人たちの顔は希望に満ちあふれていた。すべては神の思し召し《インシャッラー》のままに、僕が金を集めすぐにもどってくると信じている。どうしてそんなに信じてくれるんだろう。僕自身は僕のことを全然信じられないのに。

ある日の午後。寝袋にくるまったまま、そろそろこれも洗わなきゃいけないな、でもコインランドリーにいくの面倒だな、と考えていたら電話が鳴った。

相手はルイス・ライヒャルト博士だった。博士はアメリカ人として初めてK2にのぼった人物で、僕がK2にのぼる前にいろんな助言をくれた。それ以来、僕たちはときどきだけど親しく話すようになっていた。

「聞いたよ」

「何をです?」

「ジャン・ヘルニから聞いた。学校を建てようとしているそうじゃないか。どんな具合だ?」

〝学校〟と聞いたとたん、胸の奥から気持ちがあふれてきた。僕は博士にすべてを話した。手紙を580通書いたこと、橋のことで行きづまっていること、恋も仕事も失ったこと、さらに恐ろしいことに、自分の進むべき道すら見失いかけていることまで。長い長い話だったが、博士は父親のように親身になって聞いてくれた。

「しっかりするんだ、グレッグ。いろいろと大変だったみたいだが、君が取り組んでいることは難しい。K2にのぼるよりずっと難しいことなんだ」

ライヒャルトの言葉には重みがあった。彼がK2登山のときに体験した困難は並大抵のものじゃないと聞いている。

ライヒャルトは理解してくれていた。

〝僕が進もうとしている道はつらい〟

そう言ってもらえたことで、「失敗してはいない」と思うことができた。まだ登山は終わっていない。

「ジャン・ヘルニに電話して今話したことを全部話してごらん。それで、橋を作る費用を出してくれるかどうか聞いてみるといい。それくらいの金はあるさ」

電話を切ると、住所録がわりに使っているジッパーつきの袋を探った。ヘルニの電話番号が書いてある方眼紙。「しくじるな」か。しくじったのかもしれない。そうじゃないかもしれない。それは見る人によってちがう。
ダイヤルを回すと、呼び出し音が鳴った。

CHAPTER

# 10

# 橋をかける

## *Building Bridges*

尾根に囲まれた無限の世界、
つかのま訪れても
住みつくことはできないこの極限の世界では
命は新しい意味を持つ……だが
山は紳士ではない。その残忍さは忘れられがちだ。
雪、岩、風、寒さに挑む者たちを容赦なく打ちのめすのだ。

——Geoge Schaller,Stones of Silence
ジョージ・シャラー『沈黙の石』より

地球の反対側から届いているのかと思った。

電話のむこうから聞こえてくる声は、雑音だらけだった。本当は200キロくらいしか離れていないはずなのに。

「何とおっしゃいました？」その声は言った。

「こんにちは《サラーム・アレイクム》」僕は雑音に負けないよう声をはりあげる。

「長さ120メートルの鉄のケーブル、3本より線を5巻き買いたいんです。そちらであつかってますか？」

「もちろんですとも」突然、雑音が消えた。「ひと巻き5万ルピーです。それでよろしいですか？」

「こちらに選択の余地はなさそうですね」

「ええ、おっしゃるとおりです」相手は笑った。「北部地域でそんなにたくさんケーブルをご用意できるのは、私どもだけですよ。お名前は？」

「モーテンソンです。グレッグ・モーテンソン」

「どちらからおかけですか、グレッグさん？　ここ、ギルギットの町にいらっしゃるんですか？」

「スカルドゥの町です」

「それで、なぜそんなにケーブルがご入り用なのか、おうかがいしてもよろしいですか？」

「ブラルドゥ川上流にある友だちの村には橋がないんです。だからひとつ架けられるように、力を貸したいと思いまして」

「ああ、アメリカの方ですね?」

「え? ええ、そうです」

「その橋についてはうかがっております。その村までジープで行けますか?」

「雨が降らなければ、大丈夫です。ケーブルを届けていただけますか?」

「インシャッラー」

神がお望みなら、か。だが「無理です」ではない。

何度も何度も断られ続けた後では、これはすばらしい答えだ。それに北部地域の道路状況を考えると、これ以外に現実的な答えはない。

これで橋を作るのに必要な資材がそろった。まだ6月がはじまったばかり。よっぽど大きな問題が起きないかぎり、冬までには橋ができる。そうすれば次の春には学校を建てはじめられる。

思い切って電話してみたら、ジャン・ヘルニはおどろくほど親切で、追加で1万ドルの小切手を送ってくれた。「別れた妻たちは、週末になるともっと散財したもんさ」と言って。だがひとつだけ注文をつけた。

「できるだけ早く学校を建ててくれ。完成したら写真を持ってこい。俺はもう、若くはなれんのだからな」もちろん異論はなかった。

「ケーブルは手に入りましたか?」チャンガジがたずねた。

「ええ」

「金額は？」

「あなたがおっしゃっていたとおり、ひと巻き８００ドルでした」

「川の上流まで運んでもらえるのですか？」

「インシャッラー」

チャンガジの事務室で、僕は受話器をおいた。ヘルニの金を持って、こうしてまたここにもどってこられたのはうれしかった。

チャンガジは取り引きが成立するたびにかなりの手数料をとっていたが、あの人脈の広さを考えれば安いものだ。以前は警察だったらしく、ここの住人をひとり残らず知っているらしい。預けておいた学校の資材の明細もちゃんと作ってくれた。こうなったら、チャンガジの力を利用しない手はない。

その週、ぼくはチャンガジの事務所に簡易ベッドをおいて寝泊まりした。ベッドのわきにかかった古い地図では、タンザニアがまだタンガニーカという懐かしい名前になっていて、なんだかうれしかった。

チャンガジの武勇伝を聞くのも楽しかった。夏の間ずっと、珍しいほどいい天気が続き、仕事もうまくいっていたようだ。チャンガジはあちこちの登山隊に協力した。Ｋ２にいどむドイツと日本の登山隊と、２度目のガッシャブルムⅣ登頂をめざすイタリアの登山隊だ。その結果、チャンガジの事務所のすきまというすきまには、リスが木の実をたくわえるようにドイツ製のプロテインバーがつめこまれ、机のうしろには日本のポカリスエットがひと箱と、イタリアのビスコッティが6箱積まれた。

だが、外国から手に入れたものでチャンガジが最も楽しんだのは、ヒルデグンドとかイザベラとかいった、つまり女性たちだった。

チャンガジには、ラワルピンディの町に妻と5人の子どもがいたし、もう1軒借りている家には2人目の妻がいた。だが、近年スカルドゥの町には観光やトレッキングのためにますます多くの人が集まるようになっていて、彼は旅行シーズンの間、そんな女性たちを手あたり次第ものにしていた。

それでもイスラムの教えにそむくことにはならないのだという。

インゲだかアイコだか、チャンガジはとにかく女性に目をつけると、ムッラーと呼ばれるイスラム教の指導者にうかがいを立て、ムタア、つまり一時的な結婚の許可をもらう。これはパキスタンのシーア派の間ではまだ見られる習慣で、結婚している男が戦争や旅などでしばらく妻と別れなければならないときに認められるものだ。

チャンガジは5月に登山シーズンがはじまってから、もう何度も〝ムタア〟をもらっていた。単に肉体関係をもつだけでなく、たとえ短い期間ではあっても、アラーの御前でその関係を祝福してもらった方がいい、とチャンガジは悪びれずに言うのだった。

妻たちも夫が留守の間ムタアをもらえるのか、と聞いてみた。

「いえいえ、とんでもない」僕のばかばかしい質問を聞いて、チャンガジは頭をはげしくふると、お茶にひたして食べるようにとビスコッティを差し出した。


ケーブルを配送してもらえることになったので、ジープを雇いアスコーレ村に向かった。熟しはじめたリンゴやあんずの間をぬけながら渓谷をのぼっていく。澄み渡る空気の中、赤茶や黄土色のぎざぎざした尾根を持つカラコルムの山々は、手をのばせば届きそうなほど近くに見える。がけに沿って作られた岩だらけの道を、ジープはこの上ないほど快調に進んだ。

だがやがて低くたれこめた雲が南から追いかけてきて、ジープをすっぽり包みこんでしまった。モンスーンがインドからの風に乗ってやってきたのだ。ジープには窓ガラスがなく、アスコーレ村につくころにはずぶ濡れの泥だらけになった。

ぬかるんだ道にはげしくたたきつける雨の中、アスコーレ村の手前でジープを降りた。コルフェ村はここから歩いてまだ数時間かかるし、夜道をこれ以上進むのは無理だと運転手が言うから仕方がない。この晩は一軒の店を借り、米袋の上に横たわって、水びたしの床からのぼってこようとするネズミを追い払いながらすごした。

翌朝、雨はこの世の終わりかと思うほどのすさまじさで降っていた。

ジープの運転手は別の仕事があるというので、歩いて出発した。

アスコーレ村を悪く思わないように必死だった。この村はバルトロ氷河をめざす登山隊にとっては登山口にあたり、外国からきた登山家や観光客が、ポーターを雇ったり忘れた物資を調達できる最後の場所だ。長年に渡ってそんな客を相手にしてきた結果、アスコーレはあさましい連中でいっぱいになってしまった。この先には何もない。そういう土地ではよくある話だろうが、アスコーレ村の商人たちは値段をつりあげるばかりで、値引き交渉などには一切応じようとしない。

雨水がひざ上まであふれている中、石と泥でできた家沿いを進んでいると、うしろから服をつかまれた。ふり返ると、シラミだらけの頭をした男の子が、僕のほうに手をのばしている。その子は英語が話せなかったが、金だかペンだかを欲しがっているのはまちがいなかった。リュックからリンゴをとり出して渡すと、溝の中に投げ捨てられてしまった。

アスコーレ村の北の平原は、悪臭がひどく、服のすそで鼻をおおっていなければならなかった。バルトロ氷河に向かう登山隊のキャンプ地として利用されているため、排泄物の山だらけなのだ。先進国は生活水準を向上させることが幸せだと信じているが、その価値観をやみくもに押しつけられている場所もある。

コルフェ村に続くがけ沿いの道は、雨ですべりやすくなっていた。

さかまくブラルドゥ川を右手に見て進みながら、橋ができたら、これまで孤立していたあの村にどんな影響があるだろうと思った。

コルフェ村の人たちは厳しい生活を送っている一方、たぐいまれなる素朴さを持っている。だが橋ができれば、病院に通いやすくなる。これまで何日もかけていたのが、数時間で行けるようになる。作物だって楽に売れるようになる。

外の世界とつながったコルフェ村はどう変わるんだろう。

コルフェ村の人たちが川岸まで迎えにきていた。

僕は例の〝箱〟に乗り、川を渡った。

川の両岸、橋の塔が建つ予定の場所には、粗く切り出された花こう岩の板が何百枚も積んであった。今にも工事がはじめられそうだ。

最初、僕は川のむこうからでこぼこ道を通って石材を運ぶというむちゃなことを考えていたが、結局はハジ・アリの言うことが正しかった。

コルフェ村は貧しいが、石ならいくらでもある。

川の両岸にある数百メートルの山から石を切り出し、自分たちの手で運んできたのだ。

降りしきる雨の中、工事の進め方について話しあうため、村人たちといっしょにハジ・アリの家に向かった。

途中、黒くて長い毛をしたヤクが、家と家の間で道をふさいでいた。

女の子がヤクのはづなを引っ張ってどかそうとしている。だがヤクにはヤクの考えがあって、まずは泥の中にふんの山を作り、それから女の子の家に向かっておもむろに歩き出した。女の子は、かぶっていた白いスカーフをわきに払ってしゃがみこみ、ヤクのふんを丸めて平たくし、近くの家の壁にはりつけた。こうやってヤクのふんを乾かしたものは、貴重な燃料になる。雨に流されるのをそのまま見すごすことはできないのだ。

ハジ・アリの家では、サキナが僕の手をとって歓迎してくれた。

バルティ族の女性が僕にさわったのは、これが初めてだ。

サキナは僕の顔をまっすぐに見つめて笑った。僕をおどろかせようと思っているのだろうか。僕も思い切って〝台所〟に入った。台所といっても、石のかまどと、いくつかの棚と、まな板にしているゆがんだ木の板が土間におかれているだけだが。かがんでたきつけを拾いながら、ハジ・アリの孫娘であるジャハンにあいさつした。ジャハンは恥ずかしそうに笑うと、赤いスカーフのはしをくわえて顔を隠した。

サキナはくすくす笑いながら「やめなさい」と言って僕を台所から追い出そうとする。だが僕はかまわずに、真鍮のつぼからひとつかみ取り出したタンブロク（山でとれる、ハーブのような味のするお茶）の葉をポットに入れ、40リットル入りの石油用のポリケースに入っていた川の水をつぎ、くすぶっている火にたきつけを加えて、お茶を沸かした。

苦いお茶を集まった長老たちに注いでから、自分の湯のみを持ち、ハジ・アリと炉の間におかれたクッションに座った。炉ではヤクのふんが燃え、目にしみる煙が部屋中に広がっている。

「アメリカ人の息子を見習って、あなたももっと手伝ってくださいな」とサキナはハジ・アリたちをからかった。

妻にはからかわれても、ハジ・アリはコルフェ村の利益にかかわることについて、いつでも真剣そのものだった。電話も電気もラジオもないのに、ハジ・アリはブラルドゥ渓谷とそのまわりで起こることは何でも知っている。僕には不思議でならなかった。

ハジ・アリは集まった人たちに告げた。

橋に使うケーブルを積んだジープが2台、コルフェ村から30キロのところまできたががけ崩れで道がふさがれてしまった。この悪天候ではスカルドゥの町から重い機械を運んでこられるとも思わない。道は何週間もふさがったままかもしれない。そこで、村の男で力のある者は、ケーブルをコルフェ村まで運ぶのを手伝ってほしい、そうすれば、すぐに橋を作りはじめられる。

こうして翌日、10代の少年からハジ・アリのような白ひげの老人まで、総勢35人のバルティ族の男たちがケーブルを運ぶために出発した。

厳しい仕事のはずなのに、みんな何だか楽しそうだ。

丸1日かけて雨の中を歩き、さらにもう12時間かけて、コルフェ村までケーブルを運び上げた。ケーブルひと巻きは360キロの重さがあり、まんなかに太い木の棒を通して、10人がかりでかついだ。

手伝いたかったのだが、他の人たちより頭ひとつ分は背が高いので、僕が入ると荷が傾き運びにくくなってしまう。見守ることしかできなかったが、誰も気にしなかった。ほとんどみんなポーターの仕事をしていて、登山隊の一員として、しょっちゅう同じくらい重い荷物をかついでバルトロ氷河を登っているのだ。

男たちはハジ・アリが配った噛みタバコ《ナスワル》を噛みながら、元気に歩き続けた。いくらタバコを配っても、ハジ・アリのチョッキのポケットは空にならない。ハジ・アリと並んで荷をかついでいたトワハが笑って言う。「大変だけど、自分の村の暮らしを良くするためだから。少なくとも外国からきた登山家の、わけのわかんない目標につきあわされるよりは、ずっといい」

コルフェ村にもどると、みんなで川の両岸の土を深く掘った。橋の土台になる部分だ。だが雨期は続いていて、この天気ではコンクリートが固まってくれない。そこでトワハをはじめ若い男たちが「アイベックスを狩りにいこう」と誘ってくれた。

ランニングシューズ、レインコート、ズボン《シャルワール》・シャツ《カミーズ》、スカルドゥの町の市場《バザール》で買った中国製の安物のアクリルセーター、こんな姿でこんなに標高の高いところを歩き回るのは不安だったが、ほかの連中よりはましだった。トワハだけは、通りすがりの旅行者からもらった茶色い丈夫そうな革靴を履いていたが、ふたりは皮を結びあわせたようなものを履いているだけで、残りの3人はビニールサンダルだった。

降りしきる雨の中、僕たちはコルフェ村を出て北へ向かう。

ソバの畑があちこちにしがみつくように散らばり、実をつけている。育った穂は小さなトウモロコシのひげのようだ。はげしく降り注ぐ雨に打たれ、穂先が揺れる。トワハはひとつしかない銃を誇らしげに肩にかついでいる。イギリスのマスケット銃で、植民地時代初期のものだ。こんな骨とう品で、本当にアイベックスがしとめられるんだろうか。

途中、K2からもどったときに見落とした橋《ザンバ》が目に入った。

ブラルドゥ川のこちら側にある岩から、むこう側にある岩まで。ヤクの毛のロープを渡して作った橋だ。見ていると、ゆかいな気分がした。この橋を渡っていたら、まっすぐアスコーレ村にたどりつき、コルフェ村を訪れることはなかった。あのときコルフェ村に迷いこまなかったら、この橋みたいにつまらない道を歩んでいたかもしれない。

のぼるにつれて谷はせばまり、僕たちは雨とブラルドゥ川の水しぶきの両方でびしょぬれになった。道はめまいがするほど急な斜面に沿ってのびている。バルティ族は何世代もの間、崩れやすい岩壁に平らな石を差しこみ、道が流されないようにしてきた。コルフェ村の男たちは、編んだかごに入れた軽い荷をかつぎ、幅が60センチしかない危なっかしい道を、まるで平原を歩いているようにすたすたと進んでいく。一方、僕はがけに寄りかかり、一歩一歩、そろそろとしか進めない。もし60メートル下のブラルドゥ川に落ちたらと、そればかり気になってしまう。

この川の汚さは、この川の源となる氷の山の美しさとは対照的だ。浸食した黒や茶色の岩の間をぬけ、日が差さないじめじめした谷底をとどろきながら流れていく泥、まるでのた打ち回るヘビのようだ。この恐ろしい流れが、コルフェ村の作物すべてを育てているなんて信じられない。

雨がやんだ。

レモン色の稲光が雲をつらぬき、東にある山、バホール・ダス山を照らし出した。この山はコルフェK2と呼ばれている。その美しい姿がK2に似ているし、コルフェの守り神のようだからだ。谷あいの村ではイスラム教が広まっても、昔の精霊信仰《アニミズム》のなごりは消えなかった。

コルフェ村の男たちは、コルフェK2が姿を現したのは狩りがうまくいくしるしだと考えた。みんな、トワハに続いてカラコルムの神々をなだめる言葉を唱える。そして「えものは1頭だけにします」と約束した。

アイベックスを見つけるには、高いところまでのぼらなければならない。

アイベックスは、山岳地帯に住むヤギの仲間で、大型で筋肉が発達している。大きく曲がった角が特徴で、バルティ族は肉と同じくらい角を大切にしている。

トワハは氷河の先端で立ち止まり、フリースジャケットのポケットから何かを取り出した。「トマル。お守りのようなものだ」バルティ族は、子どもが生まれると首にトマルをかけ、悪い霊におそわれないようにする。村の子どもの死亡率が高いのは霊のしわざだとされている。

氷河を歩くような危険をおかすときは、お守りが必要だという。トワハは、茶色と朱色の毛糸を細かく編んで作ったトマルを、僕のジャケットに結びつけてくれた。全員自分のトマルを身につけ、いよいよ氷の上にふみ出した。

食べるために狩りをするバルティ族といっしょにいると、この氷の平原が何か別次元のものに見えた。ヒマラヤの大いなる山々は、20世紀半ばまで征服されなかった。不思議はない。山のすぐそばで暮らしていた人々は、何千年もの間、そんなことを思いつかなかった。必要な食べ物と、暖かさをかき集めるだけで精一杯だったから。バルティ族はその点で、追いかけているアイベックスとたいして変わらない。

僕たちは、折り重なる氷の上を歩いた。真っ青な水たまりの散らばる大地をさらに進んだ。クレバスの奥底から水の流れる音が聞こえる。気温の上下に耐えきれなくなった岩が、ときたま崩れおち沈黙を破る。

今この道をたどっているのは、狩りをしている僕たちしかいない。ときどきトワハがユキヒョウの足あとを見つけて興奮したり、2羽のヒゲワシが、上昇気流に乗って僕たちを探るように輪をえがいて飛んでいるのを見かけた。それくらいだ。

崩れやすい氷の上をランニングシューズで何時間も歩いたせいで、足はすっかり凍えた。するとメンバーのひとりが荷物から取り出した干草を、僕の靴に詰めこんでくれた。

おかげで我慢できそうだ。しかしテントも寝袋もないのに、どうやって厳しい夜をすごすのだろう。

僕たちは毎日、ほらあなで夜をすごした。アラブの遊牧民族《ベドウィン》が水路のありかを知っているように、バルティ族はほらあなのありかを知っている。そしてどのほらあなにも火を起こすための乾いた葉や枝が用意してある。積んである石の下からレンズ豆と米をとり出した。前もって運ばれているものだ。熱した石で、クルバという丸いパンを焼き、これでまた狩りを続ける力がわく。

4日後、初めてアイベックスの姿を見た。死んで平らな岩の上に横たわり、ヒゲワシやヒョウに食べつくされ、雪のように白い骨だけを残している。がけを見あげたトワハが、16頭の群れが草を食べているのを見つけて「スキーン、スキーン！」と叫んだ。アイベックスを指す言葉だ。くもり空を背に、曲がった角がよく見えたが、銃でしとめるには遠すぎる。トワハの考えでは、この死んだアイベックスはなだれにまきこまれてここまで落ちてきたらしい。草のあるところからは遠すぎるからだ。トワハは死んだアイベックスから頭と角をはずし、僕のリュックに結びつけてくれた。

グランドキャニオンよりも深い谷が走っている。僕たちは氷河をのぼり、山すそまでやってきた。二度、風下からこっそりアイベックスにしのび寄ったが、動物の本能というものはすばらしく、銃の弾が届く距離になる前に気づかれてしまう。

7日目、日が暮れる少し前。トワハが、がけの20メートルほど上にいる大きな雄のアイベックスを見つけた。マスケット銃に火薬をつめ、弾をこめる。残りのメンバーは、アイベックスに気づかれないようがけにぴったりと身を寄せた。

トワハは銃の支えを岩の上にすえつけ、静かに撃鉄を起こした。が、そのほんのかすかな音に気づき、アイベックスはぱっとこちらを向く。アイベックスのひげが警戒して震えるのがわかった。トワハは祈りの言葉を唱え、引き金を引いた。

耳をつんざくような音がして、上から小石がパラパラと降ってきた。トワハの顔は、火薬で真っ黒になった。アイベックスはまだ立っていた。撃ち損じたらしい。が、やがて前足ががくりと折れた。冷たい空気の中、首にできた傷から湯気がのぼっているのが見える。立ちあがろうとして二度もがいたが、静かになり、どさりと倒れた。

「神は偉大なり《アラー・アクバル》!」

コルフェの男たちは声をそろえて叫んだ。


あたりが暗い中、解体作業はおこなわれた。その後切った肉をほらあなに運び、火を起こした。ひとりが慣れた手つきで、アイベックスの前腕ほどの長さのある曲がったナイフをあやつっていた。面長で、知的で憂いを帯びたその顔には、肝臓を切って分ける間、眉間に真剣そうなしわが寄っていた。僕の凍えきった靴に干草を詰めてくれた男、フセインだ。

コルフェ村の村人の中でフセインだけは、ここから遠く離れた低地の都市・ラホールで、12年生になるまで教育を受けていた。だが、ほらあなの中で腕を血まみれにしてアイベックスを切り分ける姿を見ていると、奨学金を受けて都市で勉強していたというのが嘘のようだ。彼なら、コルフェ村の学校の先生にふさわしい。きっとふたつの世界を結ぶ橋になれるだろう。

なんにせよ、他に何もないとしても、温かい食べ物が手に入ってうれしかった。

狩りの一行がコルフェ村にもどるころ、モンスーンは去り、からっとしたさわやかな天気になっていた。村人たちは、僕たちの姿を見てとても喜んでくれた。

トワハが、しとめたアイベックスの頭をかかげて先頭を歩いていた。僕はアイベックスの角をリュックにつけていたから、頭に角が生えたように見えたかもしれない。

集まった子どもたちは、角切りにしたアイベックスの脂肪をもらって、あめのようにしゃぶった。かごに入れて持ち帰った100キロ以上の肉は、狩人の家族で平等に分けた。頭は肉がはがれるまでゆでて、脳みそをジャガイモとたまねぎといっしょにシチューにした。ハジ・アリは息子が持ち帰ったアイベックスの角を、家の玄関の上に釘で打ちつけた。玄関の上には、ほかにも角がたくさん並んでいた。ハジ・アリがまだ若かったころ、自分で狩りをしていたときの証しだ。

橋の工事をはじめる前、僕は橋のスケッチを持ってギルギットの町に行き、パキスタン軍の工兵に見てもらった。工兵は僕の描いた図を見て、構造を強くするために変えたほうがいい部分を指摘し、それからどうやってケーブルを張るかも含め、橋の詳しい設計図を描いてくれた。

それによると、両岸に建つ塔の高さは20メートル。ヤクの引く荷車が通れる幅の、コンクリートのアーチがついている。ふたつの塔を結んで、最高水位より18メートル上に、全長86メートルのつり橋ができる。それからスカルドゥの町に行って経験豊かな石工を雇い、塔の工事を監督させた。

切り出した石をコルフェ村の男たちが4人がかりで持ちあげ、石工がぬったセメントの上に正確においていく。子どもたちが見物にやってきて、石を持とうとして顔を真っ赤にしている父親たちに声援を送る。石が一つひとつ積みあがるにつれて先が細くなる塔が、川の両岸にだんだん姿を現してきた。

さわやかな秋の日が続き、仕事ははかどった。塔はどんどん高くなり、僕は毎晩、「今日は石をいくつ積めたかな」と考えて、うれしい気持ちになった。

7月はほとんどずっと、男たちは橋を作り、女たちは作物の世話をした。子どもたちは塔が建っていく様子を、家の屋上から眺めていた。

冬がきて外に出られなくなるまで、コルフェ村の人々はなるべく屋外ですごそうとする。ほとんどの家族は、1日2回の食事を屋上でとる。よく働いた1日が終わると、ハジ・アリの家族と沈んでいく太陽の光を浴びながら腰をおろす。そしてレンズ豆《ダル》と米の食事をお茶《タンブロク》で流しこんだり、屋上にいる他の家の人たちとおしゃべりする。僕の大好きな時間だ。

暖かくてさわやかな屋上で、豊かに実った果物に囲まれながら、食事をして、タバコを吸って、楽しく騒がしいおしゃべりはいつまでも止まらない。

夜、僕やトワハのような独り者は星空の下で眠った。

僕のバルティ語も上達していたから、みんなが寝静まった後も、僕たちは遅くまで起きてしゃべっていた。

僕は40代になるし、トワハはもうすぐ35歳になる。

トワハは死んだ妻のロキアを恋しがっていた。9年前、ひとり娘のジャハンを生んだときに亡くなった。

「とっても美人だったよ」トワハは空を眺めたまま言った。

「顔はジャハンみたいに小さかった。いつもマーモットみたいに動き回っていた」

「再婚しないのかい？」僕は聞いてみた。

「ああ、今の生活がいいんだ。そのうち村長になれるだろうし、土地だって、たくさん持っている。今のところ、ほかに好きな女もいない」

それから声をひそめて言った。「まあ、ときには……楽しむこともあるけど」

「結婚しなくても、そんなことできるのかい？」コルフェ村にきてからずっと気になってはいたことだ。聞いていいものかどうかためらっていた。

「もちろんだよ。未亡人とならね。コルフェ村にはたくさんいる」

だが屋根の下の部屋では、何十人もの家族がひとつの部屋でざこ寝している。「でも、どこで？」

「ハンドクだよ、もちろん」トワハは答えた。

コルフェ村の家の屋根の上には必ずハンドクというかやぶきの小屋がある。穀物をたくわえておく場所だ。

「君にも未亡人を探してやろうか？　もう何人かグレッグ先生を好きになっていると思うよ」

「ありがとう。でも、いいよ」

「ふるさとの村に好きな人がいるのか？」

そこで、過去10年間に渡る失恋話をかいつまんで聞かせた。しめくくりはマリーナの話だ。話しながら、もうそれほど心が痛まないことに気づいた。

「ああ、それは仕方ない」

「仕方ない？」

「ふられたのは、家がなかったからだ。この国でもよくあることさ。だけど今なら、コルフェ村に家があるし、橋だってある。そう言ってやれるじゃないか」

「僕には不釣りあいだったんだ」言ってから、その通りだと気づいた。

「じゃ、さっさと別の相手を見つけろよ」とトワハは笑った。

「太ったジジイになる前に」

ふたつの塔の間に、1本目のケーブルが渡された。

その日、バルトロ氷河からもどってきたポーターたちから「アメリカ人の一行がやってくる」という知らせが入った。

僕は橋の設計図を手に、ブラルドゥ川沿いの岩に座っていた。僕が見守る中、男たちは二手に分かれ、ヤクの力を使ってケーブルを引っ張り、石の塔にできるだけしっかりとしばりつけた。機械は使えない。いちばん身軽な者が、渡したケーブルの上を行き来し、支えとなるケーブルを張りめぐらせ、つなぎ金具《クランプ》で設計図どおりの場所に留めた。

やがて白い野球帽をかぶったいかついアメリカ人が、杖をつきながらやってきた。かたわらには、からだのしまった地元のガイドが付き添っている。

僕は岩からすべりおりて、握手しようと手を差し出した。「ジョージ・マカウンさんですね?」マカウンは握手しながら、いぶかしげにうなずいた。「お誕生日おめでとうございます」と、僕は封筒を手渡した。

マカウンは建材メーカーの社長であり、6年間で会社の利益を1億ドルから60億ドルにまで育てた人物である。またエドマンド・ヒラリー卿たちとともに、米国ヒマラヤ財団の理事をつとめていた。

理事としてK２登山隊のベースキャンプを訪問したとき、彼は60歳の誕生日をむかえていた。そこへ米国ヒマラヤ財団がバースデイカードを送ってきたが、宛先には〝アスコーレ村〟としか書かれていない。困った村の郵便局が、「アメリカ人同士なら居所がわかるだろう」と僕のところに回してきたというわけだ。

マカウンはひざの手術をしたばかりなのに、氷河の上を数週間も歩いたので、文明社会にもどるまでひざがもつかどうか心配していた。

僕は「そもそもは米国ヒマラヤ財団のおかげなんです。僕の友人が米国ヒマラヤ財団の会報に記事を書いてくれたので、橋と学校の資金を集めることができました」とマカウンに説明した。

「岩の上に、やけに大きなやつがいるなと思ったよ。一体何をしているんだろう、と思ったね。髪はぼさぼさで、地元の服を着ている。だが、どう見たってパキスタン人じゃない」

封筒の中身を確かめながら、マカウンは笑顔を見せた。

「しかし、こんなに厳しい場所でもうまくやっているアメリカ人がいるとはね。グレッグ君。君と会えて、おおいに元気をもらったよ」

マカウンのガイドにあいさつをしたら、ウルドゥ語の返事が返ってきた。バルティ族ではない。アフガニスタンとの国境近くに暮らすワヒ族の出身、ファイサル・バイグという男だった。

マカウンにささやかな協力をお願いすることにした。コルフェ村にアメリカ人は僕ひとりしかいないが、村の人には、大勢のアメリカ人が応援していると思ってほしかった。

ルピー札の束を受け取ったマカウンは、その役割をうまく演じてくれた。もったいぶった態度で現場を歩き回り、みんなに賃金を払いながら「いい仕事ぶりだな」「がんばってできるだけ早く終わらせてくれよ」といったふうに、やさしく声をかけてくれた。

役目を終えたマカウンがコルフェ村を去ったころ、ふたつの塔がついにケーブルで結ばれた。結ばれたのはブラルドゥ川の北岸と南岸だけではない。ファイサル・バイグは僕のボディーガード役を引き受けることになり、マカウンは今後、強力な味方のひとりとなる。


全長86メートルの橋の上に立った。

がけの上からコルフェ村の女性と子どもたちが眺めている。

コンクリートでできた両岸のアーチ、3層の頑丈な石でできた基礎、すべてを結びあわせたケーブルの網目。一つひとつに見とれていた。

ハジ・アリは「これをはめこんでくれ」と言って、橋げたの最後の1枚を僕によこす。

だが辞退した。

「コルフェの橋を完成させる仕事は、村長こそふさわしいと思います」

ハジ・アリはうなずくと、板を頭上に掲げ、慈悲深きアラーにこの外国人をコルフェ村につかわしてくれたことを感謝した。そしてあわ立つブラルドゥ川を見おろしたあと、橋に最後の1枚をはめこんだ。

がけの上から歓声があがった。

これで僕はまた一文なしになったのでアメリカにもどる、とみんなに伝えた。

コルフェ村ですごす最後の夜、ハジ・アリ、トワハ、フセインと屋根の上に並んで座った。

フセインは「妻が持っている平らな土地を寄付する」と申し出た。コルフェK2の姿がよく見える場所。あそこなら、生徒たちも高い目標を持って勉強してくれるだろう。僕は「フセインが最初の先生になってくれるなら」という条件をつけて、握手を交わした。

「夏には学校を建てはじめたい」

あたりが暗くなってからも、この日のために特別に用意されたものすごく甘いお茶を飲みながら、夢中で学校のことを話し続けた。

240メートル下にあるブラルドゥ川のまんなかでは、ランプの光がちらついている。ずっと自分たちを広い世界からへだてていた川の上を、村の人たちがもの珍しげに行き来しているのだ。

これから僕は、その広い世界にもどらなきゃならない。

CHAPTER

# 11

# 6日間

*Six Days*

心の中のろうそくは、火がともされるのを待っている。
魂の中のすきまは、満たされるのを待っている。
あなたもそれを感じているだろう？

――ルーミー

病院の救急室。

並んだモニター画面で、赤と緑のＬＥＤが星のようにまたたいている。

朝の4時だし、ナースステーションの椅子はもっと小柄な人のために作られているから、どう座ってもくつろげない。

それでも僕は、モーテルでクリームリキュールのびんをゴミ箱に放りこんだときと同じ気分を味わっていた――つまり幸福感だ。

今夜は、手にやけどをした男の子がきたので、手に薬をぬって包帯をまいてあげた。義理の父親にストーブに押しつけられたという。だがやけどはきっとよくなるだろう。それ以外は静かな夜だった。地球の反対側に行かなくても、役に立てることはある。それでも銀行の口座の残高が増えれば、コルフェ村に行ける日も近づいてくる。

僕はまたあのアパートで暮らしていたが、ここはドゥジンスキーのタバコの煙もウォッカのにおいもなく、落ち着いてすごせるのでありがたい。クランベリー色の手術着はパジャマみたいなものだし、これだけ暗ければ十分眠れる。椅子の小ささえ我慢すれば。

勤務が終わり、ふらふらと歩いてアパートへ向かう。いつもの店でドーナツと濃いコーヒーを買い、食べたり飲んだりしながら、丘のむこうの空が黒から青に少しずつ変わっていく様子を眺めていた。アパートの前につくと、ドゥジンスキーのピックアップトラックの前に、黒い車がとまっていた。誰かが運転席のシートを倒して寝ている。長い髪で顔はかくれているが、この唇はまちがいない。僕は指についていた砂糖をなめると、運転席のドアを開けた。

マリーナはからだを起こしてのびをした。「電話したのに、出てくれなかったわね」

「仕事があったんだ」

「伝言をいろいろ入れたけど、消しておいて」

「ここで何をしてるんだ？」

「私に会えてうれしくないの？」

「いや、うれしいよ」うそだった。「元気かい？」

マリーナはバイザーをおろし、鏡で自分の顔を確認すると、口紅をぬりなおした。

「実を言うと、それほどじゃないの」

「マリオはどうしたんだ？」

「失敗だったわ」

なんだか、手のやり場に困ってしまった。とりあえずマリーナの車の上にコーヒーをおき、両手を自分のわきでしっかりはさんだ。

「会いたかったわ」マリーナは言って、シートをもとの位置にもどした。「ねえ、私に会いたかった？」

僕の中を、何か力強い感情がかけぬける。さっき飲んだコーヒーのせいじゃない。今頃になって現れるなんて。ドゥジンスキーのアパートの汚い床で寝袋にくるまりながらどれだけ眠れぬ夜をすごしたか。手に入れたと思ったとたん、失った家族のことを忘れるのは苦しかった。

「もう遅いよ」僕は言って、車のドアを閉めた。

＊

ブラルドゥ川に新しい橋がかかり、チャンガジのところにある資材が、もうすぐ学校になる。だが、パキスタンに行くまではまだ節約しなければならない。タバコとウオッカくさいアパートにこれ以上いたくはないが、我慢だ。

話がわかる人と、無性に話がしたくなった。

ジャン・ヘルニに電話すると「じゃあ、俺に橋の写真を見せろ」と言ってシアトル行きの航空券を送ってくれた。

ヘルニのマンションは最上階の部屋で、窓からはワシントン湖、そしてそのむこうにはカスケード山脈が見えた。

僕がずっと電話ごしにびくびくしながら話していた相手はやせていて口ひげがたれさがり、黒い目をしていた。その黒い目で大きな眼鏡の陰から、僕のことを値ぶみするように眺めた。

70歳をすぎていたが、長年の登山で培った独特の迫力がある。僕はヘルニのことを恐れていたし、かなりのくせ者だと聞いていたが、バッグから写真、設計図、地図を取り出し、クリーム色のふかふかしたじゅうたんの上に広げると、ヘルニはコーヒーを飲みながらそれらをのぞきこみ「K2のベースキャンプまで二度、トレッキングをしたことがある」と言って、コルフェ村のような〝地図に載っていない村〟についていろいろ教えてくれた。

そして黒いマジックをとると、ブラルドゥ川上流にかかった橋を、うれしそうに地図に書き加えた。

＊

もどると今度はジョージ・マカウンに電話し、コルフェ村で出会ったただひとりのアメリカ人と、地球を半周した場所で出会ったときのことを懐かしんだ。マカウンは米国ヒマラヤ財団のパーティーに誘ってくれた。人類初、エヴェレスト山に登頂したエドマンド・ヒラリー卿がスピーチをするという。

当日、僕は父の形見の茶色いウールコートに軍服、素足に履き古した革のデッキシューズというかっこうで、フェアモント・ホテルにやってきた。ここは高級地ノブ・ヒルの上に立つ高級ホテルで、サンフランシスコを走るすべてのケーブルカーが停車する唯一の場所だ。

この夜、僕の人生にとって多くの糸が結びあわさった。

1945年のフェアモント・ホテルは40ヵ国の代表を集め、そこで国連憲章が起草された。そして50年後の今日、米国ヒマラヤ財団の資金集めパーティーにも、さまざまな文化的背景を持つ人たちが集まっていた。

さっそうとスーツを着こなす投資家や銀行家と、慣れない正装で落ち着かない様子の登山家たちがバーでひしめきあっていた。

いかにも社交界慣れした黒いビロードドレスの女性たちは、シナモン色の衣に身を包んだチベット僧の冗談を聞き笑っていた。

会場の入り口では、受付係が〝カタ〟という、白い祈りのスカーフを来場者の首にかけていた。僕も、からだをかがめてカタを受け取った。背筋をのばし、指でカタをいじくりながら、1000人近い人々の話し声に圧倒され、自分の立場を思い知らされた。これは内輪の集まりであり、僕がくるような場所ではない。

居心地の悪さを感じていたら、ジョージ・マカウンが僕を見つけ、バーから手をふってくれた。身をかがめて、隣の小柄な男の話に耳を傾けている。ジャン・ヘルニだ。僕は近づき、ふたりを抱きしめた。

「ジョージに、お前さんにはもっと資金が必要だと話していたところだ」ヘルニは言った。

僕はしばらく考えた。「でも、すでに学校を建てるのに十分な資金をいただいています」

ヘルニはため息をつく。

「学校のためじゃない。お前さんのためだ。学校を建てるまで、どうやって生活するつもりだ?」

「2万ドルでどうだろう?」マカウンが言った。

「あの」僕は何と答えたらいいかわからなかった。顔が熱くなってくる。

「異議なし、ということかな?」

「カクテルを持ってこさせよう」ヘルニはにやにやしながら言った。「グレッグのやつ、気絶しそうだ」

ディナーのとき、同じテーブルに座っていたお洒落な人が、僕が靴下も履いていないのを見ておどろき、ホテルの売店で1足買ってきてくれた。他のことは、あまり覚えていない。お金の問題が一瞬にして片づいてしまったので、ぼうっとするばかりだった。

だが、ディナーの後の体験は忘れられない。僕が長年憧れてきたエドマンド・ヒラリー卿がよろよろとした足取りでステージに現れた。

イギリス女王から爵位を授かった有名人、というより老いた養蜂家みたいな風情だった。

「世界の果てからきたエドと申します」

細くて薄い髪ともじゃもじゃの眉、それに大変歯並びの悪い、世界一有名なニュージーランド人。75歳になった今では腹が出て、もう8000メートル級の山にのぼれそうには見えないが、この場に集まったヒマラヤを愛する人々にとって、彼は生きた伝説であることに変わりない。

ヒラリー卿は、まず記念すべき1953年のエヴェレスト遠征のスライドを映した。初期のスライドは明るく幻想的で、日に焼け目を細めるヒラリー卿は若い。

ヒラリー卿は人類で初めてエヴェレスト山の頂上に立ったが、「自分たちじゃなくても頂上にはたどりつけただろう」と言った。「私には何のとりえもない。ただ、登山が好きで、よく働き、そここの想像力と決断力を持っていただけです」

聴衆は静まり返っている。

「私は平凡な人間です。ヒーローあつかいされるようになったのは、マスコミがもてはやしたからです。ただ長年の経験から申しあげると、まわりが騒いだところで、自分さえ調子に乗らなければ、たいした害はありません」

エヴェレスト登山の写真が終わると、今度は大きな西洋人と小さなシェルパが、力をあわせてネパールに学校や診療所を建てている写真を見せた。

その中の1枚で、ヒラリー卿は上半身裸でかなづちを持ち、屋根の上でネコのように這っていた。世界の頂上にたどりついてから40年間、ヒラリー卿は名声に甘んじることなく、弟とともに何度もエヴェレスト周辺を訪れ、27の学校、12の診療所、そしてふたつの飛行機の離着陸場を建設した。

僕は興奮して、じっと座っていられなくなった。なんならすぐにでもコルフェ村に行く飛行機に乗りたい。会場をせかせかと歩き回り、ヒラリー卿の言葉をひとつ残らず吸収しようと集中する。

ヒラリー卿は言った。

「エヴェレスト登頂ではかなりの達成感を味わうことができました。だけどより多くの達成感を与えてくれたのは、学校や病院を建てた経験です。山に足あとを残したことより、大切な思い出です」


誰かが肩をたたいたのでふり返った。

黒い服を着た女性が、僕にほほ笑みかけている。

髪は赤毛でショートヘア、昔から知っている人のような気がした。

女性はタラ・ビショップだと名乗った。僕たちは会話をはじめた。ヒラリー卿の講演を聞いている人たちの邪魔にならないよう小声になり、僕たちは顔を寄せあった。


タラの父、バリー・ビショップは、ナショナル・ジオグラフィック誌のカメラマンとして、アメリカ登山隊とともにエヴェレスト山の頂上にのぼったという。

バリーはナショナル・ジオグラフィック誌にこう書いた。

「ようやく頂上にたどりついて、倒れこんだら何をするだろう？　泣くのだ。すべての抑制を投げ捨てて、まるで赤ん坊のように泣く」

だが、ほっとするのはまだ早かった。下山中、バリーは危うくチベットまでまっさかさまにすべり落ちそうになった。酸素はなくなり、クレバスに落ちたあげく、ひどい凍傷にかかった。シェルパに村まで運んでもらうと、そこからヘリでカトマンズの病院に運びこまれ、最終的には両手の小指の先と、足の指を全部失った。

「静かな病院の中で、私はよく考えた。エヴェレストは過酷で巨大な存在だ。エヴェレストに登ろうとする者は、エヴェレストに戦いを挑むことになる。軍隊のような無情さで山肌におそいかかる。だが戦いが終わっても、山は負かされはしない。勝利者なんていない。ただ生き長らえただけだ」

バリー・ビショップはワシントンにもどると、ケネディ大統領からホワイトハウスのバラ園に招かれ、歓待を受けた。

その後ナショナル・ジオグラフィック誌の調査探検委員長になり、家にはときどき友人のヒラリー卿が姿を見せた。疲れを知らぬふたりの登山家は、夕方になるとテレビの前でくつろぎ、安いビールを飲みながら、エヴェレストの思い出を語りあったり、どっさり借りてきた西部劇のビデオを観たりしていた。

1年前、バリーはこの米国ヒマラヤ財団のパーティーでスピーチをすることになり、妻とともにサンフランシスコめざし時速135キロで車を走らせていたが、ハンドルを切りそこない、4回転して溝に突っこんだ。シートベルトをしていた妻は軽傷ですんだが、バリーは車から投げ出され、頭を打って死んだ。

うす暗い大きな広間で、タラは初対面の僕にそんなことを話してくれた。

会場に明かりがともった。

会ったばかりのこの女性のことを好きだと感じた。

タラはヒールの高い靴を履いていて、それがあまり好きじゃなかったが、パーティーが終わる頃タラは足が痛いと言って軍用ブーツに履きかえていた。

どうしてそれが決め手になったのかわからない。だがとにかくそうだった。

10代にもどった気分だった。華奢な黒いドレスに頑丈そうなブーツを履いた姿を見て、これは運命の人だと思った。

僕たちはいっしょにヒラリー卿にあいさつし、ヒラリー卿は、タラにお父さんのことでお悔やみを言った。信じられないことだが、これまでずっと憧れていたヒラリー卿と話したことより、タラに会えたことの方がうれしかった。僕はタラをヘルニとマカウンに紹介した後、ロビーへ出ていく人の列に加わった。

僕が車を持っていないので、タラは送ってくれると言った。

行きは文なしで孤独だったが、帰りは1年分の収入と、未来の妻を手に入れていた。

*

グレーのボルボの中で、タラに自分のことを話して聞かせた。

モシですごした子ども時代のこと。コショウの木と、父の病院と、母の学校のこと。死んだクリスタのこと。父が死んだこと。

黒々とした水をたたえるサンフランシスコ湾を走り、手招きしているまばゆい街の光に向かいながら、出来事の一つひとつをつむぎ、ふたりの人生を結びつけようとしていた。

「招待したいところだけど、中はひどいありさまなんだ」ドゥジンスキーのアパートにつくなり言った。

そこで車から出ずに、さらに2時間話し続けた。僕がコルフェ村の学校を建てるまでに出会った数々の困難のことを話すと、タラは兄がエヴェレスト登山隊を組織しようとしていることを話した。

「ちょっと誘拐していってもいいかしら？」タラは車のエンジンをかけた。

そのまま僕たちはオークランドのロッキーリッジ近くにある、ガレージを改造したタラのアパートに移動した。タシという名前のチベットテリアが出迎えた。タラはふたつのグラスにワインを注ぎ、僕に長いキスをした。その間、タシは足もとを走り回り、見知らぬ男にはげしくほえかかった。

「私の人生にようこそ」タラは僕の顔を見つめた。

「僕の心にようこそ」僕はタラを抱きしめた。

＊

翌日、僕たちはサンフランシスコ国際空港に行った。

僕は日曜日のブリティッシュ・エアウェイズでパキスタンへ行く予定だった。だがチケットカウンターの係員にお願いしたら、手数料なしで1週間先の便に変更してくれた。

大学院生だったタラは、臨床心理学の博士論文を仕上げたら、臨床心理学者として働くつもりでいた。必要な単位はとれていたので、ほとんどの時間は自由だ。僕ももう病院での仕事は入っていなかったから、毎日毎時間いっしょにすごした。

日曜日になるとタラは言った。

「それで、いつ結婚する？」

タラは4日前に会ったばかりの僕を見つめた。

「火曜日はどう？」と答えた。


翌々日の火曜日、軍服のズボンと象牙色のシルクシャツに、刺繍が入ったチベットのベストを着た僕は、タラ・ビショップの手をとり、オークランド市役所の階段をのぼった。タラの姿は、綿のジャケットと花柄のミニスカートだった。また僕の好みを尊重して、パンプスではなくヒールの低いサンダルを履いた。

書類にサインし証明書をもらうだけで、お祝いはパキスタンから帰ってきてから、家族だけでしようと思っていた。

だがオークランド市役所は83ドルで式を挙げてくれるというので予定を変えた。僕たちは判事について会議室に入り、白いプラスチックの造花で飾られたアーチの下に立った。証人は判事の秘書であるヒスパニック系の中年女性で、なぜか式の間ずっと泣いてくれていた。そして僕たちは判事が「富めるときも貧しきときも」と言ったとき、大笑いしてしまった。タラはもう僕のアパートを見ていたし、毎晩ソファーをベッドがわりにして、寝袋にくるまって寝ていることも知っていたから。

「私の結婚相手はベッドすら持っていないわ。でも大好き」

気づくとなんだか頬がこわばっている。出会ってから6日間、僕はずっとにやつきっぱなしだったのだ。

僕が結婚したと聞いて、友人たちはみんなびっくりした。だが僕にとっては不思議でもなんでもなかった。僕の両親だって同じようなもので、それでうまくいったのだから。不思議に思うのは、いっしょに人生を歩むただひとりの女性と、知り合いになれたことだ。

次の日曜日、バッグに荷物をつめ、100ドル札が入った包みを上着のポケットに突っこみ空港へ向かった。駐車場に車をとめたが、降りたくなかった。タラを見ると、僕と同じことを考えているようだった。僕は言った。「聞いてみるけど、今度も認めてもらえるかどうかわからないよ」

そんなふうにして、あと2回もフライトをのばしてもらった。だめだと言われた場合に備えて荷物を用意していたが、心配する必要はなかった。僕とタラのロマンチックな物語はブリティッシュ・エアウェイズの係員の間ですっかり有名になり、僕たちがもっと親密になれるように、何度も規則を曲げてくれた。本当に特別な2週間だった。僕がまだアメリカにいることは誰も知らなかった。ふたりでタラのアパートにこもり、おたがいを知らなかった月日をうめあわせた。

頃合いをみて、タラは母親のライラに電話した。ライラはネパールにいて、トレッキングに出発するところだった。

「お母さん、落ち着いて聞いてね」

「どうしたの?」

「私、世界一すばらしい人と結婚したのよ。出会って6日間で」

タラの母親は沈黙したが、しばらくして「おめでとう」と言った。

「お前ももう31で、これまでにヒキガエルに何度もキスしてきたんだろうから、今度の人が王子様だって言うなら、きっとそうなんでしょうね」

グレーのボルボが空港の前にとまったのは4度目だ。僕は生まれたときからずっと知っていたような女性にキスをして別れを告げると、バッグを持ってチケットカウンターに向かった。

「本当に出発するんですか？　いいんですか？」女性の係員がからかった。

「ええ、いいんです」答えてふりむき、もう一度だけガラス越しに手をふっているタラに手をふり返した。「今まで、こんなに確信したことはありませんから」

CHAPTER

# 12

# ハジ・アリの教え

*Haji Ali's Lesson*

ヒマラヤの原始的な暮らしが、工業化の進んだ私たちの社会に教えてくれる。ばかげた考えだと思うかもしれない。しかし、きちんと機能する未来の姿を求めれば、めぐりめぐって、人間と大地とが共存する暮らしに必ず回帰する。昔ながらの文化は、悠久の大地を絶対に無視しない。

――ヘレナ・ノーバーグ・ホッジ

スカルドゥの町。

チャンガジの家の入り口には、バルティ族にしても小柄な門番が立っていて、中に入ろうとする僕を押しとどめた。チャンガジの助手だ。ひげはなく、少年のように華奢だが、実際は30代半ばの立派な大人だ。40キロのからだで、正面に立ちはだかっている。

僕はリュックからジッパーつきの袋を取り出し、学校の資材のリストを見せた。この前来たときに、チャンガジが作ってくれたものだ。

「これを受け取りたいんだ」

「チャンガジ様は、ラワルピンディの町にお出かけです」

「スカルドゥの町にはいつもどる？」

「さあ。1、2ヵ月先になるかもしれません。その頃に、またおこしください」そう言って、助手はドアを閉めようとした。

腕をのばしてドアを押さえる。「今、電話すればいい」

「無理です。ラワルピンディの町にはつながりません」

怒らないようにしないと。チャンガジの下で働いている男は、主人と同じで言い訳が尽きないらしい。

助手をさらに問いつめるか。それとも警察を連れてきた方がいいだろうか。

考えていると助手の背後から、風格のある年輩の男性が現れた。極細の毛糸で編んだ茶色のトピをかぶり、口ひげをきちんと刈りこんでいる。

男はグラム・パルヴィと名乗った。「私はチャンガジの会計係で、帳簿の整理をしているものです」助手が説明するのも待たず「何かお役に立てるでしょうか?」と言った。スカルドゥの町でこんなに洗練された英語を聞いたことはない。

後で聞いた話によると、グラムはパキスタンで最高の大学、カラチ大学の大学院で商業を学んでいた。バルティ族でここまで高い教育を受けた者は珍しい。また信心深いシーア派の学者としても知られ、スカルドゥの町中で尊敬されていた。


僕が事情を説明し資材のリストを見せると、グラムは疑わしげな目を向けた。

「妙な話ですね。バルティ族の子どものために、学校を建てようとしている方がいらっしゃるだなんて」

「どういうことです?」

「私がそういう話題に少なからぬ興味を抱くということは、チャンガジさんもよくご存じのはずなんです。なのに、何も教えてくださらなかったとは」グラムは首をふる。「気になりますね」

グラムはかつて社会福祉協会の会長を務めていたという。教会の先頭に立って活動し、スカルドゥの町に小学校をふたつ建てた。ところがパキスタン政府から出るはずだった資金が出なくなり、会計係として働かざるをえなくなってしまった。

ドアのこっち側には、学校を建てるための資金を持ってきた男がいる。そしてむこう側には、その支援者としてパキスタン中で最もふさわしい人物が立っていた。

「グレッグさん。私があと2週間チャンガジさんの帳簿と格闘したところで、結局は時間のむだでしょう」グラムは黄褐色のスカーフを首にまいた。

「学校の資材がどうなったか、見に行きませんか？」

助手はグラムに言いふくめられて、僕たちをランドクルーザーに乗せた。ランドクルーザーは町から南西へ1キロ半ほど離れて、インダス川沿いの汚らしい建物の前でとまる。チャンガジはここにホテルを建てるつもりだった。資金不足で工事が中断しているのだ。日干しレンガを積み重ねて作った低い建物にはまだ屋根がない。

有刺鉄線のついた高さ3メートルの柵に囲まれている。敷地の中は、柵ごしに投げこまれたごみでいっぱいだ。ガラスのない窓からのぞくと、青いビニールシートでおおわれた資材の山が見えた。

僕は柵についた南京錠をガチャガチャ揺すり、助手の方を見た。

「鍵をお持ちなのは、チャンガジ様だけです」助手は僕の目を見ずに言った。

翌日の午後、僕とグラムはもう一度やってきた。

グラムはタクシーのトランクからボルトカッターを取り出し、見せびらかすようにして門に近づいた。武装した警備員が岩にもたれて居眠りしていたが、僕たちに気づくと立ちあがり、さびた棒のような猟銃をかまえた。やはりラワルピンディの町には電話できたようだ。

「入れない」警備員はバルティ語で言う。「ここは私有地だ」

グラムは申し訳なさそうに言った。「あのチャンガジという男は、着ている服こそ白いのですが、なかなか腹黒いようですね」だが、警備員に対しては遠慮なく立ちむかった。

バルティ語はかなりきついひびきを持つこともある。グラムが放った言葉は、岩をくだくタガネのようにするどかった。言いたいことを言い終えたグラムがボルトカッターを南京錠に当てると、警備員は銃をおろし、ポケットから鍵を取り出すしかなかった。

建物の中はじめじめして、打ち捨てられたホテルそのものだった。

青い防水シートをめくってみると、セメント、木材、屋根用の金属板がある。どう見てももとの3分の2くらいの量しかない。残りはどうなったんだろう。

だがこれだけあれば、とりあえず学校を建てはじめることができる。早速グラムに頼み、コルフェ村に資材を運ぶためのジープを手配してもらった。

グラム・パルヴィがいなかったら、パキスタンでは何もできなかっただろう。そもそも自分が何をしているのか全然わかっていなかった。だが何をどうすればいいかは、彼が教えてくれたのだ。

コルフェ村に出発する前、僕はグラムと固く握手した。

「ありがとう。なんてお礼を言ったらいいかわからない」

「ほかにも何かお役に立てることがありましたらお申しつけください」

グラムは軽く頭を下げた。「あなたは本当にすばらしいことをしてくださっているのですから」


切り出された石材は、学校の資材というより古代遺跡のようだった。

さわやかな秋の空気。ブラルドゥ川を見おろす高原からはコルフェK2の姿がはっきりと見えている。


そんな中、僕はといえば、目の前の光景を見てがっかりしていた。

前の冬にコルフェ村を去るとき、僕はちゃんと準備をしていた。凍った地面にくいを打ちこんで、赤と青のナイロンのひもを結びつけ、4つの教室とひとつの部屋ができる位置がわかるようにしておいた。それから他の村の人たちを雇って石を切り出せるよう、ハジ・アリには十分な金額を渡しておいた。だからもう学校の基礎くらいは掘ってあるだろうと思っていたが、今ここには石の山がふたつあるだけだ。


ハジ・アリと建設予定地を確認しながら、がっかりした気持ちを見せないようにこらえた。

飛行場までタラと4回往復したり、スカルドゥの町で資材を取りもどすために苦労した結果、ここにたどりついたのはもう10月の半ば。ハジ・アリに伝えていた予定より1ヵ月近く遅い。もうとっくに壁を作りはじめていてもいい頃なのに。

僕は怒りを内側に向け、自分に腹を立てていた。

いつまでも、こうしてパキスタンに通っているわけにはいかない。結婚したのだから。仕事につかなければ。学校を完成させて、これからの人生を考えたい。このまま冬になれば、作業はまた延期になる。僕は腹いせに石を蹴飛ばした。

「どうなさった」ハジ・アリはバルティ語で聞いてきた。「発情期の牡ヒツジのようだ」

僕は深く息を吸った。「どうして作業をはじめなかったんですか？」

ハジ・アリはやさしい顔をこちらに向ける。

「グレッグ先生が帰ってから、我々は話しあった」

「何をです？」

「ムンジュン村やアスコーレ村の怠け者どもに賃金を払うなんて、金のむだだとな。金持ちの外国人が建てる学校だと知ったら、あれこれ言うばかりでちっとも働かんだろう。石は自分たちの手で切り出した。ポーターとして働いている者も多いから、ずいぶん時間がかかってしまった。なに心配いらない。先生のお金はわしのうちに大事にしまってある」

「お金のことは心配していません。子どもたちが一刻も早く勉強できるよう、冬になる前に屋根まで作ってしまいたいんです」

ハジ・アリの手が肩におかれ、僕は息子のように抱きしめられた。「先生がしてくださっていることは、慈悲深きアラーのおかげだと感謝しておる」

「ではなぜ？」

「コルフェ村は600年もの間、学校なしでやってきた。それがもうひと冬続いたからとて、たいしたことではない」


小麦の束が積まれた畑をぬけ、ハジ・アリの家に向かう。数メートルごとに立ち止まり、すれちがう村人たちにあいさつする。相手も、荷を降ろして僕にほほ笑みかけてくれる。かごを背負った女性たちは、前かがみになってかごの中身を空けると、大鎌を手にまた畑へもどっていく。ビーズや貝がら、古い硬貨などで飾られた〝ウルドワ〟という毛糸の帽子。ふと見ると、羊毛に引っかかっているもみがらにまじって、明るい青と赤がのぞいている。ナイロンのひもだ。コルフェ村の人たちは、何もむだにはしない。


その晩、またハジ・アリの家の屋上でトワハと並んで横になった。この前ここにきたときはいかにさびしい男だったかを思った。タラの姿を思い浮かべた。サンフランシスコ空港のガラス越しに手をふるタラは、なんて可愛らしかったことだろう。幸せな気持ちがこみあげ、黙っていられなくなった。

「トワハ、起きてるかい？」

「ああ、起きてる」

「話があるんだ。実は結婚したんだ」

カチッという音が聞こえ、続いてまぶしい光が目に当たった。僕がトワハのためにアメリカから持ってきた懐中電灯だ。トワハは起きあがって、懐中電灯の光でじっくり僕の顔を眺めた。冗談じゃないかどうかたしかめているようだ。

懐中電灯の光がどけられると、トワハは僕の腕や肩をポカポカたたいて祝った。それから、うれしそうにため息をつき、また寝床に横になると笑いながら言った。

「ハジ・アリが、今度のグレッグ先生はどこかちがうって言ってた。本当に何でもお見通しなんだ」

懐中電灯をさかんにつけたり消したりする。「名前は？」

「タラ」

「タ……ラ、か」タラはウルドゥ語で〝星〟を表す。

「きっとすてきな人なんだろうね」

「ああ、すごく」そう言って自分でも顔が赤くなるのがわかった。

「タラのお父さんに、ヤギやヒツジを何頭あげた？」

「タラのお父さんは亡くなったんだ。僕と同じ。それに、アメリカでは花嫁をもらうときに何かをあげる必要はない」

「別れるとき、お母さんは泣いてたか？」

「いや、お母さんには、結婚してから報告したんだ」

トワハはしばらく黙りこんだ。アメリカでの奇妙な結婚の風習について、じっくり考えているようだった。

パキスタンにくるようになってから、僕はもう何度も結婚式に招待してもらっている。バルティ族の婚礼は、村ごとに細かい点はちがう。だが、中心となるものはどこも変わらない。花嫁は家族のもとを永遠に去らなければならない。その不安と恐怖だ。

通常、婚礼では花嫁とその母親が抱きあって泣く。

花婿の父は小麦粉や砂糖の袋を積みあげ、ヤギやヒツジを何頭渡すかを約束するが、花嫁の父は腕を組み背中を向けたまま、さらに多くを要求する。満足できた時点で振り向き、うなずく。すると、あたりは大混乱になる。

花婿の家族は、花嫁を母親から力ずくで引き離さなければならないこともある。女たちは泣き叫ぶ。コルフェ村のように孤立した村をいったん離れたら、もう二度と家族には会えないかもしれない。


翌朝、僕の朝食には、いつものチャパティとラッシーのほかに、貴重なゆで卵がそえてあった。台所の入り口では、サキナが誇らしげに僕にほほ笑みかけている。ハジ・アリが、僕のために卵のからをむき、説明してくれた。「これを食べると力がつく。子どもがたくさんできる」

サキナはショールで顔をかくしてくすくす笑った。

ハジ・アリは隣に座って、僕がお茶のおかわりを飲むのをじっと待っていた。それから口のはしが少しゆるんだかと思うと、ふさふさしたひげのまんなかで笑いがはじけた。「さて、学校を建てにいくとしよう」

ハジ・アリは屋上にあがると、コルフェ村の男たちに、礼拝堂《モスク》に集まるように呼びかけた。僕はチャンガジから取りもどしたシャベルを5本かついで、ハジ・アリに続き、ぬかるんだ道を礼拝堂《モスク》へと向かった。村中の家から、男たちがぞろぞろと現れてついてきた。

コルフェ村の礼拝堂《モスク》は何世紀もの間、まわりの状況にあわせて変化してきた。礼拝堂《モスク》に集うバルティ族と同じだ。バルティ語には文字がなく、歴史は口伝えで次の世代に受け継がれる。それも正確に。バルティ族なら誰でも、自分の祖先を10代から20代前まで言うことができる。それからコルフェ村の人たちはみんな、土壁に支えられちょっと傾いたこの木造礼拝堂《モスク》が、500年ほど前に建てられたもので、イスラム教がバルティスタンに広まる前は、仏教寺院として使われていたことを知っている。

コルフェ村にきてから初めて、僕は礼拝堂《モスク》の門をくぐり、中に足をふみ入れた。今までは礼拝堂《モスク》はもちろん、宗教指導者のシェール・タヒには敬意を表し、むやみに近づかないようにしていた。僕みたいな異教徒が村にやってきて、女の子たちに教育を受けさせようとしている。どう思っているのだろう。礼拝堂《モスク》に入ると、タヒが僕にほほ笑みかけ、祈りのための敷物をすすめてくれた。タヒはやせていて、ひげには白いものがまじっている。山岳地方で暮らすバルティ族にはよくあることだが、タヒも本当はまだ40代半ばなのに、かなり老けて見えた。

礼拝の時間は1日5回ある。それをシェール・タヒはスピーカーを使わず、コルフェ村中の人たちに知らせている。この小さな部屋に、彼の朗々とした声がひびく。学校の建設をはじめるにあたって、アラーの恵みと導きがあるよう祈っているのだ。僕は、仕立て屋のマンズールから教わったとおり、腕を組み腰を曲げた。だがコルフェ村の人たちは、腕を両わきにつけてのばしたまま、地面に頭がつくほどからだをかがめている。仕立て屋が教えてくれたのは、スンニ派の祈り方だったのだ。

数ヵ月前、新聞でパキスタンで最近起きたスンニ派とシーア派の抗争に関する記事を読んだことを思い出した。スカルドゥの町行きのバスが、カラコルム・ハイウェイを通ってインダス渓谷を走っていたところ、スンニ派が多いチラースの町を通りすぎたところで、拳銃で武装した男たち数十人が現れて道をふさぎ、乗客をバスから降ろした。そしてシーア派とスンニ派を分けると、シーア派の男たち18人を、妻や子の見ている前でのどを切り裂いて殺したのだ。

一方、僕はシーア派の中でスンニ派の祈りを捧げている。

早くシーア派の祈り方を覚えようとつとめながら、壁に飾ってある古い仏像を見ていた。バルティ族はイスラムを熱心に信仰するかたわらで仏教の卍やマンダラなども大切にしている。それなら、異教徒がスンニ派の祈り方をしていても大目に見てくれるかもしれないと信じることにした。

ハジ・アリがひもを持ってきた。糸をよって作ったもので、青と赤のナイロンのひもではない。ハジ・アリと僕とで正しい長さを測り、ひもをカルシウムと石灰を混ぜたものにひたし、昔から伝わるやり方で、建物の大きさどおりにしるしをつけた。ハジ・アリとトワハがひもをぴんと張る。それを地面に打ちつける。硬い土に白い線がついた。この線に沿って学校の壁ができる。僕たちは5本のシャベル、50人の掘り手で午後いっぱいかけて、壁に沿って幅90センチ、深さ90センチの溝を掘った。

溝ができると、ハジ・アリは、このときのために用意した大きな石を持ってくるよう合図した。6人がかりで石を持ちあげ、苦労の末に溝まで運ぶと、それをコルフェK2に面した側の角、建物の基礎にすえた。次にハジ・アリは牡ヒツジ《チョゴ・ラバク》を連れてくるよう命じた。

トワハはかしこまっていったんその場を去り、しばらくすると優雅に曲がった角を持つ、灰色の大きな牡ヒツジを連れてもどってきた。ヒツジは引っ張って連れてくるものだが、引っ張られているのはトワハの方だった。必死になっているトワハを引きずって、ヒツジは自分の最期をむかえる場所にやってきた。

トワハは、さっきすえつけた石の上でヒツジをとどめ、角をつかむと、ヒツジの頭をやさしくメッカの方角に向けた。宗教指導者のシェール・タヒはコーランの物語を唱えていた。

アラーはアブラハムの忠誠心を試そうとして、息子をいけにえにするよう命じる。アブラハムはアラーへの忠誠心をしめしたので、息子は助かり、かわりにヒツジがいけにえにされる。この物語は、ユダヤ教やキリスト教の聖典で語られる〝アブラハムと息子イサクの物語〟とそれほど変わらない。日曜学校で教わった聖書の物語からそのままぬき出したような光景。それが、今目の前でくり広げられている。宗教がちがっても、共通点はたくさんある。多様な伝統だって、もとをたどれば同じところから生まれたにちがいない。

ヒツジを殺す役目を受け持ったのはフサインだった。小柄なバルティ族の中でも珍しい力士のような体格でポーターとしての経験も長い。バルトロ氷河のポーターは〝荷物25キロ〟を1単位として仕事をしているが、フサインは3単位分の荷物を背負えることで有名だった。

フサインは刃渡り50センチくらいのナイフをぬくと、ヒツジの毛むくじゃらなのどもとに軽く押し当てた。シェール・タヒは、手のひらを天に向けヒツジの頭の上にのばし、「ヒツジの命をうばうことを許したまえ」とアラーに祈ると、震えながらナイフを持つフサインに向かってうなずいた。

フサインは足をふんばると、ナイフをヒツジののどに食いこませ、頸静脈《けいじょうみゃく》を切りさいた。熱い血がほとばしって石にふりかかる。血の流れは次第に弱くなり、心臓は鼓動をとめる。フサインが息を荒げて首の骨を切ると、トワハが角をつかんでヒツジの頭を高々とかかげた。僕がヒツジの目を見つめると、ヒツジも僕を見つめかえした。フサインにナイフで切られる前と変わらない、どんよりとしたまなざしで。

男たちがヒツジの皮をはいで肉を切り分ける間、女たちは米と豆を料理した。この日は、ほかに何もしなかった。この日だけでなく、その秋の間はずっと、ほとんど何もしなかった。ハジ・アリは学校を祝福するのは急いだが、建てるのは急がなかった。大がかりな宴会をしただけだ。年に数回しか肉を食べられない人たちにとっては、学校よりも食事の方がずっと大切なのだ。

コルフェ村の住人全員が肉にありついた。骨がすっかりしゃぶりつくされ、骨の髄もすっかり吸い取られてしまうと、僕たちはかがり火を燃やす男たちの仲間に加わった。この場所が学校の校庭になるはずだ。その日が早くくるといいのだが。

コルフェK2の上に月が昇ると、みんなで火を囲んで踊り、ヒマラヤに広く伝えられているゲセル王の叙事詩や、バルティ族の民謡を僕に聞かせてくれた。

僕とバルティ族は夢中になって踊った。山岳地方の国同士が争ったときの歌。アフガニスタンからやってきた野蛮なパターン人戦士たちの歌、アレクサンダー大王の時代にやってきた西洋人と、バルティ族との戦いの歌。イギリス領インドの時代、グルカの兵士を連れてあちこちに攻めこんだ西洋人の歌。

コルフェ村の女性たちも僕がいるのに慣れてきたらしい。すみの方に集まり、顔を輝かせて、男たちにあわせて手をたたき歌をうたう。

バルティ族にも、歴史と豊かな文化がある。書きとめられていないからといって、存在しないことにはならない。火を囲んでいるこの人たちは、助けこそ必要としているが、よそから教わることはないのだ。

学校ができれば自分たちを助けることができる。学校が建つ予定の場所を眺めてみる。そこにはヒツジの血が流れた浅い溝があるだけだ。タラのいる家にもどるまでに、あまり多くのことはできそうにない。だがこの晩踊っているうちに、僕の心の中には学校がしっかりと建っていた。現実のものになった。完成した学校が、コルフェK2と同じくらいはっきりと、月の光に照らされて建っている様子が目に浮かぶ。僕は再びかがり火の近くに向かった。

＊

ガレージを改装したタラのアパートは、居心地は良かったが、大家は僕たちふたりが住むことを許してくれなかった。そこで僕たちは、タラの持ち物の中からドゥジンスキーのアパートにおさまるものをいくつか選び、残りはセルフ・ストレージに運んだ。父のものだった黒檀の象の間に、タラの本やランプなどがおかれている。象は牙と牙、しっぽとしっぽをからませている。そしてランプのコードからミルク入れにいたるまで、僕たちの生活もからみあった。

タラはささやかな遺産を使って、クイーンサイズのふとんを買った。小さな寝室がいっぱいになるくらいの大きさだ。結婚するって、なんてすばらしいことなんだろう。寝袋ではなくベッドで眠れるなんて。それにコルフェ村に足をふみ入れてからの冒険物語を話す相手ができた。

ジャン・ヘルニとその妻は、感謝祭に僕とタラをシアトルに招いてくれた。すばらしいごちそうを目の前にして、バルティスタンの宴会のことを思い出した。

「どんな宴会だったんだ？」ヘルニが詳しいことを聞きたがったので、僕は話した。わけもわからずジープで連れ去られたこと、ハーネ村では何度も同じような宴会に招かれたこと、クワルドゥ村ではチャンガジがヤクを丸ごと出してきたこと。どれも手をつけなかったこと。それから、コルフェ村の学校の起工式の様子、牡ヒツジを殺したときのことや、かがり火を囲み踊り明かしたことを夢中でしゃべった。

この年の感謝祭、僕には感謝することがいっぱいあった。

「さて」とヘルニは、赤ワインが入った大きなグラスを手に暖炉の前に座った。

「お前さんは、今ヒマラヤでやっとる仕事が好きなようだし、まあ何とかうまくやっているようじゃないか。そいつを本業にしたらどうだね？」

「本業？」自分の耳を疑った。

「たしかにお前さんを丸めこもうとしたのはよくない。だが彼らの村の子どもだって、学校には行きたいだろう。登山家の中にはイスラム教徒を助けようとするやつなんてない。シェルパやチベット、仏教徒のことで頭がいっぱいだからな」

どうだね？　とヘルニは僕の目を見据えた。

「俺の寄付で財団をつくって、お前さんが会長になるというのは？　毎年、学校が建てられるぞ。そのことについてどう思うかね？」

返事をするかわりに、タラの手を握りしめた。何も言えなかった。ばかなことを言ったら、ヘルニの気が変わってしまうかもしれない。ワインをすすった。


その冬、タラが身ごもった。

子どもが生まれるとなれば、タバコの煙に満ちたドゥジンスキーのアパートにこれ以上住んでいるわけにはいかない。

タラの母親ライラが、登山家の間での僕の評判を聞き、モンタナ州にある自宅に招いてくれた。僕はこの田舎町がすぐに気に入った。ライラがお金を貸してくれたので、ライラの家の近所にある小さな家を買った。

雑役夫のポーランド人のタバコの煙とも、銃をふりかざす14歳の悪ガキともおさらばだ。

僕はセルフ・ストレージ114号室に別れを告げ、借りたトラックに乗り、タラといっしょに新しい家に向かった。ライラの家から2ブロック離れた、こぢんまりとしたバンガローだ。柵で囲まれた広い庭は、子どもが遊ぶのにちょうどいい。

＊

5月、イスラマバード空港に到着した僕は、入国カードの職業欄を埋めようとして手をとめた。これまではずっと「登山家」と書いてきた。だが今度は「CAI（中央アジア協会）・会長」と汚い字で書きこんだ。ヘルニが考えてくれた組織名だ。

ヘルニが科学者としてかかわってきた半導体産業は予想をはるかに超えて拡大した。それと同じように、これから僕がやろうとしている仕事がパキスタンにとどまらず、シルクロードに沿ってちらばる〝何とかスタン〟という国々にまで広がっていくことを想定した名前だ。僕にはそれほど自信が持てなかったが、今では年に2万1798ドルの収入があるし、何といっても組織のリーダーになったという自覚がある。

スカルドゥの町からムザファァに伝言を送り、コルフェ村にきて学校を手伝ってくれるなら給料を出せると伝えた。それから〝上の方〟に行く前に、チャンガジの会計係グラム・パルヴィにも会いにいった。グラムはスカルドゥ南部の丘にある、緑豊かな家に住んでいた。へいで囲まれた家の隣には美しく飾られた礼拝堂《モスク》が建っていた。礼拝堂《モスク》の敷地はグラムの父親が寄付したもので、建設にはグラムが力を貸したそうだ。

リンゴとあんずの花が咲き乱れる庭でお茶を飲みながら、僕はささやかな計画を話した。まずコルフェ村の学校を完成させる。次の年にはバルティスタンのどこかにもうひとつ学校を建てる。

それでグラムにもこの計画に加わってもらえないか頼んでみた。ジャン・ヘルニの了解は得ていたので、わずかながら給料を払える用意もあった。

「あなたは、私と同じことを願ってくれています。どうしてそのような人の言うことを断れるでしょう？」

＊

スカルドゥの町でグラムが紹介してくれた石工を連れて、コルフェ村についたのは金曜日の午後だった。新しい橋を渡って村に向かうと、特別なショールや靴で着飾った女の人たちとすれちがってびっくりした。みんな僕におじぎをすると、聖なる金曜日《ジュマ》を近くの村にいる家族とすごすため、いそいそと出かけていった。

橋を使えばその日のうちに帰ってこられるので、コルフェ村の女性たちは、毎週金曜日に実家に帰るようになったらしい。実家とのきずなが深まり、女性たちは孤独を感じることも少なくなった。まさか橋みたいに単純なものが女性たちを元気づけるとは。

ブラルドゥ川のむこう岸には、ハジ・アリがけのいちばん高いところで、あいかわらず彫像のような姿で立っている。息子のトワハ、孫のジャハンもいっしょだ。ハジ・アリは歓迎のしるしに僕を力強く抱きしめた。スカルドゥから連れてきた石工マフマルも温かくむかえてくれた。

うれしいことにハジ・アリのうしろには遠慮がちに、旧友のムザファが立っていた。ムザファも僕を抱きしめ、うやうやしく胸に手を当てた。だが、この前別れたときよりもぐっと老けこんだようで、体調も悪そうだ。

「ヨン・チーナ・ヨト（大丈夫かい）？」心配になって、バルティ語でたずねる。

「何ともありません。少し疲れただけ」

この晩、ハジ・アリの家で米と豆の食事をごちそうになりながら、ムザファがこの18日間大活躍したという話を聞かせてもらった。

ムザファは日本の登山隊といっしょにバルトロ氷河をたどる200キロの旅からもどったばかりだった。にもかかわらず、スカルドゥの町とコルフェ村を結ぶ唯一の道がまた地すべりでふさがれてしまったので、彼はさらにポーター数人を連れて、40キロのセメント袋をいくつも、30キロ離れたコルフェ村まで運んできたという。

ムザファは60代半ばで小柄だが、重い荷をかついで20回以上も往復した。食事もせずに昼も夜も歩き続け、僕がくるまでにセメントが学校を建てる場所にそろっているようにしてくれたのだ。

「グレッグ《ギレグ》さんは不思議な男。つい気を許してしまう。バルトロ氷河で初めて会ったときから、冗談ばかり言って、ポーターみたいな貧しい者たちにも温かく接してくれた。見失ったときは、氷河で死んだらどうしようと思った。ひと晩中眠れなくて、お助けできますようにとアラーに祈った。再会できたときは、この人を守ろうと思った。それ以来、グレッグ《ギレグ》さんはバルティの者たちに本当によくしてくださっています。私は貧乏だから、お返しできることといったら、祈ることと、力をお貸しすることだけ」と言って、ムザファはしゃがれ声で笑った。

*

翌朝、まだ日がのぼる前から、ハジ・アリの家の屋上をせかせかと歩き回っていた。今回の僕は、CAIの会長としてここにきている。人里離れた村ひとつに学校をひとつ建てるだけではない。それ以上の責任がある。ジャン・ヘルニが寄せてくれた信頼の重さを感じる。もうだらだらと続く集会や宴会はたくさんだ。さっさと学校を完成させよう。

村人たちが学校を建てる場所に集まると、僕は測鉛線と水準器と台帳を見せた。建設現場の指揮は、オーケストラにも似ている。

ダイナマイトで岩を小さくくだく。それから、ばらばらにいる男たちをメロディのように導き、くだかれた石を石工のところへ運んでもらう。石工のマフマルは、受け取った石をたがねでほんの数回たたく。それだけで、おどろくほどきれいな形に整えてくれる。女たちは川から水をくんでくる。それを地面に掘った穴に入れてセメントと混ぜる。そして、石工たちがこてを使ってセメントを塗り、石を少しずつ積んでいく。最後に、村の子どもたちが石と石のすきまに平たい石を差しこむ。

子どもたちは手伝いたくてうずうずしていた。彼らは学校がどんなものなのか実際には知らない。僕は以前、アメリカから持ってきたアルバムを彼らに見せたことがある。大小さまざまな学校はどれも新しく、いっしょに写っている子どもたちはこざっぱりとしたかっこうをしている。それらの写真を、コルフェ村の子どもたちはずっと飽きずに眺めていた。

＊

6月の間、学校の壁は少しずつ高くなっていった。だが、みんな畑仕事や家畜の世話で忙しい。作業に集まる人は半分くらい。作業の進み方が遅すぎる。

厳しくてもちゃんと監督をしようと思っていた。日の出から日の入りまでずっと現場にいて、壁がちゃんと水平になっているかどうか、傾いていないかどうか、水準器や測鉛線を使って調べあげた。台帳を持ち歩いてみんなに目を光らせ、1ルピーのむだ遣いも見落とさないように気をつけた。ジャン・ヘルニを失望させまいとして、みんなをせきたてた。

8月に入ったある晴れた日の午後、ハジ・アリが現場にいた僕の肩をたたいた。「散歩に行こう」

ハジ・アリは、僕を連れて1時間ほど山道をのぼった。年はとっていてもまだ足腰がしゃんとしている。彼の背中を見ながら、貴重な時間をむだにしているような気がした。村のはるか上にあるせまい岩棚に着いたときには、すっかり息が切れてしまった。疲れていたし、現場を離れてきたのが心配だった。

ハジ・アリは僕の息が落ち着くのを待ってから、「景色を見てごらん」と言った。

空気は澄みきっている。コルフェK2のむこうでは、カラコルム山脈の山々が、平和な青空にするどい切っ先を突きつけている。300メートルほど下には、コルフェ村が見える。青々とした大麦の畑は小さくて頼りない。岩だらけの海をただよういかだのようだ。

ハジ・アリはのばした手を僕の肩においた。

「この山々は、ずっと前からここにある。我々もそうだ」

そして白髪頭にのっている羊毛でできた茶色のトピに手をのばし、しっかりとかぶりなおした。この帽子は、コルフェの村長であることをしめす唯一のしるし。

「山には、ああしろこうしろとは言えぬ」

ハジ・アリの言葉には威厳がただよっている。僕も景色の一部となったように、身動きできなくなった。

「山に耳を傾けること。それを学ばなければならん。グレッグ先生、わしの言うことに耳を傾けてくださらんか。全能なるアラーの思し召しにより、あなたは我らの村に多くをもたらしてくださった。

本当に感謝している。だが、もうひとつ、お願いしたいことがありましてな」

「どんなことでもします」

「お座りなさい。それから、口を閉じて。あれでは、みんなへとへとになってしまう」

それから、ハジ・アリは僕の測鉛線と水準器と台帳を持って、コルフェ村に引き返した。一体、何をするんだろう。気が気ではなかった。ハジ・アリは革ひもで首から鍵をさげていた。家にもどると、彼はその鍵でたんすを開けた。たんすには色あせた仏教の彫刻がほどこされている。中には、アイベックスのすねの骨、じゅず、古いイギリス製のマスケット銃が入っていた。ハジ・アリは僕の道具をたんすの中にしまって鍵をかけた。それから、サキナを呼んでお茶を用意させた。

サキナがバター茶《パイユーチャ》を入れている30分ほどの間、僕は落ち着かない気分でいた。ハジ・アリは、自分の持ち物の中でもいちばん大切にしているコーランを広げている。中の文章に指を走らせ、あちこちとページをめくり、ほとんど聞こえないくらいの小さな声でアラビア語の祈りを唱え、自分の心の中を見つめていた。

湯気を立てたバター茶《パイユーチャ》が運ばれてくると、ハジ・アリが口を開いた。

「ここでうまくやっていきたいとお思いなら、我々のやり方を重んじてくだされ」お茶に息を吹きかけながら言った。

「バルティ族の人間と初めていっしょにお茶を飲むとき。その人はまだよそ者だ。2杯目のお茶を飲む。尊敬すべき客人となる。3杯目のお茶をわかちあう。そうすれば家族の一員となる。家族のためには、我々はどんなことでもする。命だって捨てる。グレッグ先生。3杯のお茶をわかちあうまで、じっくり時間をかけることだ」

温かい手を僕の手に重ねた。

「たしかに、我々は無学かもしれん。だが、愚かではない。この地で長いこと生きのびてきたのだから」


この日、ハジ・アリは僕の人生の中でいちばん大切なことを教えてくれた。

僕たちは「何でもかんでもさっさとすませよう」と思っている。30分で昼食をすませ、2分単位でフットボールの練習をして、イラクでの戦争がまだはじまりもしないうちから、〝衝撃と畏怖〟作戦で戦争を終わらせようなどと考える。

ハジ・アリが教えてくれたのは、3杯のお茶をわかちあうこと。じっくり腰をすえて、建物だけでなく、人間関係も築くこと。バルティ族に教えることより、僕が学ぶことの方が多い。

現場の指揮をとるのをやめ、見守るだけにした。それから3週間かけて、学校の壁は僕の背よりも高くなり、あとは屋根をのせるだけとなった。

ところが梁にする材木がない。チャンガジがくすねた材木は結局取りもどせなかったのだ。そこでグラムといっしょにスカルドゥの町にもどり、丈夫な材木を見つけて製材してもらったが、コルフェ村にもどる途中、またしても地すべりがあった。村から30キロのところで足どめをくらう。どうしたものかとグラムと話し合っていたら、谷のむこうから大きな砂ぼこりが近づいてきた。コルフェ村の男たちだった。僕たちが困っていることを聞きつけ、ハジ・アリがよこしてくれたのだ。彼らは夜を徹してやってきた。手をたたいたり歌ったり、とてもそうは思えないほどの元気ぶりで。信じられないことに、そこにはシェール・タヒもいて「荷物を運ばせてください」と言った。村の宗教指導者たる者は、肉体労働のような仕事はしない。だがタヒはためらわなかった。材木を運ぶ35人の男たちを率い、先頭で荷をかつぎ、コルフェ村まで30キロの道のりを笑顔を絶やさず歩いた。

タヒは足が不自由だった。それに昔ながらの伝統を重んじていた。それでも「男の子だけでなく女の子も教育を受けられるように」と、自分なりに態度をもってしめしたのだ。

だが、ブラルドゥ渓谷の村すべてがこの考えに賛成しているわけではなかった。

1週間後、トワハと肩を組み、石工たちがたくみな手つきで屋根に梁を渡していく様子を眺めていたら、村のあちこちの屋上から子どもたちの叫び声があがった。

よそ者の一団が、橋を渡って村に近づいてくるという。

ハジ・アリについて橋を見おろすがけにのぼった。5人の男が近づいてくる。先頭にリーダーらしき男、その後に続く4人のたくましい男たちは、片手にポプラの木でできたこん棒を持ち、反対の手のひらをたたいている。

リーダーは不健康そうにやせた中年男で、杖をつきながら歩いてくる。村の入り口から50メートルほど離れたところで立ち止まると胸を張り、コルフェ村の村長が自分のところへあいさつにくるのを待った。

トワハは僕の耳もとでささやく。「あいつはハジ・メフディだ。やばいぞ」

ハジ・メフディはアスコーレ村の村長だ。前にも会ったことがある。信心深いイスラム教徒のふりをしてはいるが、ブラルドゥ渓谷一帯の経済を、マフィアのボスのように牛耳っている。バルティ族の人間がヒツジやヤギやニワトリを売れば、1%の分け前をとるし、登山家には途方もない値段で物を売りつける。誰かがハジ・メフディに黙って登山隊に卵ひとつでも売れば、彼の手下がやってきてこん棒でぶちのめされる。

＊

ハジ・アリはメフディをお茶に招いたが、断られた。

「ここで話そうじゃないか。みんなに聞こえるようにな」メフディはがけ沿いに集まった村人たちに向かって怒鳴る。

「不信心者《よそもの》がやってきて、イスラムの子どもたちに、男女問わずくだらんことを教え、害毒をふりまいているそうじゃないか。アラーは、女を教育することを禁じている。わしは学校を建てることを禁じてやる」

ハジ・アリは淡々と言った。「学校は完成させる。お前が禁じようと禁じまいとな」

僕はこの場にただよう険悪な雰囲気を何とかやわらげたいと思い、一歩前にふみ出した。「そのことについては、お茶でも飲みながら話し合いませんか」

「お前のことは知っているぞ、カーフィルめ」カーフィルというのは、イスラム教徒ではない者をののしるときに使う言葉だ。「お前に話などない」

さらにメフディはハジ・アリに向かってわめいた。

「それで、お前はイスラム教徒じゃないのか？　神はただひとり。お前はアラーを信じているのか？　それとも、このカーフィルを信じるのか？」

僕は何も言えない。

「これまで、誰もこの村を助けにきてはくれなかった」ハジ・アリは僕の肩に手をおく。「毎年お前にも金を払ってきたが、何かしてもらったことはない。この方は、お前よりもりっぱなイスラム教徒だ。お前より、よほど尊敬に値する」

ハジ・メフディの手下たちは、そわそわとこん棒をいじっていたが、メフディは手をあげてそれをやめさせた。

「カーフィルの学校を建てるつもりなら、それなりの支払いはしてもらおう」目を細めて言う。「お前の村で最もよく肥えたヒツジを12頭よこせ」

「わかった」と言いつつハジ・アリはメフディに背を向けた。わいろを要求するのは卑しいおこないだと考えていることを態度ではっきりしめした。「牡ヒツジ《チョゴ・ラバク》を連れてこい！」

　コルフェ村のようなところは価値観がちがう。彼らにとっての〝ヒツジ〟とは、最初に生まれた子どもと大切なペットをいっしょにしたような存在だ。どの家でも、長男の仕事の中で最も神聖なのは、ヒツジの世話をすることだ。

　だからハジ・アリの言葉を聞いた男の子たちは、すっかり打ちのめされてしまった。ハジ・アリはメフディたちに背を向けたまま、12人の男の子たちが太い角に重たいひづめを持ったヒツジを連れてくるのを待った。

　全員そろうと、はづなを受け取り、12頭を結びあわせた。男の子たちはみんな、自分の大切な財産を村長に渡しながら泣いていた。ハジ・アリは悲しそうにうなだれているヒツジを引き連れてハジ・メフディに近づいた。そして何も言わずに、はづなを投げつけた。それからきびすを返し、村人たちと建てかけの学校にもどった。

　こんなにいたたまれない思いをしたことはない。

ハジ・アリはあんな悪党に村の財産の半分を渡した。だが、まるで何かいいことでもあったみたいに、ほくそ笑んでいる。

ハジ・アリは、村のみんなが力をあわせて建てた学校の前で足をとめた。

学校はコルフェK2を正面にすっくと立っている。きちんと石が積まれ、壁は黄色く塗られている。悪天候をものともしない丈夫な木の扉。コルフェ村の子どもたちは勉強するために、もう二度と凍った地面にひざまずくことはない。

「悲しむことはない」ハジ・アリは、気落ちしている村人たちに言った。

「あのヒツジたちが殺されて食べられてしまっても、この学校というものは残り続ける。今日ハジ・メフディは食べ物を手に入れたかもしれん。だが、我々の子どもたちは、いつまでも教育を受けられるのだ」

日が暮れたあと、火がくすぶる炉のそば。ハジ・アリは手招きして僕を隣に座らせ、コーランを炎の前に広げた。ページのすみは折られ、しみがあちこちについている。

「このコーランがどんなに美しいかわかるかね？　しかしわしには読めない。文字が読めないのだよ。人生でこれほど悲しいことはない。村の子どもたちがこのような思いをせずにすむなら、どんな犠牲でも払う」

僕は気づいた。これまでの苦労も、長い道のりも、ハジ・アリが村人たちのために払おうとしている犠牲に比べれば、全然大したことはないのだろう。

ハジ・アリは字が読めないし、このカラコルムの小さな村を離れたこともほとんどない。でもこれほど賢い人に、僕は会ったことがない。

CHAPTER

# 13

# 「思い出よりもほほえみを」

*"A Smile Should Be More Than a Memory"*

ワジール人は辺境地帯最大の部族だが、文化の水準は極めて低い。

盗賊や人殺しの集まりで、ワジールの名は、イスラム教を信ずる近隣の部族からも恐れられている。

自由の民で、残忍で激しやすく、剛毅で誇り高いが、うぬぼれも強いと言われている。

平穏な地域のイスラム教徒からは、野蛮だと見なされている。

——from the 1911 edition of the Encyclopedia Britnnica
『ブリタニカ大百科事典』１９１１年版より

古くなった豪邸《ハヴェリ》を改装したホテル。その2階から見おろすと、足のない少年が、木のすべり板を使って市場《バザール》の人ごみをぬけていくのが見えた。せいぜい10歳くらいで、足の残っている様子からすると、地雷の犠牲になったのだろう。くたびれた様子で荷車の横を通りすぎていく。荷車では、ターバンをまいた老人が鍋でカルダモンのお茶を沸かしている。客が集まっていた。少年の頭は、通りすぎるタクシーの排気管と同じくらいの高さだ。あの子には見えないだろうが、僕の位置からは、義足や義手を積んだトラックに運転手が乗りこみ、エンジンをかける姿が見えた。

あの子だって、荷台に薪のように積んであるあの義足があったら、どんなにいいだろう。でもその可能性はない。ここにもチャンガジみたいなやつがいて、支援物資をくすねているだろうから。そんなことを考えていたら、トラックはその子に向かってバックしはじめた。僕はこのあたりで使われている言葉、パシュトー語を知らない。「危ない！」ウルドゥ語で叫んだが、通じるだろうか。だが心配するまでもなかった。その子は危険に気づき、あわてて道路のわきによけた。ペシャワールの街角で生きぬくために、自己防衛本能がするどくなっているのだろう。

ペシャワールの町はパキスタンの北西辺境州にある。

コルフェ村の学校がほとんど完成したので、僕は〝CAIの会長〟という立場でこの町にやってきたのだ（少なくともそのつもりだった）。

ペシャワールの町は、ハイバル峠への入り口でもある。パキスタンとアフガニスタンを結ぶこの峠を越えて、昔から多くの軍隊が行き来している。

今ではイスラム神学校《マドラサ》の学生たちが、書物を銃や弾薬と交換し、峠を越えてアフガニスタンに入り、支配者たちを権力の座から追い出そうとしていた。アフガニスタンの大統領はソ連の支配が終わった後、腐敗した政治を行っていた。

1996年の8月、タリバン（訳すと〝イスラムの学生たち〟）と名乗る10代の青年を中心とするグループが、奇襲攻撃をかけて、ハイバル峠を越えたところにあるアフガニスタンの大都市、ジャララバードを制圧した。

ひげを生やしてターバンをまき、目を黒い日焼け止め《スルマ》で縁取った青年たちが、何百台ものトラックに銃やコーランを積んで峠を越えていったが、辺境警備隊は彼らをとめようとはしなかった。

戦火を逃れた難民たちも、同じくらいの規模で東へ向かった。数が多すぎて、ペシャワールの町はずれにある難民キャンプでは収容しきれないほどになった。

僕は予定では2日前にこの町を出て、次の学校を建てる場所を探すつもりでいたが、町中が緊張していたのでそのままとどまっていた。お祭り気分で空に向かって次々と銃弾が放たれていたし、どの喫茶店に行っても、勝利をおさめたタリバンの話題でもちきりだった。

いろんな噂がすばやく広まった。タリバンの大部隊が、カブール（アフガニスタンの首都）に集結している。もうカブールを制圧したという話も聞こえてくる。ナジブラ大統領は、フランスへ亡命したとか、サッカー場で処刑されたとかいう情報も飛び交った。

そんな嵐の中へ、裕福なサウジアラビアの名家、17番目の息子がジェット機をチャーターしてやってきた。

ジャララバード郊外にある旧空軍基地に降り立ったこの人物は、出所不明の100ドル札が詰まったアタッシュケースを持ち、かつてアフガニスタンでソ連と戦った経験を持つ戦士たちを従えていた。

この人物、オサマ・ビンラディンは、噂によると機嫌が悪かった。アメリカとエジプトの圧力によって、スーダンの居心地の良い住まいから追放されたらしい。サウジアラビアの国籍も取りあげられた。そんなビンラディンが逃亡先に選んだのが、アフガニスタンだった。この混沌とした雰囲気が、ビンラディンには好都合だった。

だが、生活が不便なのは気に入らなかった。受け入れてくれたタリバンたちに、住居のことでひとしきり不満をぶちまけると、ビンラディンは怒りの矛先を、自分を国から追い出した張本人と思われる者、つまりアメリカ人に向けた。

＊

僕がペシャワールの町にいた頃、ビンラディンはアメリカ人に対して武力闘争をおこなうことをはじめて宣言した。

「ふたつの聖地のある国を占領する、アメリカに対する聖戦の宣告」である。

〝ふたつの聖地のある国〟というのは、メッカとメディナがあるサウジアラビアのことだ。サウジアラビアにはアメリカ軍の基地がおかれ、５０００人が駐留していた。そこでビンラディンは自分の支持者たちに、「どこであれアメリカ人を見つけたら攻撃し、〝与えうるかぎりの危害〟を与えるように」とすすめていた。

だがこのときの僕は、ほかのアメリカ人と同じで、ビンラディンのことは何も知らない。ただ自分が今、歴史の大きな流れの中にいるように感じ、町を去りがたかっただけだ。それに、ふさわしい案内役もなかなか見つけられない。

コルフェ村を出る前、ハジ・アリに言われたことを思い出す。

「ひとつ約束してくれ。どこであれ、ひとりで行ってはならん。誰か信頼できる人物を探すんだ。できれば村長がいい。その人の家にお茶に呼んでもらえるまで待て。安全にことを進めるにはそうするしかない」

だが、ペシャワールの町で信頼できる相手を見つけるのは、思っていたよりむずかしい。ここはパキスタンの闇取引の中心だ。あやしげな人がたくさんいる。アヘン、武器、じゅうたんが町の生活を支えている。ここで出会った男たちは、みんなみすぼらしく、うさんくさかった。僕が泊まっているホテルも同じようなものだ。崩れかけているこの建物は、〝ハヴェリ〟という様式で、もともとは裕福な商人の邸宅として建てられたものだ。

この部屋は、女たちが外を眺めるための部屋だった。通りに面した壁に砂岩を彫って作った格子がはめられている。人前に姿を見せることを禁じられていた女性たちも、ここから眼下に広がる市場《バザール》をこっそりと見ることができた。

僕もこっそりと外を眺められるのがうれしかった。

この朝、ホテルの係員が「外国人は姿をかくしていた方がいい」と忠告してくれていたからだ。今日は金曜日《ジュマ》で、血気盛んな若者が礼拝堂《モスク》に集まり、ムッラー（イスラム教の指導者）たちの説教にもいっそう力が入る。金曜日《ジュマ》の熱気とアフガニスタンからの刺激的な知らせがいっしょになり、外国人が巻きこまれたら恐ろしいことになるかもしれない。

ノックの音が聞こえた。

お盆にティーポットを載せた男が、タバコをくわえたまま入ってくる。わきに包みをかかえていた。バダム・グル。彼に会ったのは前の晩だ。このホテルに泊まっていて、カブールを占拠しているタリバンの動向に関するニュースを、ロビーのラジオでいっしょに聞いたのがきっかけで知り合った。

グルはワジリスタンの出身だという。中央アジアのあちこちで珍しい蝶を集め、ヨーロッパの博物館に提供しているのだと言っていた。

国境を越えて運んでいるのは蝶だけのはずがない。だが、くわしいことは追求しなかった。僕がペシャワールの町の南にあるワジリスタンに行きたがっていることを知ると、「ラダの村に案内する」と申し出てくれた。

ハジ・アリなら反対しただろう。だが、タラの出産が来月にせまっていたし、きれいにひげをそっているグルは信頼できそうだった。選り好みしている余地はない。

グルはお茶をついでから包みをあけた。包み紙にしていた新聞紙のあちこちで、ひげづらの青年が銃を持ってポーズをとっている。

中に入っていたのは、大きな白のシャルワール・カミーズだった。襟はなく、胸には銀糸で細かい刺しゅうがしてある。それから灰色のベストが1枚。「ワジール人が着るのと同じです」と言って、グルはタバコのすいがらの残り火で新しいタバコに火をつけた。「市場《バザール》でいちばん大きなのを選びました。お代を今いただけますか？」

グルは受け取ったルピーを丁寧に数えてからポケットにしまうと「夜明けとともに出発しましょう」と言った。

その後、僕はホテルのオペレーターを通してタラに3分間だけ電話し、「これから何日か電話のないところに行くけれど、子どもが生まれるまでには帰る」と伝えた。

まだ薄暗い中、服の縫い目が破れないようおそるおそる階段をおりていく。

灰色のトヨタのセダンが待っていた。シャツ《カミーズ》の肩あたりはもうはちきれそうだったし、ズボン《シャルワール》はふくらはぎの途中までの長さしかなかった。グルは僕を安心させるようにほほえむと、「さっき電話があって、急にアフガニスタンに行かなければならなくなった」と言った。

だが幸い運転手のハーンが近くの出身なので、ラダの村まで連れていってあげられると言う。一瞬引き返そうかとも思ったが、用心しながら車に乗った。

朝日の中を南へ向かう車の中、後部座席の窓にかかっていた白いレースのカーテンを開けた。町並みが遠ざかる中、カーブした城壁が堂々とそびえ、目覚めようとしている火山のように、朝日を受け炎のように輝いていた。

*

ペシャワールの町を出て南へ100キロ。いよいよワジリスタンだ。ここはパキスタンの北西辺境州の中でも特に不安定な地域で、さまざまな部族が暮らし、パキスタンとアフガニスタンの緩衝地帯となっている。

ワジール人はその中でも特に孤高の存在で、僕の想像力をいっそうかきたてた。僕がバルティ族にひきつけられた理由のひとつは、彼らの悔しさを感じたからだと思う。資源も才能も、パキスタン政府に都合のいいように利用されている。政府からはほとんど何もしてもらえない。選挙権すらない。ワジール人の境遇も似たようなものだった。

ジャン・ヘルニから〝CAI会長〟に任命されて以来、僕はいまだなじめないこの立場にふさわしい人物になろうとがんばっていた。

冬の間タラにつきそって助産師のところに行き、2階の寝室の壁紙を張りかえ子どもをむかえる準備をする合間に中央アジアに関する本を読みあさり、この地域の様子をだいたいつかんだ。

そもそも昔は、いろんな部族がまとまって暮らしていたところだ。だが突然やってきたヨーロッパ人が、部族の事情を無視して行政区分を決めたため、部族の力は弱まってしまった。その中にあってワジール人はたくましく、僕の心をとらえて放さなかった。

ワジール人はパキスタンにもアフガニスタンにも味方せず、パシュトゥーン人への忠誠心だけはどの部族よりも強い。アレキサンダー大王の時代以来、この地に攻め入った軍隊はいつでも手ごわい抵抗にあった。兵力は数でも質でも勝っているのに負けを重ねる。そのたびに、この地の悪名は高まっていく。アレキサンダー大王も、少人数のゲリラ軍に自分の兵を数百人も殺されてからは、〝砂漠の悪魔〟が暮らすこの地を避けろと自分の軍に命じた。

ワジリスタンを征服できた者などいない。名目上はパキスタンの一部だが、イスラマバードの影響力もこの地にはほとんどおよばない。部族の指導者にわいろを配っても効き目はなく、堅固な要塞だって、銃眼からねらえない範囲についてはなんの力も持たない。

どんな強い勢力にも果敢に抵抗するワジール人たちを、僕はすばらしいと思った。K2にのぼる前、噂ではバルティ族はよそ者に対して厳しく、過ちを許さないということだったが、これほど真実からかけ離れたこともなかった。ワジリスタンも同じように、ただ誤解されているだけかもしれない。彼らに対して、僕にも何かできることがあるかもしれない。

民兵の検問所を6つ通りぬけ、ようやくワジリスタンに入った。

どこかで止められて、引き返すことになるだろうと思っていた。検問所につくたびに、兵士たちは車のカーテンを開け、からだにあわない服を着て汗だくになっている大男をじろじろ見つめた。そのたびに運転手のハーンはこの暑いのに着ているパイロット用の革ジャケットのポケットに手をのばしてルピー札を取り出し、しかるべき額を払い、車をさらに南へと進めるのだった。

ワジリスタンにつくと、まずこんな環境で人間が生活していることに感心してしまう。あるのは砂利道だけで、まわりに広がる平らな谷には木も草もなく、黒い石が散らばっているだけだ。石は太陽の光を集めてゆらぎ、そのせいで、あたりの光景は熱に浮かされてみる夢のようだった。

西に見える茶色い生命の感じられない山々は、地図上では半分がパキスタン領、半分はアフガニスタン領だ。こんなどうやっても守りようのない土地に国境線を引くなんて、イギリス人はユーモアにあふれている(しかし5年後、アメリカ軍はこの地を知りつくしているゲリラ兵を追いつめようとしても、まったくむだであることを思い知らされることになる)。

山の多いこのあたりには、ほらあなも同じくらい多い。

何世代もの間、この地を行き来する密輸人たちが利用してきた。後に国境を越えてすぐの〝トラボラの迷宮〟で、アメリカ特別軍はこの地にかくまわれているというオサマ・ビンラディンと、アルカイダの一味が、ワジリスタンに逃亡するのを防ごうとして失敗した。


黒い石だらけの悪夢をぬけると、中世の都市国家のような光景が現れた。かつてのイギリスの要塞は、今では1年の任期でこの地に派遣されるパキスタン軍兵士の駐留地となっていて、あちこちに木の板を打ちつけ補強してあった。

一方、ワジール人の要塞は、道の両側をかためる岩だらけの高地の上に立っていた。どれも高さ6メートルの土壁に囲まれ、大砲台が備わっている。最初は塔の上にかかしがいるのかと思ったが、近づくと、銃を持った兵士だとわかった。ライフルの照準器を通し、谷底を進む僕たちをねらっている。

ワジール人は外の世界からの影響を拒み続けているのだ（遅くとも紀元前600年頃から）。職人たちが世界各国の自動拳銃のコピーを作っている工場の前を通りすぎて、ワジリスタンでいちばん大きな村、バンヌ村で車をとめ昼食をとった。

シャツ《カミーズ》が破れない程度にのびをしてから、隣のテーブルにいた客を見た。ハジ・アリが言っていたような長老にも見える。だが話しかけても通じない。家にもどったらパシュトー語も勉強しよう。

砂ぼこりが舞う通りのむかいに見える高い壁。その中には、サウジアラビアが建てた神学校、マドラサ・イ・アラビヤがある。

そこは「アメリカ人のタリバン」と言われるジョン・ウォーカー・リンドが、後にイスラム原理主義を学びにやってくる場所だ。さわやかな気候で育ったリンドは、じりじりと照りつけるワジリスタンの太陽にうんざりしたのか、山を越えてアフガニスタンに移動し、すごしやすい山間にある神学校《マドラサ》で勉強を続ける。その神学校《マドラサ》を作ったのがオサマ・ビンラディンだ。

さらにワジリスタンの奥へと進む。僕は運転手からパシュトー語の丁寧なあいさつを教わり、練習していた。

景色は完全に荒れ果てていて、おだやかで、美しさすら感じる。本当に、部族地域の中心部に近づいているのがわかる。

ここまでこられたんだと思うと、急に心が高ぶった。

日が暮れたころ、運転手ハーンのふるさとの村にたどりついた。

村には砂岩でできた礼拝堂《モスク》、その両側に店が2軒並んでいるだけ。うらぶれた世界の果てといった雰囲気がただよっていた。

白黒のぶちのあるうす汚れたヤギが、道のまんなかを堂々と歩いていく。

ハーンが大きい方の店の裏に回り、倉庫にいた男たちに声をかけると、男たちは「夜、危ないから、車は中に入れておいた方がいい」とすすめてくれた。

倉庫に入ったとたん、僕は不安になった。

弾薬ベルトを胸にかけたワジール人の男が6人、木箱にだらりと腰掛け、吸い口のたくさんある水ギセルで大麻《ハシッシュ》を吸っている。

壁ぎわには箱が積まれている。中からバズーカ砲、グレネードランチャー、新品の機関銃《カラシニコフ》がのぞいている。フルーツ味の粉末飲料や化粧品の箱のうしろには、軍用の無線機のアンテナがつき出ている。

まずい。密輸組織のアジトに足をふみ入れてしまったらしい。

＊

ワジール人は〝パシュトゥーンワリ〟という掟にしたがって生きている。

掟の中心は、復讐の掟、家族《ザン》、財産《ザール》、土地《ザミーン》を守ることであり、その中には「助けを求めてきた客人は、あつくもてなし、守らなければならない」という慣習もある。

だから重要なのは、いかに侵入者ではなく、客としてやってきたようにふるまうかだ。

僕はからだにあわない服を着たまま車から降り、慎重にふるまった。

もう暗いから、これから泊まる場所を探すのは危険すぎる。バルティスタンで学んだことをすべて使って、一人ひとりにできるだけ礼儀正しくあいさつした。

途中、運転手のハーンから教わった片言のパシュトー語で「お元気ですか」とか、「ご家族はいかがですか」とたずねてみた。

ワジール人の多くは、アフガニスタンからソ連軍を追い出すときに、アメリカの特別軍とともに戦った経験がある。アメリカ人の僕は、〝この時点では〟温かくむかえてもらえた（後にアメリカの爆撃機B52がこの地域を絨毯爆撃することになる）。

密輸人の中でも最もうす汚い男は、体中の毛穴という毛穴から大麻《ハシッシュ》のにおいが染み出していた。僕にも水ギセルをすすめてくれたが、できるだけ丁寧に断った。仲良くなるためには形だけでも吸うべきだったのかもしれない。だが、これ以上頭を混乱させるようなことはしたくなかった。

密輸組織の首領らしき男は背が高く、ばら色の飛行用ゴーグルをかけ、こうもりのような立派な口ひげを生やしていた。

ハーンと首領は、よそ者を今晩どうするかについて、パシュトー語で熱心に話し合っていた。話が終わると、ハーンは大麻《ハシッシュ》を深々と吸い、それから僕の方を向いて言った。

「ハジ・ミルザは、あなたをお招きしたいそうだ」

ハーンの歯のすきまからは、大麻《ハシッシュ》の煙がもれていた。

窮屈なシャツ《カミーズ》がさらにきつく感じられるほど緊張していたが、この言葉を聞いて肩の力がぬけた。

大丈夫だ。客としてむかえてくれるはずだ。

暗い中、30分ほどかけて丘をのぼった。途中にはイチジクの林があった。熟した実の香りは、大麻《ハシッシュ》のにおいと同じように甘かった。

誰も口をきかなかった。聞こえるのは、銃床が弾薬ベルトに規則正しくカチカチとぶつかる音だけ。

地平線には、血のように赤い光がひとすじ。アフガニスタンに消えていく太陽の最後のなごりだ。丘の上の建物につくと、首領ハジ・ミルザがひと声叫ぶ。

高さ6メートルの土壁にはめこまれたどっしりとした木の扉。内側からかけ金がはずされ、ゆっくりと開いた。番兵は目を見開き、灯油ランプの明かりで僕をしげしげと眺める。大事をとって、銃を僕に向かってぶっ放そうかとでも考えているようだったが、ハジ・ミルザの厳しいひと言で僕たちを通した。

＊

現代社会から車を1日走らせただけなのに、まるで中世に迷いこんだようだ。堀はなかったが、中に入ったときは、何となく堀を渡ったような気分だった。どっしりとした壁。がらんとした部屋にはランプがおいてある。ちらちら燃えるばかりで、あまり明るくはない。中庭には高さ15メートルの見張り塔がある。招かれざる客は、そこからねらって撃てるらしい。

僕と運転手ハーンは建物のど真ん中、絨毯が積み重なっている部屋に通された。そこにカルダモンのお茶が運ばれてきたが、ハーンはクッションに身を沈め、革のコートを頭からかぶりグーグーいびきをかいている。僕はいらいらした。

首領ハジ・ミルザは食事の支度が進んでいるか見にいった。夕食が出てくるまでの間、4人の手下たちといっしょにお茶を飲み、無言のまま不安な2時間をすごした。

「食事ができた《マフナム・ド・ディー》ぞ！」

ハジ・ミルザが告げにきた。うまそうなヒツジ肉のにおいに、運転手ハーンもコートの下から顔を出す。都会生活が長いはずのハーンも、焼き肉を目にしたとたん、他のワジール人にまじって短剣をぬいた。

ハジ・ミルザの召し使いは肉の隣に、できたてのカブリ・ピラウの皿もおいた。これはニンジン、クローブ、レーズンを入れたピラフのような料理だが、男たちの目には肉しか入らなかった。

短剣で肉に挑みかかり、骨から汁気たっぷりの肉をはぎ取り、ナイフの刃で口につめこんでいる。

バルティ族も肉には目がなかったが、これほど野性味あふれる宴会に参加したことはない。肉を引きさき、かじりつき、10分も経つとヒツジはすっかり骨だけになってしまった。男たちはげっぷしながらひげについた脂をぬぐう。そしてうめきながら枕にもたれかかり、大麻《ハシッシュ》のパイプとタバコ、両方に火をつけた。

1人がヒツジのにおいのするタバコを差し出した。客らしくふるまうため、僕は受け取り、吸いがらになるまで吸った。やがて僕のまぶたはすっかり重くなった。男たちはマットを出してきて広げ、その上で寝るようにとすすめた。それほどまずい事態ではなさそうだ。眠いせいで、ターバンをした男たちの姿がときどきぼやけて見える。大麻《ハシッシュ》づけとはいえ、少なくとも1人、部族の首領と知りあうことができたのだ。明日になったらよく話を聞いて、この村に学校はどうかたずねてみよう。

＊

夢の中まで怒鳴り声が聞こえてきた。

夢の中の僕はハーネ村にいて、アフマルがジャンジュンパに向かって、なぜ子どもたちの学校でなく登山学校が必要なのか、と怒鳴っていた。

目を覚ました僕ははじめ、自分が何を見ているのかわからなかった。

目の前には加圧式のランプがぶらさがり、壁に不気味な影を投げかけている。ランプのむこうでは、誰かが機関銃《カラシニコフ》の銃口を僕の胸に向けている。一気に眠気が吹き飛んだ。銃をかまえているのは、もじゃもじゃのひげに灰色のターバンをした荒っぽい男で、僕にはわからない言葉で怒鳴っている。

午前2時だった。2時間しか眠っていないことになる。一体どうなっているんだ？　それから何人もの見知らぬ男たちが次々と武器を突きつけて僕の腕をつかんで引っぱったが、そんなことよりも眠くて仕方なかった。

連中は僕を手荒く立たせ、ドアの方へ引きずっていった。

薄暗い部屋の中、ハーンかハジ・ミルザがいないかと探したが、武装した男たちのほかには誰もいない。

両腕をがっしりとつかまれたまま、建物から引きずり出された。

誰かがうしろからほどいたターバンを僕の頭に巻いて目をかくし、きつくしばった。こんなに暗いんだから、どっちにしろ何も見えるはずがない。二重のやみの中、何も抵抗できずに丘をくだった。男たちはしょっちゅう僕をせっつき、石につまずくと、転ばないように支えた。道の先にはトラックが待ち受けていて、男たちは武器でこづいて荷台に乗せ、あとから自分たちも乗りこんだ。

45分ほど乗っていただろうか。すっかり目が覚めた。がたがた震えていた。むき出しの荷台で夜の砂漠を走るのは寒い。何より怖かった。まわりに群がっている男たちは、パシュトー語ではげしく言いあっている。

僕をどうするかについて話しているらしい。どうして僕を捕まえたんだろう？　こいつらが侵入してきたとき、ハジ・ミルザの護衛たちはどこにいたんだろう？

銃声は1発も聞こえなかった。ミルザはこいつらとグルか。気づいたとたん、頭をぶんなぐられたような気がした。僕を誘拐したやつらは、煙まじりの体臭をただよわせている。トラックが夜のやみを進むにつれて、タラにまた会えるのぞみは遠ざかっていくような気がした。

＊

トラックはハイウェイを離れ、丘のでこぼこ道をのぼっていった。

運転手がブレーキをふみ、急転回してから停止した。力強い手で、トラックから引きずり降ろされる。鍵がガチャガチャいう音が聞こえ、続いて大きな金属製の扉が開く音がした。敷居につまずき、腕を痛いほどつかまれ、足音のひびく廊下をぬけて、暗い部屋にたどりつく。遠くで重い扉が閉まる音が聞こえる。それから、目かくしがはずされた。

幅3メートル、奥行き6メートル、天井の高いがらんとした部屋だ。

ひとつしかない小さな窓の内側には、火のついた灯油ランプがおいてあり、外にはシャッターがおりている。

あせってはいけないと自分に言い聞かせ、僕をここに連れてきた男たちと向きあった。考えを何とかまとめようとする。ちょっとしたおせじなど言えば、同情してくれるかもしれない。だが口を開くよりも早く僕だけ部屋に残されて、重いドアが閉まった。ぶ厚いドアを通して南京錠をかける音が聞こえる。希望はくだかれた。

部屋の奥の暗がり、汚い床の上に毛布とマットがおいてあった。先のことを思い悩んで部屋を歩き回るより、今は寝ておいた方がいいだろうか。薄っぺらなマットに横になった。足が30センチくらいはみ出した。だが、かびくさい毛布をかぶると、夢も見ずぐっすり眠りこんだ。


目が覚める。寝床のわきに、僕を連れてきた男2人が正座している。窓のシャッターのすきまから、日の光が差しこんでいた。

「チャイ」とひとりの男が言って、ぬるいお茶をついでくれた。僕はありがたがっている様子を見せながらプラスチックのコップにつがれたお茶を飲み、笑顔を見せながら相手を観察した。

ふたりとも長い間屋外で生活し、苦しい生活に耐え、厳しく鍛えられてきたようだ。どちらも50代くらいだろう。ひげは、オオカミの冬毛のように濃くてふさふさしている。

お茶を出した男の額には、はしからはしまで赤い傷あとが走っていた。爆弾の破片が当たったか、銃弾がかすめたか。ソ連と戦ったアフガンの聖戦士《ムジャヒディン》にちがいない。今は何をしているのだろう？一体僕をどうするつもりなんだろう？

お茶を飲んでしまうと、〝トイレに行きたい〟と身ぶりで伝えた。

見張りたちは機関銃《カラシニコフ》を肩にかけ、僕を中庭に連れていった。高さ6メートルの塀に囲まれていて、外を見ることはできない。敷地のすみにある塔を見あげると、衛兵がこちらを見張っていた。

傷のある男は銃でドアを指ししめし、僕はトイレに入った。

ドアを閉めようとしたが、もう片方の男が足をはさんでドアを開け、中に入ってきた。ひとりは外で見張っていた。バケツで水を流して使うタイプのトイレには慣れている。だが人が見ている前で用を足し、尻をぬぐうなんて、神経がおかしくなってしまいそうだ。

用を足し終わると、見張りたちに銃でこづかれ、もといた部屋へ連れもどされた。

マットの上にあぐらをかいて座る。身ぶり手ぶりで何とか会話をしようとしたが、ふたりともちっとも興味をしめさない。ドア近くを陣取り、僕には目もくれず、大麻《ハシッシュ》を次から次へと吸うばかりだ。

すっかり落ちこんでしまった。これは長くかかりそうだ。一気にやられてしまった方が、まだよさそうな気がしてきた。ひとつしかない小さな窓はふさがれていたし、ランプの火も弱いので部屋は夜のように暗かった。恐怖心よりも失望感の方が強い。うとうとしたまま時間がすぎていった。

はっと我に返ると、マットのかたわらに何かがおいてある。

手にとってみた。ぼろぼろになったタイム誌の1979年11月号。17年前のものだ。「意志の試練」

という特集タイトルが表紙で、恐ろしげに顔をしかめたホメイニ師の不気味な似顔絵と、落ちこんだ様子のジミー・カーター大統領の写真がある。

古くてぐにゃぐにゃになったページをめくる。テヘランで起きた、アメリカ大使館人質事件の様子がくわしく書かれている。目かくしされたアメリカ人がイスラムの狂信者たちに囲まれ、なすすべもない写真を見て、ぎょっとした。

このタイム誌がここにあるのは、何かのメッセージだろうか？

それとも、僕の気晴らしになりそうなものを探したら、英語で書かれたものが、たまたまこれしかなかっただけなのだろうか？

見張りたちの表情から何か読み取れないか。こっそり様子を見てみたが、ふたりとも大麻《ハシッシュ》を吸いながら静かに話しているだけで、あいかわらず僕には何の興味もしめさない。

雑誌を読むほかにすることはなかった。

ページを灯油ランプの明かりに向けて、アメリカ大使館人質事件に関する記事を読んだ。特にくわしく書かれていたのは、大使館が占拠された後、まもなく解放された5人の女性秘書官と7人の黒人海兵隊員について。

黒人たちが解放されたとき〝しいたげられた黒人たちよ、アメリカ政府は我らの共通の敵だ〟と書かれた横断幕のもとで記者会見がおこなわれた。開放された黒人軍曹は「イラン革命をたたえる声明を録音させられ、言い間違えたら銃で撃つとおどされた」と語った。そして女性秘書官のひとりは「少しペルシア語ができたので、女性の見張りの1人と何とか会話することができた。そのおかげで解放されたのかもしれない」と語っていた。

人質たちは、床に寝るときも手足をしばられたままだった。ほどいてもらえたのは食事のときとトイレに行くとき、それからタバコを吸うときだけ。「少しでも長く手足をほどいておいてもらいたかったので、タバコを吸わなかった人まで吸うようになりました」と語る人もいた。

特集記事は、次のような悲観的な見通しでしめくくられた。

「ホワイトハウスの見解では、残念ながら、人質たちはホメイニの兵士とともにテヘランの大使館でクリスマスをすごすことになる可能性がきわめて高い」

1979年のジャーナリストには予測できなかっただろうが、17年後の僕は知っている。人質たちの試練は444日間続き、大使館ではクリスマスを2回もすごすことになるのだ。

雑誌をおいた。少なくともしばられていないし、銃も向けられていない。今のところは。もっとひどい目にあっていたかもしれない。

だが、こんな暗い部屋で444日もすごせない。パシュトー語は話せないかもしれないが、「少しペルシア語ができたので、女性の見張りの1人と何とか会話することができた。そのおかげで解放されたのかもしれない」というやり方にならってみることにしよう。何とかして会話をしたい。

食事を少しばかりつまんだが、2日目の夜は横になってもほとんど眠れない。頭の中で、ああでもないこうでもないと、いろいろ戦略を練ってみる。タイム誌によると、イランの大使館をおそった者たちは「人質の中にCIAのスパイがいるんじゃないか」と疑っていたらしい。僕も、同じ理由で誘拐されたのか？

最近噂になっている〝タリバン〟とかいうものをスパイしにきたとでも思ったんだろうか？ありうることだ。だが言葉が通じない。パキスタンの子どもたちのために働いていると伝えるのは無理だ。

身代金が目当てだろうか？

ワジール人たちには悪気はなく、ただ誤解しているだけだという希望をまだ捨てきれないが、純粋に金が目的だという可能性もある。だがやはりパシュトー語を話せなければ、僕が笑ってしまうほど貧乏だとわかってもらえない。

異教徒のくせに、イスラム原理主義者が暮らすこの地域に足をふみ入れたせいだろうか？大麻《ハシッシュ》を吸って気持ちよさそうに眠っている見張りたちを眺めながら、その線が強そうだと思った。

だとしたら、あの仕立て屋マンズールのおかげで、言葉が通じなくても、見張りたちの心を動かせるかもしれない。

2日目の朝、見張りたちがお茶を持ってきたとき、早速作戦を実行することにした。「コーラン？」

と言いながら、信心深そうに神聖な書物のページをめくる仕草をする。

すぐにわかってもらえた。

アラビア語は世界中のイスラム教徒が祈りのときに使う共通の言葉なのだ。

額に傷のある男がパシュトー語で何か言ったが、意味はわからなかった。でも、僕の頼みが受け入れられたのだと思うことにした。

3日目の午後になってようやく、この村のムッラー（イスラム教の指導者）らしい年配の男性が、緑のビロードの表紙の、砂っぽいコーランを持ってきた。

ひょっとしたら通じるかもしれないと思ってウルドゥ語でお礼を言ったが、相手の目は半ば閉じられていて、理解した様子には見えなかった。

僕は床に敷いたマットの上にコーランを置いて、水がないときに身を清める沐浴《ウドゥ》をおこない、うやうやしくコーランを開けた。

聖なる本の上に身をかがめ読んでいるふりをしながら、ラワルピンディの町の仕立て屋で、マネキンに見守られながら覚えたコーランの文句を小声で唱える。

白髪まじりの宗教指導者《ムッラー》は満足げにうなずくと、僕と見張りを残して部屋を出た。

ハジ・アリのことを思い出した。彼もアラビア語が読めないが、心をこめてコーランのページをめくっていた。僕は胸の奥が温かくなるのを感じて、ほほえんだ。

近くの礼拝堂《モスク》から聞こえてくるアザーンを合図に1日5回、スンニ派の土地でスンニ派式の祈りを捧げ、熱心にコーランを読みふけった。はたしてこの作戦はうまくいっているのだろうか。見張りたちの態度は何も変わらない。コーランを読んでいるとき以外は、気晴らしのためにタイム誌のページをめくった。

不安になるので、もう人質事件の記事は読むのはやめた。

大統領選への出馬を表明した、ロナルド・レーガンの記事を読む。

「我々は好かれているかどうかで悩むのはやめ、世界で再び尊敬される国造りをめざすべきだ。そうすればアメリカ大使館をおそい、アメリカ国民を人質にするような独裁者は二度と現れることはないだろう」

クリントン大統領によって、アメリカは世界で尊敬される国になった。だが、それは僕にとってどんな役に立つんだろう？　もしアメリカの外交官が僕を解放するように働きかけたとしても、僕がここにいることは誰も知らない。

4日目と5日目はのろのろとすぎて、シャッターのすきまからもれる光でかろうじて時間の変化がわかるくらいだった。夜になり、タタタッという機関銃のはげしく短い銃声が建物の外からひびき、それに応えるように見張りの塔からも銃声が聞こえた。

朝がきて、シャッターのすきまから外をのぞく。見えるのは、ここの敷地を囲んでいるのっぺりとした塀だけだ。何のなぐさめにもならない。

部屋に閉じこめられているのが退屈でたまらない。タイム誌をめくり、スタンフォード・ビネ式知能検査は文化的に偏っているという批判や、ひまわりがノースダコタの新たな収入源になっているという記事を読むのは、もういいかげんうんざりだ。いまや広告ページだけが、ふるさとを思い出させてくれる唯一の光だ。

5日目の夜。僕の足もとに真っ黒な波がひたひたと押し寄せてひざまで達し、僕を絶望の底にひきずりこもうとした。

タラが恋しくてたまらない。あと1日か2日でもどると言っておきながら、僕はまだこんなところにいる。さぞかし心配しているだろう。だがなぐさめることすらできない。

僕の腕の中で最高の笑顔を見せるタラ。結婚式の日に撮った写真。今、見せてくれるなら何を差し出したってかまわない。

写真は財布に入れたまま、ペシャワールの町のホテルにおいてきてしまった。

だが悔やんでも仕方がない。絶望の波を断ち切り、また雑誌のページをめくった。そしてどこかにおいてきた、温かくてやさしい世界の手がかりを探した。

シボレーの広告をじっくり眺めてみる。燃費が良いのが売りだという、木製パネルのついた車。助

## サンクチュアリ出版＝本を読まない人のための出版社

はじめまして。
サンクチュアリ出版 広報部の岩田です。
「本を読まない人のための出版社」…って、なんだソレ！って
思いました？ ありがとうございます。
今から少しだけ自己紹介をさせて下さい。

今、本屋さんに行かない人たちが増えています。
ゲームにアニメ、LINEにfacebook…。
本屋さんに行かなくても、楽しめることはいっぱいあります。

でも、私たちは
「本には人生を変えてしまうほどのすごい力がある。」
そう信じています。

ふと立ち寄った本屋さんで運命の1冊に出会ってしまった時。
衝撃だとか感動だとか、そんな言葉じゃとても表現しきれない程、泣き出しそうな、叫び出しそうな、とんでもない喜びがあります。

この感覚を、ふだん本を読まない人にも
読む楽しさを忘れちゃった人にもいっぱい
味わって欲しい。
だから、私たちは他の出版社がやらない
自分たちだけのやり方で、時間と手間と
愛情をたくさん掛けながら、本を読む
ことの楽しさを伝えていけたらいいなと思っています。

サンクチュアリ出版 年間購読メンバー

# クラブS

あなたの運命の1冊が見つかりますように

## 基本は月に1冊ずつ出版。

サンクチュアリ出版の刊行点数は少ないですが、
その分1冊1冊丁寧に、ゆっくり時間をかけて制作しています。

**クラブSに入会すると…**

1 サンクチュアリ出版の新刊が
自宅に届きます。

※もし新刊がお気に召さない場合は他の本との交換が可能です。

2 サンクチュアリ出版で開催される
イベントに無料あるいは
優待割引でご参加いただけます。

読者とスタッフ、皆で楽しめるイベントをたくさん企画しています。

イベントカレンダー
はこちら!

3 ときどき、特典のDVDや小冊子、
著者のサイン本などのサプライズ商品が
届くことがあります。

**詳細・お申込みはWEBで**
http://www.sanctuarybooks.jp/clubs

**メールマガジンにて、新刊やイベント情報など配信中です。**
登録は ml@sanctuarybooks.jp に空メールを送るだけ!

**Facebookで交流しよう** https://www.facebook.com/sanctuarybooks

手席にはきれいなお母さんがいて、にこやかにうしろをふり返っている。かわいい子どもたちの言葉に耳を傾けているのだ。

さらにコダックの広告を2時間くらい眺め続けた。

大きなクリスマスツリーがあって、かたわらには赤いバスローブにぬくぬくとくるまった立派な様子のおじいさんが、かわいらしい金髪の男の子に、プレゼントしたばかりの新しい釣りざおの使い方を教えている。真っ赤なほっぺたの子どもたち、プレゼントの包みからはフットボールのヘルメット、子犬といっしょにはしゃぎ、その様子をおだやかに見守る母親、そんないかにも幸せそうな風景。

僕は子ども時代をアフリカですごしたから、こういうアメリカ人らしいクリスマスのことはよく知らない。

だが灯油くさいこの部屋で、悪意のある男たちに見張られていると、この広告の中にある世界こそまるで救いの手のように感じられた。

すがりつきたかった。

監禁されてから6日目の朝、〝思い出よりも微笑みを〟というキャッチコピーのついた歯みがき器の広告に目をとめた。

「プラークというバクテリアは、歯と歯ぐきのすきまに入りこんで育ちます」

説明はどうでもいい。幸せそうなアメリカ人の一家が、レンガづくりの家のベランダでポーズをとっている写真を見て、我慢ができなくなったのだ。家族は笑顔で寄り添い、お互いへの愛情と思いやりにあふれている。それは僕がタラに抱いている感情であり、ここでは誰もしめしてくれない感情なのだ。

寝床のそばに人がいる気配がする。

顔をあげると、背の高い男と目があった。白髪まじりのひげは学者のように知的だ。彼はやさしそうな笑みを浮かべ、パシュトー語であいさつし、それから英語で「アメリカの方というのはあなたですね」と言った。

握手をしようとして立ちあがると、ひどいめまいがしてよろけた。

4日間、落ちこむ一方で、ほとんどお茶しか口にしていなかった。相手は僕の肩をつかんで支え、朝食を持ってこさせた。

あたたかいチャパティをほおばりながら、話し相手もいなかった6日間のうめあわせをした。お名前を教えてくださいと頼んだら、相手はしばらく口をつぐんでから「ハーンとお呼びください」と答えた。ハーンというのは、ワジリスタンではごくありふれた名前だった。

＊

〝ハーン〟はワジール人だったが、ペシャワールの町のイギリス学校で教育を受けたと言い、彼はそのときに身につけたきちんとした英語を話した。

ここにきた理由は話してはくれなかったが、アメリカ人である僕のあつかいを決めるために呼ばれたのだと思う。

お茶を何杯も飲みながら、僕はバルティスタンでの活動についてしゃべり続けた。パキスタンの子どものためにもっともっと学校を建てたい、ここへきたのは何か自分が役に立てないかと思ったからだ。不安な気持ちでハーンの返事を待った。僕を監禁したのは手ちがいだったと言ってほしかった。すぐにペシャワールの町に帰してくれないかと願った。

だが目の前にいる体格のいい男は、そんななぐさめの言葉ひとつくれなかった。タイム誌を拾いあげ、ただ無表情でページをめくるだけで何かほかのことを考えているようだった。

ハーンがアメリカ軍の募集広告を載せたページで手をとめたので、僕はぎくりとする。

迷彩服を着た女の人が無線機を操作している。その写真を見てハーンはたずねた。

「最近のアメリカ軍は、女性も戦場に送るのですね?」

「そうでもありませんよ」僕はごまかした。「私たちの国では、女の人も自由に仕事を選ぶことができるんです」

こんな話は反感を買うかもしれない。何か共通の話題はないだろうか。

「もうすぐ、僕にとって初めての子どもが生まれます。息子です。だから家に帰らなければなりません」

数ヵ月前、タラは超音波診断を受け、おなかの子は女の子だと判明していた。だがイスラム教徒にとっては、息子が貴重だ。嘘をつくのは気が進まなかったが、息子と言えば解放してもらえるかもしれない。

ハーンは、まだ募集公告を見て顔をしかめている。今言ったことが聞こえなかったのだろうか。

「予定では、とっくに家に帰っているはずなんです。妻も心配しているにちがいありません。せめて電話して無事だということを伝えたいのですが」

「ここには電話はありません」ハーンは冷たく言った。

「では、パキスタン軍の駐屯地まで連れていってもらえませんか？　そこからなら、電話できると思いますが」

ハーンはため息をついた。「申し訳ありませんが、それはできません」そう言って僕の目を見つめる。態度には出さないが、同情はしてくれている様子だった。

「ご心配なく。大丈夫ですよ」と言い残し、お茶の道具をかたづけて立ち去った。

8日目の午後、ハーンがまたやってきた。「フットボールはお好きですか？」

何か深い意味でもあるのかと思ったが、そういうわけではなさそうだった。

「もちろんです。学生時代やっていましたから」答えてから、ハーンが言っているのはアメフトではなくサッカーのことだと気づいた。

「それでは、試合をお目にかけましょう」とハーンはドアの方へと手招きした。「どうぞこちらへ」

僕はハーンの大きな背中について、掛け金のはずされた正門を出た。

急にひらかれた場所に出て頭がくらくらする。1週間ぶりの外の世界だ。砂利道をくだりきると、くずれかけた礼拝堂《モスク》の尖塔があり、その隣には谷を横切る道が走っている。

道のむこう、わずか1キロちょっと先に、パキスタン軍の駐屯地が見える。

走ってあそこまで逃げようかと思ったが、塔の上に銃を持った見張りがいることを思い出した。

あきらめて、ハーンに続いて丘をのぼる。だだっ広い石ころだらけの空き地につくと、ひげを生やした若者たちがサッカーをしていた。

ハーンにすすめられたプラスチック製のいすに座り、僕はおとなしく見学した。見たことのない顔ばかりだが、プレイはおどろくほど見事だ。積み重ねた弾薬の空き箱がゴールポストがわりらしい。選手たちが走り回るたびに砂ぼこりがまきあがり、汗でぬれたシャルワール・カミーズは黒く染まる。

するといると突然、見張りの塔から叫び声があがり、試合はあっというまに終了した。パキスタン軍に何か動きがあったらしい。「申し訳ありません」ハーンは言った。僕はすぐさま、また高い土壁の中にもどされた。

その晩、ぼくは眠れなかった。ハーンという男。あの立ち居振る舞いや、ほかの連中の態度を見て、どうやら最近世間をにぎわせているタリバンの司令官らしいと確信した。

それは僕にとって何の意味があるんだろう。

サッカーの試合を見せてくれたのは、もうすぐ解放してもらえるからなのか。タバコの一服と同じ、殺す前に最後の慈悲をかけてくれたのだろうか？

答えがわかったのは、朝の4時だった。ハーン自らが僕に目かくしをして、僕の肩に毛布をかけ、やさしく手をとり、もうすでに大勢が乗りこんでいるトラックの荷台に乗せた。この頃、9・11テロの前は、まだ外国人の首をはねるようなことはしていない。射殺だ。射殺というのは、そんなにひどい死に方じゃない。だが、タラはひとりきりで子どもを育てなければいけないとか、僕の身に何が起きたか知ることはないとか考えると、僕は頭がおかしくなりそうだった。タラはどんなに苦しくて不安な日々をすごすことになるだろう。

＊

トラックの荷台で風に吹かれていると、誰かがタバコをすすめてくれたが、断った。今さら愛想よくしても仕方ないし、最後に味わうのがタバコだなんてごめんだ。トラックに乗っていた30分ほどの間、毛布をぎゅっとからだにまきつけたが、震えが止まらない。トラックが舗装された道をはずれ、はげしい機関銃《カラシニコフ》の音が聞こえる方に向かっているのがわかると、汗がどっと出てきた。

運転手がブレーキをかけ、トラックは止まった。まわりでは、耳をつんざくような騒音とともに機関銃《カラシニコフ》が猛烈な勢いで発射されている。ハーンは僕の目かくしをとり、僕を抱擁した。「ほら、すべてうまくいくと申しあげたでしょう」ハーンの肩ごしに見ると、ひげを生やした数百人のワジール人が、たき火を囲んで踊り、空めがけて銃を撃ちまくっている。火に照らされたその顔は、血に飢えた顔ではない。おどろいたことに、喜びにあふれていた。

いっしょにきた見張りの男たちも、歓喜の声をあげてトラックから飛び降り、銃をぶっ放している仲間に加わった。もう夜明けが近いはずだが、たき火の上ではなべが煮えたり、ヤギが焼けたりしていた。

「何があったんですか?」僕はハーンの後について踊り回っている男たちの中に入ったが、よくわからなかった。とても8日間続いた危険がようやく終わったとは思えない。「どうして僕をここに連れてきたんですか?」

「あまりお教えしない方がいいのです」ハーンは銃声に負けないように声を張りあげた。「ただ、こう申しあげておきましょう。他の……可能性も考えられました。ちょっとしたもめごとがあって、それが大きな問題に発展するかもしれなかったのです。ですが、会議《ジルガ》の結果、すべて丸くおさまったので、こうしてお祝いをしているのです。お祝いが終わったらペシャワールの町にお送りしましょう」

本当だとは信じられなかったが、何枚かのルピー札を渡されたとき、ようやく試練が終わったのだという実感がわいた。額に傷あとがある見張りが僕に近づいてきた。炎と大麻《ハシッシュ》のせいで、笑った顔が輝いて見える。手には持ち主と同じくらい汚れてよれよれになったピンク色の100ルピー札の束があり、その札をふってみせてから、僕のシャツ《カミーズ》の胸ポケットに押しこんだ。

僕はあっけにとられてハーンを見た。「学校のためですよ！」ハーンは僕の耳もとで怒鳴った。「すべては神の思し召し《インシャッラー》のままに。もっとたくさんの学校が建てられますように！」

ほかにも何十人ものワジリスタンの男たちが、かわるがわる銃を撃つのをやめて僕を抱きしめ、ヤギの肉の切れはしを持ってきてくれたり、ルピー札をくれたりした。夜が明ける頃には、僕の胃袋もシャツ《カミーズ》のポケットもふくらみ、8日間心に抱き続けていた恐怖が消えていることに気づいた。

僕も恐る恐る祝宴に加わった。8日間のばしっぱなしのひげに、ヤギの脂がしたたり落ちる。とっくに忘れたと思っていたタンザニアの踊りのステップが飛び出し、ワジール人の間からはやし声があがった。

僕は自由を感じ、幸福感に包まれ、心のおもむくままに踊った。

CHAPTER

# 14

# 世界のつりあい

*Equilibrium*

生と死の争いは、いまや克服された。あがいたり、つき進んだり、逃げ出したりする必要はない。もはや、入れ物も、中に入れるべきものもない。すべてはめくるめく無限の自由に還元される。

——from The Warrior Song of King Gesar

叙事詩『ゲセル王の戦いの歌』より

新しい小型車が、モンタナの僕の家の前にとまっている。泥だらけで、もとの色がわからないくらいだ。ナンバープレートには〝ベビーキャッチャー〟と書かれている。

居心地のいい家に足をふみ入れる。こんなにおもむきのある古い家が自分のものだなんて、いまだに信じられない。タラに頼まれた食料品の袋を台所のテーブルにおく。新鮮な果物に、ハーゲンダッツのアイスクリームが6種類。タラはどこだろう。

タラは2階の寝室ででっぷりとした女性といっしょだった。「お帰りなさい。こちらは助産師のロバータさんよ」タラはベッドにうつぶせたまま言った。僕がパキスタンから3ヵ月ぶりに帰ってきてから1週間。小柄なタラのおなかが、熟しすぎた果物のような姿をしていることにいまだなじめない。ベッドのはしに座っているロバータにちょっと頭をさげる。

「お世話になります」

「こちらこそ、どうも」ロバータはモンタナなまりの言葉で答え、「どこで出産するかなんですが、タラさんはこのベッドで出産したいとおっしゃいます。私も賛成です。この部屋は落ち着きますから」

「ええ、お願いします」僕はタラの手をとった。それがいい。タラが入院しなくてすむのはうれしかった。ロバータは電話番号を教えてくれて、陣痛がはじまったら昼でも夜でもすぐに電話するように、と言ってくれた。

その週は、ずっとタラにつきまといあれこれ世話をやいた。が、タラにはかえってうっとうしかったらしく「ひと眠りしたいから散歩にでも行ってきて」と追い出されてしまった。荒涼としたワジリスタンと、木々に囲まれたこの町の秋とではあまりにもちがいすぎて、言葉にならないくらいだ。こうして家のまわりの並木道をのんびり歩き、手入れのいきとどいた公園で犬にフリスビーを投げている大学生たちを見ていると、息苦しい部屋ですごしたあの8日間が嘘のようだ。

＊

あれから、僕はペシャワールの町のホテルに無事もどった。ポケットには、ワジール人たちからもらった100ルピー札が約400ドル分つまっていた。タラの写真を持って電話局に行き、それを見つめながら電話をした。アメリカは日曜の真夜中だった。

タラはまだ起きていた。

「もしもし、タラ？　僕だよ、無事だよ」雑音を通して叫んだ。

「どこにいたの、何があったの？」

「捕まってたんだ」

「捕まってた？　どういうこと？　政府に？」タラはおびえた。

「うまく説明できないんだけど」これ以上怖がらせたくなかった。「でも、これから帰る。2、3日したらつくから」

それから3つの便を乗り継いで家に帰るまでの長い道のりで、何度も何度も財布からタラの写真を取り出し、薬を飲むようにじっくりと見つめた。

後日タラはこの日のことをこう振り返る。

「帰国予定日をすぎても連絡がないから、また時間の感覚をなくしてるんだわ、と思ってた。でも1週間したら、さすがにどうしたらいいかわからなくなった。国務省に連絡しようと思ったけど、あなたがいたのは立ち入りが制限されている地域だったから、国際問題にもなりかねなかったし。身ごもったまま ひとりきりで残されて、何も頼れるものがないような気がしたわ。あらゆる恐怖を味わったんじゃないかしら。グレッグは死んだかもしれないって思いはじめようとしていた頃、ようやく電話があったの」


フェアモント・ホテルでの運命的な出会いからちょうど1年後、タラの陣痛がはじまった。僕が選んだチベットのお経のテープが流れる中、アミーラ・エリアーナ・モーテンソンがこの世界にやってきた。「アミーラ」は、ペルシア語で「女性の指導者」という意味。「エリアーナ」はキリマンジャロの少数民族の言葉で「神の贈り物」という意味。僕の大切な妹、クリスタ・エリアーナ・モーテンソンにちなんだ。

助産師が帰った後、ベッドに横になり、妻と娘をいたわるように抱きしめた。

ハジ・アリからもらった色とりどりのお守り《トマル》を娘の首にかける。それから、生まれて初めて買ったシャンパンを開けようとしたが、なかなかうまくいかない。「私がやるわ」タラは笑って、僕に娘を渡した。タラがシャンパンのコルクをぬく間、自分の大きな手で娘の小さなやわらかい頭をおおってみた。幸福感が押し寄せ、目に涙が浮かんできた。信じられない。灯油くさいあの部屋ですごした日々と、並木道に面したこの家の寝室で、家族と幸せにくつろいですごしているこのひとときが、どちらも同じ世界の一部だなんて。

「どうしたの？」

「シーッ」あいている方の手でタラの額のしわをなで、シャンパンのグラスを受け取った。「何も言わないで」

シアトルから電話があった。そして世界は絶えずつりあいをとるように歩み続けているのだと思い知らされた。

電話の向こうのジャン・ヘルニは「一体いつになったら完成した学校の写真が見られるのか？」と聞いてきた。僕は誘拐されたことや、生まれたばかりの娘と何週間かすごしたらまたパキスタンにもどるつもりだと答えたが、ヘルニがあまりにもしつこく気にするので、何か理由でもあるのか聞いてみた。ヘルニはかっとなったが、教えてくれた。骨髄繊維症という、白血病がさらに重症になったような病気だと診断されたという。もう先も長くない。

「死ぬ前にあの学校を見ておかねばならん。できるだけ早く写真を持ってくるんだぞ」

のどがつまりそうだった。ヘルニは頑固でひねくれたところがあるが、なぜか僕に希望を託してくれるらしい。

＊

その秋のコルフェ村は天気には恵まれたが、例年より早く寒さが訪れた。

村人たちは早々と屋上からおりて、煙たい火を囲んですごした。たった数週間で家族と別れるのはつらかったが、ヘルニとの約束を守りたかった。毎日、僕と村の男たちはシャツ《カミーズ》の上から毛布をまきつけて学校にのぼり、やっと最後の梁をはめこむ段階までできた。雪が降ってくるとまた作業ができなくなってしまう。僕は空をにらみ続けた。

トワハは、僕がコルフェ村の寒さにあっさりとなじんだのでおどろいた。

「僕たちはずっと、あの人は大丈夫だろうかと心配していた。けど良かった。グレッグ先生は母が出す食事は何でも食べるし、バルティ族みたいに煙たい部屋で動物たちといっしょに寝る。何ていうか……特殊なヨーロッパ人なんだね」

ある晩、僕はハジ・アリに自分が誘拐されたことを打ち明けた。

ハジ・アリはちょうど食後の噛みタバコ《ナスワル》を口に含んだところだったが、すぐにタバコを炉の火の中に吐き出した。

「ひとりで行ったのかね！」ハジ・アリは大声をあげた。

「村の長老にもてなしてもらうよう言っておったのに！」

何も言い訳はできなかった。

「わしから何かひとつだけでも学ぶことがあるとしたら、この言葉だけだ。『パキスタンでは、どこであれ、ひとりで行ってはならん』約束してくだされ」

「お約束します」

これまでもハジ・アリとはいろいろな約束をしたが、それがもうひとつ増えた。

ハジ・アリは新しい噛みタバコ《ナスワル》を口に入れ、ほおの内側でやわらかくしながら言った。「次の学校はどこに建てる？」

「僕としては、フシェ渓谷に行って、いくつか村を見てから、どなたかに……」

「もう少し申しあげてもよろしいか」

「もちろんです」

「それは我々に任せてくれんか。ブラルドゥ渓谷一帯の長老たちを集めて聞いてみよう。どの村が学校のために、土地と労働力を提供する気があるか。そうすればまるでカラスみたいに、バルティスタン中を飛び回らなくてすむだろう」

村から村へ、谷から谷へ、関係を築いたところから少しずつ手を広げていく。そしてワジリスタンのように、何も知らない土地をいきなり訪れるようなことはしない。

バルティ族の老人は、発展途上地域を開発する上で、最も重要なことを教えてくれた。

*

12月のはじめ、コルフェ小学校の窓はすべてはめこまれ、4つの教室には黒板がしっかりすえつけられた。

あとは、屋根となる波型の金属板を打ちつけるだけだ。だが板のはしはするどくのこぎりの歯のようだし、それが谷間を吹きぬける風で飛んでしまう。僕は救急箱を用意して、当たった板でけがをした人の手当てをしていた。けが人はもう5、6人くらい出ていた。

メンバーの1人、イブラヒムが屋根の上にいた僕を呼ぶ。

急いで治療をしてもらいたいらしい。イブラヒムはポーターで体格がいい。どこをけがしたのか調べようとしたら、イブラヒムは僕の腕をつかみ、自分の家へひっぱっていった。「うちのやつなんです。赤ん坊も弱ってまして」とても心配そうだ。

イブラヒムの家はコルフェ村ただひとつの店でもあり、お茶や石けん、タバコなど村の生活必需品をそろえている。

イブラヒムの妻ロキアは、心配そうな家族と騒がしいヒツジに囲まれて、馬小屋に横たわっていた。ロキアは2日前に女の子を産んだが、それからずっと具合が悪いという。馬小屋には、すえた肉のにおいがただよっていた。灯油ランプの光でロキアを診察した。寝床にしている干草は血で汚れている。イブラヒムの許しを得てロキアの脈をとってみると、危険なほど早かった。顔は土気色で、意識がない。出産後に胎盤が排出されなかったらしく、からだの中にばい菌が入りこんでいる。このままでは死んでしまうかもしれない。

ロキアの妹が悲しみにくれ、生まれたばかりのぐったりした女の子を抱いていた。この子も死にかけている。家族の人たちは、ロキアが毒を盛られたと思い、赤ん坊に母乳を与えなかったのだ。だがむしろ授乳することで子宮が刺激され、胎盤の排出がうながされる。家族には、赤ん坊にロキアの乳を飲ませるように伝え、ロキアには抗生物質を与えた。子どもは少し元気になったが、ロキアの方はその日ずっとわらの上に横たわったままで、ときたま意識がもどると、苦痛でうめき声をあげた。

何をすべきかはわかっていたが、イブラヒムがそれをどう思うか心配でならなかった。僕はイブラヒムをわきに呼んだ。イブラヒムはコルフェ村の中でも特に外の世界になじんでいた。髪の毛を長くのばしてひげをそり、ポーターとしていっしょに山に登った西洋人たちのスタイルをまねていた。それでも、バルティ族であることには変わりない。僕はロキアを助けるには、子宮に手を入れて胎盤を取り出さなければならない、と静かに説明した。

するとイブラヒムは温かい手で僕の肩をたたき「必要なことをやってほしい」と言った。

イブラヒムが灯油ランプをかかげる前で、僕はお湯を沸かして手を洗い、ロキアの子宮に手を入れ、腐敗した胎盤を取り出した。

次の日、学校の屋根から見ていると、ロキアが元気になった赤ん坊を毛布にくるんで大切そうに抱え、あやしながら村を歩き回っている姿が目に入った。

バルティ族にとって外国人で異教徒の僕に、自分の妻に対してあのようなふるまいを許すのは、かなり思い切ったことだ。そこまで信頼してくれたことが、うれしかった。

その日以来、コルフェ村の女性たちは僕が家の前を通りかかると、空中に手をのばして輪をえがき、僕の行く道を祝福してくれるようになった。

1996年12月10日。トワハ、フセインをはじめ、手伝ってくれた大勢の仲間といっしょにコルフェ小学校の屋根にのぼり、最後の釘を打ちこんだ。

完成だ。

荒れて赤くなった僕の手に、その年最初の雪が舞いおりる。校庭から見守っていたハジ・アリが歓喜の声をあげた。

「全能なるアラーに、学校ができるまで雪を降らせぬようお願いしておった！　無限の知恵で、アラーは願いを叶えてくだすった。さあ、みんなおりた、おりた。お茶にするとしよう！」

その晩、炉の火が明るく燃える中、ハジ・アリはたんすの鍵を開けて、水準器と測鉛線、そして台帳を返してくれた。それから台帳をもう1冊くれた。開いてみると、何ページにも渡って数字がきっちりと並んでいる。これはおどろいた。ジャン・ヘルニにも堂々と見せられる。学校に使ったお金は1ルピー残さず記録されていた。石材、釘、板、賃金もすべて。植民地時代の、イギリス式の会計方法だった。僕がやるよりも、ずっときちんとした記録ができていた。

ブラルドゥ渓谷をくだり、我が家をめざした。ジープで吹雪の中を走る。カラコルムはもうすっかり冬になっていた。運転手は片目に義眼を入れた年配の男で、数分ごとに車の外に手をのばし、ワイパーのない窓をおおう氷を取りのぞいた。ジープはがけ沿いの凍った岩棚を走る。あたりは真っ白で、がけ下にあるはずのブラルドゥ川も見えない。運転手はしばしば手をハンドルから離して天に向け、この吹雪からお救いくださいとアラーに祈る。そのたびに、乗客たちは冷や冷やしながら身を寄せあった。

＊

時速80キロの風と、横なぐりに吹きつける雪。道が見えない。

大きな手でボルボのハンドルを握り、道からそれないように必死だった。

ジャン・ヘルニが入院しているアイダホ州の病院には、7時間程度でつくはずだった。12時間前に我が家を出たとき、雪は枯れ木の間をちらほら舞っているだけだった。それが午後10時になった今では、荒れ狂う吹雪に足どめされている。目的地まではまだ100キロ以上もある。

アミーラが眠っている後部座席をちらりと見た。バルティスタンで僕が吹雪の中を行くなら、まだ許せる。

だが死にかけている男に写真を見せるために、妻と子どもを吹雪のまきぞえにするなんて、自分が許せない。しかも、ここはタラの父親が自動車事故でなくなった場所からほんの数キロしか離れていない。

道をはずれて看板の陰に車を寄せ、吹雪がやむのを待つことにした。早くヘルニのところに行こうと急いだあまり、ラジエーターに不凍液を入れるのを忘れてしまっていた。いったんエンジンを切ったら、もうかからないかもしれない。どんどん減っていくガソリンを気にしながら、眠っているタラとアミーラを見守り続け、2時間経ってようやく吹雪がおさまった。

眠そうなタラとアミーラをヘルニの家で降ろし、僕は病院に向かった。この病院は近くのスキー場でけがをした人のために作られたもので病室は8室しかなかったが、スキーシーズンがはじまったばかりのこの時期、7室は空だった。僕は受付で居眠りしている夜勤の看護師の前をしのび足で通りぬけ、廊下の奥の右側、光がもれている部屋へ向かった。

ヘルニはベッドの上でからだを起こしていた。午前2時だった。

「遅刻だぞ。いつものことだが」ヘルニは言う。

僕はおずおずと部屋に入った。ヘルニの症状があまりにも早く悪化していたのがショックだった。顔はもともと引きしまっていたが、今では骨と皮だけになってしまい、まるで骸骨がしゃべっているようだ。「具合はいかがですか？」僕は肩に手をおく。

「写真は持ってきたか？」

ヘルニの足を痛めないように気をつけながら、荷物をベッドの上にそっとおろした。ほんの1年前まで元気にチベットの山を歩き回っていたこの足は、今ではすっかり弱々しくなっている。茶封筒をヘルニのごつごつした手に渡し、封筒を開けるヘルニの顔を見守った。

ジャン・ヘルニは震える手で、僕が用意した六つ切り（B5くらい）の写真を取り出した。コルフェ村を離れる日の朝に撮った、コルフェ小学校の写真だ。

「すばらしい《マニフィック》！」ヘルニは満足そうにうなずきながら、バターのように黄色い学校の壁や、ぬったばかりの赤い窓枠をじっくり見つめ、これからこの学校の生徒となる、粗末な服を着て笑顔を浮かべた70人の子どもたちを指でなぞった。

ヘルニはすぐさまベッドのわきの受話器を取りあげ、夜勤の看護師を呼びつける。看護師が入り口に現れると、かなづちと釘をもってこい、と言った。

「何のためにですか？」寝ぼけ眼の看護師は言う。

「写真を壁に飾るんだ」

「すみませんが、それはできません。規則ですから」看護師の声は、重病人のヘルニをなだめようとおだやかな口調で答えた。

「それなら、この病院を買い取ってやる！」ヘルニは看護師を怒鳴りつけた。「さっさとかなづちを持ってこい！」

しばらくして、看護師は大きなホッチキスを持ってもどってきた。「こんなものしか見つかりませんでした」

「あいつを片づけて、こいつを飾れ」僕はヘルニの命令で、壁にかかっていた〝毛糸玉で遊ぶ2匹の子猫〟の水彩画をフックからはずし、絵がかけてあった釘を引きぬき、ヘルニがよく見える位置に、コルフェ小学校の写真をホッチキスでとめた。ひと打ちするたびに、壁のしっくいが飛び散った。

ふり返ると、ヘルニは電話を取り、国際電話をかけようとスイスの番号を伝えている。「よお」電話の相手は彼の幼なじみらしい。「俺だよ、ジャンだ。カラコルム・ヒマラヤに学校を建ててやったぞ」ヘルニは得意げに言った。「そっちは、この50年間で何かしたかね？」

ヘルニはふるさとのスイスにも家を持っていた。だが最期をむかえる場所として選んだのはシアトルだった。クリスマスの頃、ヘルニはシアトルのピル・ヒルの上に立つバージニア・メイソンという病院に移された。天気のいい日には、個室の窓からエリオット湾やオリンピック半島の山々の頂が見えた。だがどんどん健康状態が悪くなっていく中、ヘルニが飽きずに眺めていたのは書類だった。

ジャン・ヘルニは、人生最後の数週間、遺言を書き直しながらすごした。いつもベッドわきのテーブルに遺言状をおいて、すぐに見られるようにしていた。誰かに腹を立てると（たいていいつも誰かに腹を立てていたが）、黒くて太いマジックを取り出して、遺言状から名前を消した。それから昼であろうと夜であろうとかまわず弁護士に電話して、その相手に絶対に遺産が渡らないようにした。

ぼくはもう一度だけ、夜勤の看護師として働くことにした。モンタナに家族を残して1日中ヘルニに付き添い、風呂に入れたり、マットレスを取りかえたり、カテーテルを挿入したりした。ヘルニの最後の日々を、自分の手で心地良いものにすることができるのがうれしかった。

僕はコルフェ小学校の六つ切りの写真をもう1枚持ってきて、額に入れてベッドのそばに飾った。それから、この前パキスタンに行くときにヘルニが買ってくれたビデオカメラを病院のテレビにつなぎ、コルフェ村の生活風景を見せた。

ヘルニは、おとなしく死のうとはしなかった。死ななければならないことに腹を立てていたのだ。だがベッドに横になって僕の手をとり、コルフェ村の子どもたちがかわいらしい声で「メリーさんのヒツジ」をたどたどしく歌っている姿を見ていると、そんな怒りも消えていく様子だった。

ヘルニは、死を目前にした人とは思えないほどの力で僕の手を握り、「息子のように思っている」と言った。ヘルニの息は、甘いケトンのにおいがした。死ぬ直前の人は、よくこのにおいをさせている。もうあまり長くないのだと思った。

後で知ったことだが、ヘルニは入院する直前、ＣＡＩに１００万ドルを寄付してくれていた。

１９９７年元日、僕がカフェからもどってみると、ヘルニはカシミヤのスーツを着て、腕から点滴の管を引きぬいていた。「数時間、アパートにもどらにゃならん。リムジンを呼んでくれ」

僕は病院のスタッフを説き伏せてヘルニのことを任せてもらい、黒いリムジンを呼び、ワシントン湖のほとりにあるヘルニのアパートに行った。ヘルニは受話器も持てないほど弱っていたので、僕に革表紙の住所録を渡し、長年会っていない友人たちに花を贈るように手配させた。

「よし」ヘルニは花を頼み終わると言った。「これで死ねる。病院にもどるぞ」

１９９７年1月12日、将来を見通す力を持ち、半導体産業とＣＡＩの設立に大きく貢献したヘルニは、その長く波乱に満ちた生涯を終えた。

翌月、僕は生まれて初めて上等なスーツを買い、スタンフォード大学の礼拝堂で行われた追悼式に参加した。ヘルニのおかげで発展したシリコンバレーの中心にあるこの場所で、僕はヘルニの家族や同僚たちの前で弔辞を述べた。

「ジャン・ヘルニは先見の明を持っていました。技術に新風をもたらし、21世紀への道を切りひらきました。けれどもあえてうしろをふり返り、何世紀もの間、昔とまったく変わらない生活をする人々に手をさしのべたのです。彼のような才能の持ち主とは、もう二度と出会うことはないでしょう」

CHAPTER

# 15

# 多忙な日々

*Mortenson in Motion*

打ちおろされるかなづちではなく、たわむれる水こそが
小石を完全なるものに歌いあげる。

——ラビンドラナート・タゴール

午前3時。自宅の地下。ランドリールームを改装してつくったＣＡＩの〝事務所〟に、連絡が入った。

〝チャクポという村の宗教指導者《ムッラー》がグレッグ先生に対して勧告《ファトワ》を出しました〟

スカルドゥの町からだ。会計係のグラム・パルヴィが最近、村に引いた電話で伝えてきた。

「こいつはイスラム教徒などではありません！」グラムはまくし立てる。「金のことしか頭にない悪党です！　勧告《ファトワ》を出す権限なんてありもしないのに！」

〝ファトワ〟とは、イスラム教の法学者が宗教的な立場からしめす勧告や見解だ。法的効力はないが、イスラム教徒に大きな心理的影響をおよぼすという。

グラムが毒づく様子から、勧告《ファトワ》が出されるということがどんなに重大な問題か察しはついた。だがここは地球の反対側で、僕はパジャマ姿で、寝ぼけ眼のまま、暖房のふきだし口に冷えた素足を当てている。こんな状態では考えられない。

「何とか解決してもらえないかな？　その宗教指導者《ムッラー》と話し合うかして」

「いいえ。こちらにきてくださらないとだめです。金の詰まったかばんでも持っていかないかぎり、私なんかに会ってくれません。それとも金を用意しますか？」

「わいろを払ったことはないし、これからも払うつもりはないよ」グラムが気を悪くしないよう、あくびをかみ殺しながら答えた。「そいつよりもっと力のある宗教指導者《ムッラー》と話をしようよ。誰か心あたりは？」

「ないことはありませんが。明日のご予定は？　同じ時間でよろしいですか？」
「ああ、明日、この時間に。さようなら《フダー・ハーフィズ》」
「アラーがお守りくださいますように」グラムは電話を切った。

僕は13時間の時差にしたがって生活するようになっていた。夜の9時、パキスタンに〝モーニングコール〟をかけてから眠り、午前2時か3時ごろに起き出して、パキスタンの1日が終わる前に電話をかける。

僕はCAIの会長としての仕事に没頭した。1日に5時間以上眠ることもほとんどなかった。足音をしのばせて台所に行き、コーヒーを入れて地下室にもどる。そしてその日最初のメールを書きはじめた。

宛先：
CAI・理事各位
件名：
グレッグ・モーテンソンにファトワ出される。

本文：

こんにちは！

ＣＡＩ・パキスタン支部の新しいプロジェクト・マネージャー、グラム・パルヴィさんから電話がありました（グラムさんいわく〝おかげさまで電話は役に立っています〟とのこと）。

グラムさんによると、どこかの村のムッラーが僕にファトワを出しました。我々が女子教育の機会を作ろうとしていることが気に入らないらしく、これ以上パキスタンに学校を建てられないように動いているそうです。そして山あいの小さな村では、ムッラーと呼ばれる指導者が（たとえ心がひねくれていても）パキスタン政府よりも大きな力を持っています。

グラムさんは「わいろを払いますか？」と聞いてきました（まっぴらごめん、と回答済み）。とにかくこのムッラーは我々の大きな悩みの種になりそうです。

現在グラムさんには、そいつよりも大きな力を持つ人物に、味方になってもらえないかどうか、調べてもらっています。

結果がわかったら、あらためて連絡する予定です。

ただ少なくともこの問題を片づけるため、至急現地におもむく必要がありそうです。

すべては神の思し召し《インシャッラー》のままに
平和を祈って。グレッグより。

ジャン・ヘルニは、CAIには100万ドル近い資金を、僕には2万2315ドルを残してくれていた（パキスタンで僕が自腹を切った額はそれくらいだろうと考えたらしい）。

そしてCAIの理事を引き受けてくれたメンバーは次の通りだ。

ジャン・ヘルニの未亡人ジェニファー・ウィルソン。呼吸器専門医であり登山家である旧友トム・ヴォーン。モンタナ州地球科学省の議長、アンドリュー・マーカス博士。そしてジェニファー・ウィルソンのいとこ、ジュリア・バーグマン。

みんなもともとゆかりのあるメンバーだったが、最後のジュリア・バーグマンとの出会いはまさに奇跡的なものだった。

1996年10月、バーグマンは友人とパキスタンを旅行した。そしてK2の姿をひと目見ようとヘリコプターをチャーターし、スカルドゥの町を飛び立ったそうだ。

帰り道、ヘリの操縦士から「このあたりの村を訪ねてみたら?」とすすめられるがままに着陸した場所がコルフェ村のすぐそばだった。そこへ子どもたちが大勢集まってきて、手をひかれ、「最近新しくできた」という場所へと連れていかれた。そこにはアメリカ人が作ったという、黄色い学校があった。

「正面に刻まれた名前を見て、いとこの旦那が寄付した学校だと気づきました」バークマンは興奮ぎみに話した。「ヘルニがヒマラヤのどこかに学校を建てようとしているという話は聞いていました。

でも何千キロにも渡る山脈の中、よりによってその場所に着陸するなんて単なる偶然とは思えなかった。私は特に信心深いわけではありませんが、何か理由があって導かれたような気がして」

数ヵ月後、ヘルニの追悼式で突然話しかけられた。「行ってきたんですよ！」初対面の人にいきなり抱きつかれて戸惑った。「あの学校、見てきました！」

「え？　じゃあヘリコプターでやってきた金髪の女性っていうのは、あなたのこと？」信じられず、何度も首をふる。「コルフェ村の人からそう聞いていたんだけど、まさかと思って」

「これも何かの縁です。私にお手伝いできることはありませんか？」

「どうかな」僕は考えた。

「お願いできることがあればいいんですが。今は本を集めて、コルフェ村の学校に図書室を作ろうとしているところです」

バーグマンは運命の力を感じながら答えた。

「私、司書なんです」

バーグマンをはじめ理事たちにメールを送ったあと、何人かにチャクポ村の宗教指導者《ムッラー》について助言を求める手紙を書いた。それから、壁ぎわに積まれた本の山からずっと探していた本『ファヒール』を見つけた。『ファヒール』は現代社会におけるイスラム法の適用について書かれた本で、ペルシア語から訳されたものだ。

熱心に読みふけり、4杯目のコーヒーを飲み終わったころ、上から台所を歩き回るタラの足音が聞こえてきた。タラはカフェラッテの入った大きなマグカップをテーブルに置いて、アミーラに母乳を飲ませていた。こんなにおだやかな光景を、こんな報せでぶち壊すのは気が進まない。だが僕はタラにおはようのキスをしてから言った。「予定より早く出かけることになりそうなんだ」

*

霜のおりた3月の朝。

スカルドゥの町で僕と仲間たちは、本部がわりにしているインダス・ホテルのロビーにいた。

インダス・ホテルは、チャンガジの住居とガソリンスタンドの間にあって、イスラマバードに引き返す大型トラックがすぐそばを走りぬけていく。僕たちにぴったりなホテルだった。大通りに面しているし、清潔で値段も手ごろ、飾り気もない。

ロビーには登山家たちの写真が飾られたボードがあり、その前に無造作におかれた木製の長テーブルでお茶会をひらいていた。この町で仕事をする上で、お茶会は欠かせない。

この朝、僕は8人の仲間とテーブルを囲んでいた。ホテルで出される上等のチャパティに中国産のジャムをぬってほおばりながら、グラム・パルヴィ好みの（つまり恐ろしく甘ったるい）ミルクティーを飲む。

僕はつくづく感心していた。パキスタンの北のはずれから、よくこれだけの顔ぶれが集まったものだ。彼らははるかかなたの谷間にある、電話もない村からやってきている。ジープの運転手にお茶会の日時を書いたメモを託してから、相手がくるまでにはだいたい1週間くらいかかった。

160キロ東のフシェ渓谷からはムザファが、友人のアポ（じいさん）・ラザクと呼ばれている人物を連れてきていた。アポは長年ポーターとして働いていて、ベースキャンプの料理人として名が通っている。

アポのとなりでは、ハジ・アリとトワハが朝食をほおばっている。ふたりとも見るからにうれしそうだ。まだ深い雪に閉ざされている、真冬のブラルドゥ渓谷から出てこられたからだろう。

それから、ついさっき到着したばかりのファイサル・バイグ。米国ヒマラヤ財団の理事ジョージ・マカウンのガイドだった男だ。彼は西のアフガニスタンとの国境に近いチャルプルソン渓谷から、320キロ近くもの距離を越えてやってきた。

バスに乗り、カラコルム・ハイウェイを48時間かけてやってきた僕は、新しい仲間として、ラワルピンディの町でタクシーの運転手をしていたスルマン・ミンハスという男を連れてきていた。あの誘拐事件の後、イスラマバードの空港でたまたま乗ったタクシーで知り合ったのがスルマンだった。

タクシーに乗っている間に、ワジリスタンで僕が誘拐された話をすると、運転手のスルマンは「同じ国民として、お客をそのようなひどい目にあわせるなんて許せない」と言って腹を立てた。腹を立てた勢いで、イスラマバードの安くて安全なゲストハウスを紹介してくれた。それまでの常宿だったハイヤバン・ホテルの周辺は、異なる宗派同士の争いがはげしくなっていて、金曜日《ジュマ》の礼拝が終わるたびに、爆弾テロが起こるようになっていたからだ。

それからスルマンは僕に興味を抱き、毎日やってきては、袋に入ったお菓子や、僕がワジリスタンで拾った寄生虫を退治する薬を持ってきてくれた。大好きなカブール風バーベキューの屋台にも連れていってくれた。

帰りの空港に向かう途中、警察が道路を封鎖していたが、スルマンが警察に愛想よく話しかけたことで、すんなり通してもらうことができた。それで僕は飛行機に乗る前に決めた。スルマンにCAIの〝フィクサー〟になってほしいとお願いしたのだ。

インダス・ホテルのロビーで、スルマンは仏像のようなほほえみを浮かべて僕の隣に座っている。僕がアメリカから持ってきたタバコをうまそうにふかし、出っ腹の上で腕を組みながら、タクシー運転手の都会生活について話し、場のみんなを楽しませていた。

スルマンはパキスタンでは多数派を占めるパンジャブ人で、山岳地方にくるのはこれが初めてだったが、ほかのメンバーがウルドゥ語も話せることに安心したのか、おしゃべりが止まらない。

ガラス窓のむこうを、白い服を着たモハンマド・アリ・チャンガジが通りすぎるのが見えた。

わし鼻のアポ・ラザクは、その姿を見てにやっと笑い身を乗り出す。最近、スカルドゥの町にきていたドイツ人の姉妹ふたりをチャンガジが征服したという噂話をはじめた。

「なるほど、あの人は信心深い方のようだ」スルマンは大きくうなずきながら、おどけてみせる。

「きっと1日6回祈るのでしょう。毎日ここを6回清めるために」と太もものあたりを指さした。

テーブルにいたメンバーはどっと笑い声をあげた。僕は安心した。一見ちぐはぐな取りあわせだが、このメンバーを選んだのは正しかったようだ。

ムザファ、そしてコルフェ村のハジ・アリとトワハ、スカルドゥの町のグラム・パルヴィと石工のマフマル。彼らはシーア派だ。またインド支配下のカシミールから逃れてきたアポ・ラザクはスンニ派。スルマンもスンニ派。そして、たくましくて頼りがいのあるボディガード、ファイサル・バイグはイスマーイール派。

みんな笑いながら、いっしょにお茶を飲んでいる。異教徒の僕と、イスラム教の3つの宗派。こうやってずっと協力していけるなら、どんなことだってできそうだ。

イギリスのモットーは「分割して、統治せよ」だったらしい。僕のモットーは「統一して、統治せよ」だ。

グラム・パルヴィは、あのときの怒りをとっくにおさめている。

彼は僕に出された〝勧告《ファトワ》〟について冷静にみんなに伝えた。そしてシーア派の指導者であるサイード・アッバース・リスヴィという人に、僕が会えるよう手はずを整えたと言った。「アッバースはいい方ですが、外国人を警戒しています。グレッグ先生が、イスラム教や私たちの習慣を尊重しているとわかれば、力になってくれるかもしれません。すべては神の思し召しのままに《インシャッラー》」

またチャクポ村の宗教指導者《ムッラー》と対立しているシャイフ・モハンメドという宗教学者が、CAIに寄付をしてくれたほか、世界中のシーア派の最高権威であるイランの宗教指導者たちに手紙を出し、僕に出された勧告《ファトワ》が有効かどうかの判断を仰いでくれたという。

続いてハジ・アリが口を開き、ブラルドゥ渓谷のすべての村の長老に会って話した結果、CAIが2番目に学校を建てる場所としてパホラ村を選んだと報告した。

そこはブラルドゥ渓谷下流にある村の中でも特に貧しく、村長のハジ・ムーシンはハジ・アリと親しい。

石工のマフマルは、コルフェ村の学校を建てるときに見事な腕前を見せたが、今度は自分のふるさと、ランガ村に学校を建てたいと申し出た。ランガ村はスカルドゥの町の郊外にある。自分の家族はみんな腕のいい石工だから、協力して工事を早く終わらせられる、と言った。

ヘルニがここにいたら、どんなに喜んだだろうか。

最初に学校を建てようとしたとき、僕が巻きこまれた誘致合戦について「悪く思ってはいけない」と言ったヘルニの言葉が、今でもはっきりと耳に残っている。「お前さんを丸めこもうとした連中の子どもだって、学校に行きたがっているんだ」

チャンガジの家の宴会で、僕はたまらず飛び出した。あのときに会った、ヤギ飼いの子どもたちが忘れられない。英語の「鼻」という言葉を伝えた瞬間、それをもっとよく知りたいという彼らの気持ちが痛いほど伝わってきた。

僕はチャンガジのふるさと、クワルドゥ村に学校を建てようと提案した。村の長老たちは、もう学校の土地を寄付することに同意済みだ。

「それで、グレッグ先生」と、グラムはペン先で帳面をたたきながら言った。「今年はどの学校を建てます?」

「全部」僕は答えた。

「すべては神の思し召しのままに《インシャッラー》」

＊

僕の人生はめまぐるしく動いていた。今では家族がいて、家もあり、犬もいるし、子どもはもっと欲しいと思っている。

学校をひとつ完成させ、怒った宗教指導者《ムッラー》におどされた。アメリカでは聡明な理事たちを集め、パキスタンではむさくるしいスタッフを集めた。リュックにはCAIのお金が5万ドルも入っているし、銀行にはもっとたくさんのお金がある。

パキスタン北部の子どもたちに対する無関心さは、スカルドゥの町を取りまく山々と同じように高く立ちはだかっている。その証拠のように出された勧告《ファトワ》は、突然のどもとに向けられた短剣のようだ。僕はあとどれくらいパキスタンで仕事ができるかもわからない。今こそ、ありったけの力で動くべきだ。

5800ドル出して、28年物のトヨタ・ランドクルーザーを買った。軍用車のような見た目で、低速トルクがあり、カラコルムのどんな過酷な道でも乗り越えていける。

運転手にはフサインという男を雇った。ヘビースモーカーだが、冷静で有能な運転手だという。彼は雇われるとすぐにダイナマイトをひと箱買い、助手席の下にしまいこんだ。途中、がけ崩れによって道がふさがれたら、政府が作業員をよこすのを待たずに爆破してしまおうというわけだ。

スカルドゥの商人たちとの値引き交渉のときは、会計係グラムと石工マフマルが僕の隣で厳しく目を光らせた。資材を十分に買うことができたおかげで、凍った地面さえとければすぐに、学校を3つ同時に建てはじめられる。

それから4月の霧雨が降りしきるなま暖かい日、ガソリンスタンドで、僕はシーア派の指導者、サイード・アッバース・リスヴィに会った。

グラムが「アッバースが僕に対する態度を決めるまで、公共の場で会った方がいい」と言って、ホテルに近いこのにぎやかな場所を選んだのだ。

アッバースは若い助手をふたり連れていた。どちらもふさふさとしたひげを生やし、アッバースを守るように付き添っていた。アッバースは背が高くやせていた。それからシーア派の学者らしく、ひげをきちんと刈りこんでいた。

イラクの神学校《マドラサ》で学んでいたときには、クラスで1、2を争うほど成績優秀だったそうだ。誇らしげな額の上には、いかめしい黒いターバンをきつくまいている。四角い古風な縁のめがねを通して、パキスタンの服を着た僕をしげしげと見ていたが、やがて手を差し出し、僕の手を握った。

「こんにちは。神の平和《アッサラーム・アライクム》があなたとともに」

僕は片手を胸に当て、うやうやしくおじぎした。「お会いできて光栄です、サイード・アッバース殿」僕はバルティ語で言葉をつないだ。「グラムから、あなたは聡明で、貧しき者への思いやりを持った方だとうかがっております」

「パキスタンには昔からよく、ヨーロッパ人がイスラムを倒すためにやってくる。あなたもそのひとりではないか不安でした」

握る手に力がこもった。

「子どもの教育のために、人生を捧げようとしている。あなたは異教徒だが、高貴な心の持ち主であることに変わりない」

サイード・アッバースはもう一度、僕の目を見据えた。
「お助けしましょう。できるかぎり」

僕がコルフェ村に学校を建てると約束し、実際に完成するまでに3年もかかってしまった。まちがえたり、失敗したり、遅れたからだ。だが今はちがう。僕は失敗から学んでいたし、実現する資金もあった。それに熱心に働いてくれるスタッフや、大勢の協力者もいた。

この年、CAIは3つの学校をたったの3ヵ月で完成させた。

石工のマフマルは約束を守った。石工の一家が先頭に立って働いたので、マフマルのふるさとランガ村の学校建設は急ピッチで進み、コルフェ村と同じ建物が10週間でできた。ひとつの建物を建てるのに何年もかけることが珍しくないこの地では、記録的な早さだ。

ランガ村はスカルドゥの町からたったの13キロしか離れていない。だが政府は、村の子どもたちに教育の機会を与えなかった。ランガ村の子どもたちは学費と交通費を払ってスカルドゥの私立学校に通うしかなかった。春の間がむしゃらに働いた結果、その運命は一変した。

ハジ・アリの友人、パホラ村の村長ハジ・ムーシンも、村に与えられた機会を最大限に利用した。経験はなくともやる気のある村人は全員集め、男たちには「学校ができるまで、ポーターの仕事を引き受けないでほしい」と頼んだ。その熱意にこたえた地元の土工たちは、軍からの仕事を断って学校建設に力を注ぎ、たった12週間で学校を作り上げた。パキスタンでも特にへんぴなこの村に、ポプラの木陰に立つ石造りの美しいU字型の校舎ができたのだ。パキスタン政府だったら、何年かけてもこんな立派な建物はできなかっただろう。費用だって倍はかけたはずだ。

チャンガジのふるさとクワルドゥ村の長老たちは、何としても学校を成功させるという意地を見せ、村のまんなかの土地を寄付してくれた。学校がいちばんいい場所に建てられるようにと、わざわざ2階建ての家を1軒壊したのだ。

チャンガジがかかわっただけあってクワルドゥ村の学校は、このあたりではまず見られないほど立派なものになった。学校が、村の中心にいつまでも誇らしくあるように。建物の基礎は180センチほどの深さに、壁は2倍の厚さになった。

*

春から夏にかけて、僕はランドクルーザーでバルティスタン中を駆けめぐる。

建設現場でセメントが足りないと聞けば届けにいき、屋根の梁がうまくすえつけられないと聞けば石工マフマルを連れてブラルドゥ渓谷をのぼり、学習机はスカルドゥの町の木材加工所に500台注文していたから、その進行具合もときどき見に行った。

どの学校も予定よりも早く完成することがわかり、僕はさらに新しい活動にも取り組んだ。トルグ・バラという村では50人以上の女の子たちがひとつの教室にぎゅうづめになっていたので、他の建設現場で余った資材を使い、教室をふたつ建て増した。

フシェ渓谷にあるムザファのふるさとハルデ村にも、学校を建てると約束していた。だがハルデ村に行く途中、近くのハンダイ村が問題を抱えていることを聞きつけた。

ハンダイ村には熱心な教師がいて、もう2年以上も政府から給料を受け取っていないにもかかわらず、92人いる生徒たちに教え続けているという。頭にきてしまった。僕は彼に給料を払った後、教師をあとふたり採用した。教師ひとりあたりが受け持つ生徒を適正な人数までさげたのだ。

そんなふうに僕があちこちかけずり回っている間、シーア派の指導者サイード・アッバースは、多くの人々から僕の評判を聞いていた。そこで彼はインダス・ホテルに泊まっている僕のところにわざわざ使いをよこし、自宅に招いてくれた。

豪華な応接間に僕とグラムと最高指導者サイード・アッバース。3人で高級なイラン製のじゅうたんの上にあぐらをかくと、アッバースの息子が、桃色の磁器に入れた緑茶と、風車の絵皿にのせたシュガークッキーを持ってきてくれた。

「チャクポ村の宗教指導者《ムッラー》と連絡を取り、勧告《ファトワ》を取りさげてほしいとお願いしました。断られてしまいましたが」サイード・アッバースはため息をつく。「あの男はイスラムの教えには従っていません。

自分の考えに従っているだけです。あなたをパキスタンから追い出そうとしている」

「もしも僕の行動がイスラムの教えに反するなら、もうパキスタンにくるなとおっしゃってください。お言葉に従います」

いや、とアッバースは首を振る。

「あなたはお仕事を続けてください。ですが、チャクポ村には近づかないことです。命が危ないとまでは言いませんが、万一ということもありますので」そして僕に封筒を渡した。「サイード・アッバースはあなたを支持している、と書いてあります。ほかの村の宗教指導者《ムッラー》たちには効果があるかもしれません」

*

チャクポ村は避けて、開校式の準備のためにコルフェ村を訪れていた。

屋上でハジ・アリをはじめいつものメンバーと雑談しているところへ、妻サキナと、フセインの妻ハワがやってきた。彼女たちは遠慮なく腰をおろし「話がしたい」と言う。ハワが先に口を開いた。

「子どもたちのためにいろいろとしてくださり、本当に感謝しています。さらに村の女たちからもお願いしたいことがあるのですが」

「何でしょう？」

「ここの冬はとても厳しいです。寒い時期は、動物のようにじっとしているばかりです。何もすることがありません。アラーがお望みなら、女たちが集まって、おしゃべりしたり、縫い物したりできる場所が欲しいのです」

サキナはいたずらっぽく夫ハジ・アリのひげを引っ張る。「それに、夫たちにわずらわされない場所もね」

8月、開校式の客がまもなくやってくるころ、ハワが中心になって進めた〝コルフェ村・女性職業センター〟がオープンした。場所は、ハジ・アリ家の裏にあった空き部屋を利用した。

女性たちは午後になると集まり、新しく買った手動式ミシンの使い方を習った。ミシン講座については、スカルドゥの町の仕立て屋に協力してもらった。布や糸もたくさんそろえてくれて、ミシンとともに注意深く〝上〟へ運んできてくれた。

バルティ族には、もともと豊かな手芸の伝統があり、それがちょっとした手助けでよみがえったのだ。ハワの思いつきで女性たちが生き生きと暮らせるようになった。それを見て、これからは職業センターも作ろうと決めた。

＊

僕はジープの一団を引き連れ、誇らしげにブラルドゥ渓谷をのぼっていた。緑のランドクルーザーには妻のタラが、まだ1歳にもならないアミーラをひざにのせ座っている。あとに続くのは警察官、軍の司令官、地元の政治家、それからCAI理事のジェニファー・ウィルソンとジュリア・バーグマンだ。バーグマンは学校の図書室のために、何ヵ月もかけてこの文化にふさわしい本を選んだ。

「あなたが何年も何年も、あんなに熱く語っていた場所を見られるなんて」タラは言った。「夢みたい」

コルフェ村の橋のたもとにジープをとめて、橋を渡っていく。

するとがけの上にいた村人たちが歓声をあげてむかえてくれる。小さな黄色い学校は、この日のために壁をぬりなおしてあった。近くまでいくと、パキスタン国旗が飾ってあるのがわかった。

開校式の日、コルフェ村の人たちの間で、娘のアミーラはひっぱりだこだった。金髪の小さな人形みたいだと言って、みんな彼女に触れたがった。

学校はぴかぴかにみがきあげられていた。

どの教室にも真新しい木の机が並び、床には、子供たちの足が冷えないよう、厚い絨毯が敷かれていた。壁には世界地図と、パキスタンの指導者たちの肖像がかかっていた。校庭をのぞくと、「ようこそみなさん」と手書きされた横断幕、その下に小さなステージが用意されていた。

照りつける太陽のもと、スピーチは何時間も続いたが、60人のコルフェ村の生徒たちは、地面に正座してしんぼう強く耳を傾けていた。

亡き夫のジャン・ヘルニもこの場に居あわせたかっただろう。という内容の原稿を、ジェニファー・ウィルソンは、あらかじめグラム・パルヴィに渡していた。グラムはその原稿をバルティ語に訳し、読み方を書いておいたので、ジェニファーはみんなに直接語りかけることができた。彼女は生徒たち一人ひとりに、新しい制服を手渡した。制服はどれもきちんとたたまれ、セロハンでくるまれていた。

生徒のひとりは言った。

「こんなにわくわくするのは初めて」

コルフェ村の子どもたちは、村の歴史上初めて、毎日風雨をしのげる場所で読み書きができるようになった。

僕はジェニファー・ウィルソンとともに橋へ行き、ヘルニが寄付してくれた橋からヘルニの遺灰をふりまいた。遺灰は風に乗って谷を舞い、ブラルドゥ川の速い流れに消えた。

それから家族といっしょにスカルドゥの町にもどった。すっかりなじみになったこの町をタラに見せて回ったり、グラムの家でごちそうになったり、町の南にある澄んだ水をたたえたサトパラ湖までハイキングしているうちに気づいた。

どうも、パキスタンの諜報機関ＩＳＩに尾行されているらしい。だが尾行している男は、身分がそれほど高くないようだ。尾行がへたすぎる。目立つ赤毛で、赤いスズキのバイクでうろうろしていれば、見逃しようがない。僕が角を曲がるたびに、またその男が現れる。タバコを吸って、僕に興味はないというふりをして。僕には隠すことなんて何もなかったから、そいつにそうわからせてやって、そのまま上司に報告させることにした。

ある日の午後、僕はタラとアミーラをランドクルーザーに残したまま、ミネラルウォーターを買おうとスカルドゥの町の市場《バザール》に向かい、その間にタラはアミーラに授乳していた。僕が車にもどると、若い男がランドクルーザーの窓に顔を押しつけ中をのぞいている。それを見たボディーガードのファイサル・バイグが僕より先に駆けつけ、その男をタラからは見えないようわき道に連れこみ、意識がなくなるまでなぐった。駆けつけてやめさせ、脈を取ってみた。まだ生きている。

病院に連れていこうかと思ったが、僕がそう言うと、ファイサルはうつぶせになったままの男につばを吐きかけ「このまま転がしておけばいい」と言った。「この悪魔《シエタン》め、死ななかったとは悪運の強いやつだ。もし死んだとしても、スカルドゥの町では誰も文句は言いませんよ」

後に知ったことだが、この男は〝グレッグ先生の奥さんに無礼なことをした〟という噂が広まったために村八分にされてしまったらしい。

コルフェ村の女性職業センターがうまくいったので、男たちからも「何か仕事をさせてほしい」と頼まれた。

そこでタラとアミーラを帰りの飛行機に乗せた後、パキスタンに残り〝カラコルム・ポーター訓練協会〟を作った。助けてくれたのはタラの兄ブレントだ。ブレントは亡き父と同じくエヴェレスト登頂に成功し、スポンサーにナイキがついていた。そのナイキを説得して、この事業のために資金と物資を提供してもらったのだ。

バルティ族のポーターたちは、地上で最も過酷な山岳地帯で勇敢に仕事を果たしている。だが登山の訓練を受けたことはない。

ムザファが登山隊の先頭に立ち、僕とブレントと80人のポーターは、バルトロ氷河をのぼった。わし鼻の料理長アポ・ラザクもいる。過酷な地で大勢の食事を用意する腕前にかけては、彼にかなう者はいない。

氷河ではブレントと僕が、応急処置やクレバスに落ちた場合の救助法、基本的なロープの使い方を教えた。登山シーズンのたびに破壊されていく、バルトロ氷河の環境を回復するための工夫もした。登山隊が去った後に残される〝凍った排泄物〟が減るよう、氷河に沿って石の便所を作った。

氷河をのぼる仕事を終えた後、ポーターは手ぶらで帰るだけだったので、リサイクルプログラムも立ちあげた。リサイクルできるものはスカルドゥの町に送り、ポーターたちは、回収したごみの重さに応じて報酬をもらえるようになった。そして最初の年だけで、K2、ブロードピーク山、ガッシャブルム山のベースキャンプから何トンもの空き缶やガラス、プラスチックのごみを回収することができた。

カラコルム高地の谷間が厳しい冬の寒さに閉ざされる頃、僕はアメリカにもどり、モンタナの地下室に帰った。勧告《ファトワ》が出されたのに、多くの仕事をやりとげることができた。なぜかわからないが、やればやるほど、やらなければいけないことがたくさん残っていることに気づいてしまう。

夜中にあわただしく電話をかけたり、メールを送ったり、コーヒーをがぶがぶ飲んだりしながら、頭の中はさらに何ができるか、どう動くべきか、あれこれ計画を立てはじめるのだ。

CHAPTER

# 16

# 赤いビロードの箱

*Red Velvet Box*

人間に限らず、生あるものはすべて、永遠の空のもとで長くは生きられない。最も美しい女性、最も教養のある者はおろか、アラーの声を直接聞いたムハンマドでさえ、老いて死んでいった。あらゆるものははかない。空はすべてを超えて生きる。苦しみさえも。

――バルティスタンの詩人でムザファ・アリの祖父、ボワ・ジョハール無情な使者が、南東に向かって進んでいくのが目に浮かぶ。

使者はイランからアフガニスタンに馬を走らせる。鞍袋に入っているのは、最高評議会の決定書だ。山岳地方の小柄な馬は、地雷だらけのショマリ平原を避け、ヒンドゥークシュの山道を越えてパキスタンにやってくる。

とめることはできないだろうか。途中で地すべりがあるとか、なだれが起きるとか。たどりつくまで何年もかかるといいのに。もし運ばれてくるのが最悪の知らせだったら、僕はもう二度とパキスタンに足をふみ入れることができなくなってしまうかもしれない。

だが実際、決定書の入った赤いビロードの箱は、シーア派の聖地であるイランのコムからイスラマバードまで郵送されてきた。スカルドゥの町までは飛行機で、そこからシーア派の最高指導者たちに送られ、公衆の前で読みあげられる。

最高評議会は、僕についての対応を考える一方、シーア派に対してアメリカ人が何をしているのか調べるためにスパイをよこした。

教えてくれたのはグラムだ。「知らない男がやってきて学校の時間割についてたずねていった、という報告が、あちこちの学校から届くようになりました。子どもたちをキリスト教に改宗させようとしているのか。西洋の乱れた生活を押しつけようとしているのか。そういうことを知りたがっていたそうです」

イランの宗教指導者《ムッラー》がグラムの家をいきなり訪れたという。「グレッグという異教徒が酒を飲んだり、イスラムの女たちを誘惑したりするのを見たことはあるか?」グラムは正直に答えた。「グレッグ先生が酒を飲むところは見たことがありませんし、結婚していて奥さんとお子さんを大切になさっています。バルティ族の娘に手出しするようなことなど決してありません。いつでも私たちの建てた学校を見学にきてください。おのぞみなら、今すぐにでも交通手段を手配いたします、費用は私どもが持ちます」と言った。相手は「学校は見てきた。時間をとらせて申し訳なかった」と丁寧にあいさつして帰ったそうだ。

ある日の朝早く、グラムがインダス・ホテルの僕の部屋にやってきて「呼ばれています」と伝えてくれた。

僕はひげをそり、5着に増えた泥色のシャルワール・カミーズの中で、いちばんきれいなものに着がえた。

パキスタンのシーア派の礼拝堂《モスク》はたいていそうだが、このイマーム・バラ・モスクも、外からほとんどその姿が見えなかった。まわりを囲んでいる高い塀は土でできていて、飾りはない。全力を礼拝堂《モスク》の内側に注いでいるようだ。ただひとつ、緑と青に彩られた尖塔についたスピーカーだけが、信者を集めるため、外の世界に呼びかけている。

僕たちは、庭を抜けてアーチのある戸口へ案内された。

ずっしりとした茶色のビロードカーテンをわきにのけて、礼拝堂《モスク》の中の聖なる場所に足をふみ入れる。今まで、入るのを許された異教徒はいない。僕は、反感をかわないよう気をつけて、右足で敷居をまたいで中に入った。

中は宗教指導者《ムッラー》の会議。8人が立っていた。みんな堂々としていて、黒いターバンをしている。サイード・アッバース・リスヴィがいかめしい様子であいさつしてきた。僕は最悪の事態を覚悟した。僕とグラムは美しい唐草模様のふかふかしたじゅうたんの上に座る。

アッバースはほかのメンバーにも輪になって座るよう合図する。そして自分も腰をおろすと、自分のひざの前に、赤いビロードの小箱をおいた。

アッバースは儀式にのっとって箱のふたを開ける。中からは、赤いリボンでまいた羊皮紙が出てくる。開き、僕の未来を読みあげる。流れるような美しい文字で書かれたペルシア語。それをサイード・アッバースは訳しながら読んだ。

「貧しき者に心寄せる者よ、我らが聖なるコーランは、すべての子どもは、娘や姉妹も含め、教育を受けるべしと述べている。そなたの気高き仕事は、貧しき者や病める者を気づかうべし、とするイスラムの至高の教えにかなうものである。コーランには、異教徒がイスラムの兄弟姉妹を援助することを禁ずる法は書かれていない。よって、パキスタンのすべての指導者に、そなたの気高き志をさまたげぬよう命ずる。我らの許可と祝福と祈りを受けられんことを」

サイード・アッバースは決定書をまきなおして赤いビロードの箱にしまい、ほほえみながら僕に手渡した。それから手を差し出した。

僕は会議のメンバー一人ひとりと握手をしながら、ぼう然としていた。

「つまり、これは……。それじゃ、あの勧告《ファトワ》は……」うまく言葉が出てこない。

「あんな小さな村の、了見のせまい人間のたわごとなど忘れてしまいなさい」

グラムはうれしそうに言った。

「イラン最高の宗教指導者《ムフティ》が祝福してくださったのです。もうシーア派の人間で、私たちの仕事を邪魔しようとする者はいないでしょう。すべては神の思し召し《インシャッラー》のままに」

サイード・アッバースはお茶を用意させた。任務を無事に終えて、くつろいでいるようだ。

「さて、別件でお話があるのですが」

*

この年の春、カラコルムの氷河から溶け出た水が谷全体を潤していくように、赤いビロードの箱に入った決定書の噂はバルティスタン中に広まった。

朝、インダス・ホテルのロビーでお茶を飲みながらの打ちあわせは、人数が増えてテーブルふたつでは足りなくなった。上の階の食堂に場所を変えた。打ちあわせ自体もだんだん騒々しいものになった。僕がスカルドゥの町にいる間、毎日のように使いの者がやってきて、自分の村もぜひと頼まれるようになった。最高評議会の承認を得るというのは本当にすごいことだった。

仕方なく、ホテルの調理場で食事をしている。ここなら「宝石を採掘する事業をはじめたいので金を貸してほしい」とか「村の荒れ果てた礼拝堂《モスク》を改修するための資金を提供してほしい」といった声にわずらわされることなく、オムレツや野菜のカレーを味わうことができる。

最初のうちは、全員と話そうとしてみたが、そうすると、それだけで1日が終わってしまう。押し寄せる依頼をふるいわけてやるべきプロジェクトを選び出さなければならない。

サイード・アッバースは、あちこちの谷あいの村に影響力を持っていて、どこで何が必要とされているかについて敏感だった。

「貧困から抜け出すために、長期的に考えれば、たしかに子どもたちを教育するしかない。だがバルティスタンの子どもたちは、もっと差し迫った危機に直面しています。チュンダという村では、子どもたちの3人に1人以上が1歳になる前に死んでしまう。衛生状態が悪く、きれいな飲み水がないのが原因です」

新たな任務を喜んで受け入れた。

子どもたちは学校に通う前に、まず生きていてもらわなければいけない。

僕はサイード・アッバースといっしょにチュンダ村の村長に会いに行き、村人たちの力を貸してほしいと頼んだ。すると近隣の4つの村の住民も、仲間に加えてほしいと申し出てきた。何百人もの作業員が1日10時間働いて溝を掘り、全長3600メートルの水道は完成した。全長3600メートルのパイプを使って、5つの村で、蛇口をひねれば新鮮な水が手に入るようになった。

僕はサイード・アッバースを尊敬し、その見識を頼りにするようになる。

彼こそ最も尊敬できる宗教指導者《ムッラー》のひとりだ。口先だけではなく、行動で人々の役に立とうとする。部屋にこもって本ばかり読んでいるわけではない。世界をより良い場所にするために、自分は働くべきだという信念を持っている。

サイード・アッバースのおかげで、チュンダ村の女性たちは、きれいな水を手に入れるために遠くまで歩く必要はなくなった。そして2000人が暮らす村の幼児の死亡率はすぐに半分になった。

CAIの理事会で、理事たちは学校をあと3つ建てることを認めてくれた。

僕が真っ先に手がけたかったのは、ムザファの学校だ。最近、ムザファはすっかり変わってしまった。バルトロ氷河から僕を無事に連れ帰ってくれたときのたくましさは失われつつある。耳も遠くなっていた。厳しい自然の中で長い年月働くバルティ族はたいていそうだが、ムザファにも、老いがユキヒョウのようにすばやくしのび寄っていた。

ムザファのふるさとハルデ村は、緑豊かなフシェ渓谷下流、ショーク川のほとりにある。川はここでゆるやかにその幅を広げ、やがてインダス川と合流する。

パキスタンでここほどすばらしい場所をほかに知らない。きちんと区分けされた畑が川岸まで広がり、川の水が水路を通って畑をうるおす。村の小道ぞいにはあんずとクワの木が育ち、木陰を作っている。ハルデ村は僕の理想郷だ。本を山のように持ちこんで、靴を脱ぎ、ずっとそのまま隠れていたくなる。

僕にはむずかしかったが、ムザファはそうしようとしていた。ポーターとしての日々に別れを告げ、この村の小さな家で、果物の実る林、子どもたちや孫たちに囲まれ、静かに余生を送りたがっていた。氷に閉ざされた世界からはるかに離れたこの村で。

僕と会計係のグラム、石工マフマルの3人は、仕事の手順をすっかり心得ていた。ふたつのあんずの林にはさまれた土地を譲り受け、村人たちの助けを借りて、4つの教室のある頑丈な石造りの校舎を完成させた。その期間はわずか3ヵ月、費用はわずか1万2000ドルちょっと。

ムザファの祖父ボワ・ジョハールは詩人でバルティスタンの有名人だったが、ムザファはずっとポーターとして働いていたため、世間的にはそれほど認められていなかった。それが村に学校を建てるのに貢献したことで、あらためて尊敬されるようになったようだ。この気のいい男は自ら重荷をかつぎ、若者たちが交代すると言っても聞き入れず、切り出した石を建設現場に運んだり、屋根の梁を持ちあげたりしていた。

完成した学校の外では、つま先立ちした子どもたちが、初めて見るガラス窓を通して、ふしぎそうに教室をのぞいている。

その様子を見ながら、ムザファは僕の手を両手でにぎった。

「私の人生はもう峠を越えましたよ、グレッグ《ギレグ》先生。もっと長いこといっしょに働きたいのですが、賢きアラーは、私の力を取りあげることをお望みになったのです」

ムザファを抱きしめた。何度も僕を導いてくれた人だ。口では弱ってきたなどと言っているが、僕を抱き返すムザファの腕っぷしはまだまだ強い。息がつまりそうになる。「これからどうするつもりだい？」僕はたずねた。

ムザファはさらりと答えた。「木に水をやるとします」

＊

フシェ渓谷の上流、マッシャーブルム山から流れてくる氷河の陰。

モハンメド・アスラム・ハーンはそこで少年時代をすごした。まだ道路がなかったころ、フシェ村の生活は順調だった。それまでと変わらずに続いていた。夏になると、アスラムのような少年たちは、ヒツジやヤギを追って高いところにある牧草地に向かった。女たちはヨーグルトやチーズを作った。牧草地からは〝大きな山〟を意味するチョゴリという名前の山が見えた。外の世界ではK2と呼ばれている山だ。マッシャーブルム山のがっしりとした肩のむこうで、空に向かってそびえている。

秋になると、アスラムはほかの少年たちと交代で6頭のヤクを追い、棒のまわりをぐるぐる歩かせた。収穫したばかりの小麦をふませて脱穀するのだ。寒い日が続く長い冬には、8人の兄弟姉妹、そして家畜たちと先を争い、できるだけ火のそばの暖かい場所を陣取る。これがフシェ村の生活だった。

アスラムの父はフシェ村の村長だった。

兄弟の中ではアスラムがいちばん利口だと認め、彼には別の道を歩ませようと考えていた。

そして春も終わりに近づき、氷河がとけた水でショーク川がはげしくあふれ流れている頃。父は夜明け前にアスラムを起こし、村を出る支度をするよう言いつけた。アスラムには、どういうことかわからなかったが、父親がもうアスラムの荷物をまとめ、チーズ《チュルパ》を布切れで包んでいるのを見て、泣き出した。

父親にさからうことは許されていない。だが、アスラムはたずねる。

「どうして出かけなきゃいけないの?」母に助けてもらおうと思ったが、ゆらゆら揺れる石油ランプの光のむこうで、母も泣いているのがわかった。

「お前は学校へ行くんだ」父は言った。

それから2日間、アスラムは父といっしょに谷をくだった。フシェ村で生まれ育ったので、むき出しのがけに、つたのようにぶら下がった谷間の道を歩くのには慣れていたが、家からこんなに遠くまで来たのは初めてだ。地面は砂地になり、雪はなかった。ふり返ると、自分の世界の中心に頼もしくそびえていたマッシャーブルム山はすっかり遠ざかり、たくさんある山のひとつにすぎなくなっていた。

ショーク川の岸で道は終わり、父は2枚の金貨が入った革袋にひもを通し、息子の首にかけた。

「アラーの思し召しでハプル村についたら、学校を探して、学校を経営している人に、この金貨を渡しなさい。お前の学費だ」

「いつ家に帰れるの?」アスラムは唇を震わせながらたずねた。

「時がくればわかる」父は答えた。それからヤギの膀胱を6つふくらませてしばりあわせて、いかだ《ザクス》を作り、アスラムを乗せた。川が深くて歩いて渡れないとき、バルティ族の人々が使う昔ながらのやり方だ。「しっかりつかまっているんだぞ」

アスラムは泳げなかった。

父の手によって川に押し出されたとき、こらえきれずにまた泣いた。父は強く誇り高い人間だったが、ショーク川を流されながら父の目に浮かぶ涙も見えた。

アスラムはいかだに抱きつき、やがて父の姿は見えなくなった。誰も見ている人がいないので、もう我慢せずに泣きじゃくった。早瀬を越え、氷のように冷たい水に震えた。こわくてぼうっとしたまま、どれくらいたっただろうか。10分だろうか、2時間だろうか、わからない。気がつくと川幅が広がり、流れもゆるやかになっていた。むこう岸に人影が見えたので、そちらに向かってひたすら水を蹴った。いかだから離れるのが怖くて、手は動かせなかった。

ひとりの老人がアスラムを川から救いあげる。そしてヤクの毛でできた暖かい毛布でくるんだ。アスラムは涙と震えが止まらない。「どうして川を流れてきたのか?」と聞かれたので、父から言われたことを話した。

「怖がらなくていい」老人はやさしく語りかけた。「家からこんなに遠くまでくるなんて、勇敢なぼうやだ。いつかふるさとに帰ったら、みんなに尊敬されるようになるぞ」老人はアスラムの手にしわくちゃのルピー札を2枚押しこみ、ハプル村へつながる道に案内してくれた。

アスラムの身の上話は、フシェ渓谷の下流にまで伝わった。

親切な人たちがアスラムの世話をして、少しずつ教育費を出してくれた。アスラムは勇気づけられながら、まもなくハプル村の公立学校に入学し、勉強をはじめる。

ハプル村ほど大きな村を見るのは、アスラムにとって初めてのことだった。あちこちから集まっていた生徒たちは、みんなでアスラムの身なりをからかった。ほかの生徒たちは制服を着ていたが、アスラムはヤクの皮で作った靴を履き、毛織りの服を着ていた。気の毒に思った先生たちはお金を出し合い、ほかの生徒たちにとけこめるよう白いシャツと茶色のセーター、黒いズボンを買ってくれた。アスラムは毎日その服を着て、夜になるとできるだけきれいに洗った。

学校の一年目が終わると、アスラムは歩いてフシェ渓谷をのぼり、家族のもとへ帰った。制服を着てこざっぱりとしたアスラムをみんなが見つめた。変わったねと言って、みんな褒めてくれた。うれしくて、期待にこたえようと思った。

1976年、ハプル村の学校を首席で卒業。北部地域で政府の仕事をしないかとすすめられたが、フシェ村にもどった。やがて父親が亡くなると、あとをついで村長になった。

「低地の生活を見てきましたから、高地にあるこの村を低地のように暮らしやすくするのが私の役目です」

アスラムは、ダイナマイトやブルドーザーを使って、フシェ村まで続く道を作ってもらった。また、役人にねばり強く頼んでお金を出させ、ぼろぼろの農作業小屋を利用し、小さな学校を作った。

だが畑仕事をさせるかわりに、子どもたちを学校に通わせようとする村人などいない。フシェ村の男たちはアスラムを行く先々で待ちうけ、「息子を学校に通わせなくていいことにしてくれるなら、バターや小麦粉の袋をあげますよ」などとささやいた。

やがてアスラムは「子どもたち全員に教育を受けさせるためには、誰かの助けが必要だ」と気づいた。そのとき自分の子どもが、学校に行く年齢になっていた。

「男の子が5人、女の子が4人。私は9人の子どもに恵まれました。いちばん頭がいいのは娘のシャキーラでした。でも娘が勉強できるような場所はなかったし、遠くにやるには幼すぎました。何年もの間、何千人もの登山家たちがこの村を通りすぎていきましたが、誰も子どもたちを助けようとは申し出てくれなかった。そこへ、大きな外国人《アングレージ》がやってきた。彼がバルティスタンのあちこちに学校を建てている、という噂が流れてきました。それで、ぜひ会ってみたいと思ったのです」

1997年の春、アスラムはジープで2日かけてスカルドゥの町へたどりつき、インダス・ホテルにやってきた。

だがあいにく僕は出かけてしまっていて、数週間は帰らない予定だった。

彼は外国人《僕》に手紙を残し、自分の村に招こうとしたが、返事はなかったという。

そして1998年の6月、フシェ村にいたアスラムは、ジープの運転手から「探している外国人《アングレージ》がすぐ近くまできていて、今は谷をくだり村をいくつか越えた先のハーネ村にいる」という情報を得た。

ハーネ村にもどっていた僕は、その頃集会《ジルガ》を開き、ジャンジュンパの意見をしりぞけて学校を建てようとしていた。

だが、ジャンジュンパは「登山学校を作りたい」という夢を捨てきれず、地元の警察に連絡し、僕が宿敵インドのスパイだと言いつけたのだ。

この不安定な国境地帯では、そのひとことだけでよそ者は疑われてしまう。

捜査のためにパスポートを渡せと言ってきた警官を、僕が何とかなだめようとしているところへ、アスラムがジープを借りて目の前に現れた。

「私はフシェ村の村長をしております。もう1年も前からあなたにお会いしたいと思っておりました。お茶をご用意しますので、どうか今晩フシェ村におこしください」

僕はハーネ村にうんざりしてきたところだったので、立ち去る口実ができてありがたかったわけだ。

アスラムは話しやすかった。教育のことだけではなく、あらゆることについて現代的な考えを持っていた。家の壁には原色で幾何学模様が描かれていたが、それがどことなくアフリカを思わせる雰囲気もあり、僕はすぐにリラックスできた。気分を良くした僕は屋上へ行き、バター茶《パイユーチャ》を飲みながら、夜遅くまでアスラムの冒険物語に耳を傾けた。

のぼる朝日がマッシャーブルム山の氷河を淡いピンクに染める頃、僕はいまいましいハーネ村のために認めてもらった学校建設の費用を、フシェ村のために使おうと決めた。学校に行くという目的のために、わざわざ遠くから冷たい川を流されてきた人がいるのだから。

アスラムはおどろいた顔をしていた。

「本当ですか？　こんなにあっさり？　私はてっきり外国人《アングレージ》の偉いお方に、土下座をしてお願いする気でおりました」

アスラムが建てた校舎はパキスタン北部で最も美しいと思う。まさにフシェ村の希望の象徴だ。設計の細かい点はアスラムにまかせた。窓枠、屋根のふち、ドアのまわりは、どれもなめらかに削り、赤く塗った木材で仕上げられた。

校庭のまわりはひまわりに囲まれている。暖かい時期になると、ひまわりはいちばん背の高い生徒よりもさらに高く育つ。

そしてどの教室の窓からも、世界の屋根を代表するマッシャーブルム山が天を突く姿が見える。フシェ村の子どもたちはこの景色を見て、高い目標を心にいだくのだ。

＊

アスラムの長女シャキーラが学校に通いはじめたころ、村の人たちから「女が勉強したってしょうがない」と言われ続けた。どうせ畑仕事をすることになるんだ、どうして本なんて読んでばかげたことを頭につめこむ必要があるんだと。

だがシャキーラはそんな言葉に耳を貸さず、ひたすら勉強を続けた。家族たちにいつもはげまされた。おまえはすごいんだ、おまえは特別なんだ。そのたびにシャキーラは恥ずかしくてショールで顔を隠して否定したが、彼女はやがて学校を良い成績で卒業し、ハプル村の公立女子高校に進学した。

さまざまな人が集まるハプル村での生活に慣れるのは楽ではなかった。「ここはすごいところなの」

とシャキーラは言った。「何でも早くて、何でも手に入る。それから、迷ったときにはいつも誰かが助けてくれる」

今ではハプル村まで通じる道があるので、アスラムのように危険な川くだりをする必要はない。それでもシャキーラは困難な道を切り開いた。シャキーラは、フシェ渓谷で初めて高等教育を受けることになった女子であり、今では村中の女子たちから尊敬されている。

フシェ村の人たちの考えも変わりはじめた。シャキーラが村にもどったとき、どの家庭でも女の子が学校に通いはじめていたそうだ。

村人たちは口々に言った。「私たちがまちがっていた」「本をたくさん読むのは、良いことだった」「家からあんなに遠くまで勉強しにいくなんて実に勇気がある」「お前は村の誇りだ」

シャキーラの勉強道具の中から、アスラムは100点満点の答案を見つけ出した。アスラムはその答案用紙を、ショーク川で見つけた砂金のつぶのように大切に手に取った。

＊

CAIの学校が10を超え、僕は特に女子生徒の数を増やすことに力を入れた。

男の子を教育した場合、いずれは村を去り都市に働きに出てしまう。だが女の子たちは家に残り、村を指導する立場になり、自分たちが学んだことを次の世代に伝えてくれる。文化を変え、基本となる衛生状態や健康管理を改善し、幼児の死亡率を引きさげようと思うなら、まず女の子を教育した方がいい。

僕はランドクルーザーで村を回って長老たちと話をし、CAIの支援を今後も希望する場合は〝女子の就学率を年に10％ずつ増やす〟という誓約書にサインしてもらった。

CAIの理事に新しい顔ぶれが加わる。ひとりはジョージ・マカウンの妻カレン。カレンはベイエリアに公立学校を作った経験がある。それからパキスタン人のアブドゥル・ジャッバール。彼はサンフランシスコの市民大学の教授だ。こうして理事会に教育の専門家が加わった。

ジュリア・バーグマンは市民大学の教師ふたりの助けを借りて、毎年夏、スカルドゥの町で教師の研修をおこなった。さらにCAIの教師全員が使える常設の資料室というものを設置した。

一方で僕はスカルドゥの町で会議を開き、CAIの教育理念を打ち出していた。

・CAIの学校は、パキスタンの公立小学校とまったく同じ科目を教えること。

・比較文化学など、保守的な宗教指導者《ムッラー》に〝反イスラム的〟というレッテルをはられかねない科目は含めないこと（学校の閉鎖につながるので）。

・神学校《マドラサ》のように過激なイスラム原理主義的思想を教えこまないこと。

パキスタン人にアメリカ人的な考え方を教えるつもりはない。ただバランスの取れた教育を受けさせたいという考えが、僕たちの活動の中心にあった。

イスラム教は偶像崇拝を禁じている。パキスタンはインドとはちがって、あちこちに神様の絵をはりつけたりすることはない。クリケット選手のイムラン・ハーンは、世俗の聖人としてまさに特別な存在だったのだ。

そんな中、乾いた砂丘を越え、曲がりくねった谷をぬけ、悪天候にとざされたバルティスタンの谷をのぼり、〝グレッグ先生〟というおかしな異教徒の伝説が、さざなみが広がるように少しずつ広まっていった。

ＣＡＩのプロジェクトをひとつ成功させるたびに、パキスタン北部での〝グレッグ先生〟の評判は高まった。そして家の炉端やジープのダッシュボードに、〝グレッグ先生〟の顔写真が飾られるようになった。

CHAPTER

# 17

# 砂地に育つ桜の木

## Cherry Trees in the Sand

今日、世界で最も危険な場所は、インド亜大陸とカシミールの管理ラインだと言えるでしょう。

——ビル・クリントン元大統領

（平和交渉のためインドとパキスタンへ行く前に語った言葉）

ファティマ・バトゥールは、山のむこう、12キロしか離れていないインドの大砲台から最初に「ドカン」という音が聞こえたときのことをよく覚えている。

ファティマと姉のアーミナがソバの種をまいていたら、爆弾が何の罪もない青空をヒュルヒュルと音を立てながら飛んできて、姉妹が顔を見あわせたとたん、爆発が起きた。

ブロルモ村はグルトリ渓谷にあり、国境のむこう、インド軍が持っている地図では〝パキスタン占領下カシミール〟と記されている地域だ。今まで特に変わったことは起きなかった。少なくとも、10歳のファティマはそう思っていた。空から耳慣れない音が聞こえてきたのでびっくりして姉の顔を見ると、姉も見開いた目で妹を見ていた。「何か新しいことがはじまった」という顔だった。

だがファティマは最初の爆弾が飛んできた後のことを、あまり思い出したくない。熱した石のようにさわれない記憶なのだ。

麦畑には遺体、それから遺体の破片が散らばり、大砲を撃つ音、爆弾が飛んでくる音、爆発の音が次から次へと重なるように鳴りひびき、まるでひとつの悲鳴のように聞こえる中、姉のアーミナはファティマの手をつかみ、あわてふためく村人たちにまじって精一杯走って逃げ、思うように走れなかったが、何とか身を隠せるほらあなにたどりついた。

暗くてこわかった。けれど安全だったやみから、どうしてアーミナが出ていってしまったのか、耳をつんざくような音の中に突入したのか、ファティマは思い出せない。思い出したくないのかもしれない。おそらく小さな子どもたちがほらあなに入るのを手助けした、とファティマは思っている。

アーミナにはそういうところがあった。そしてほらあなの入り口のすぐそばに爆弾が落ちたが、ファティマはそのことをまったく覚えていない。わかっているのは、その爆発によってアーミナの魂《ハート》が壊れ、ふたりの生活が一変したことだけだ。

1999年5月27日、モンタナの真夜中。自宅地下の事務所。

僕はいろんな通信社と連絡を取り、カシミールで突然起こった戦闘について、くわしい情報を集めようとしていた。こんなのは、今まで聞いたことがない。

インドとパキスタンが強引に分離独立して以来、国境近くのカシミールでは争いが絶えなかった。そして軍事力でパキスタンを上回るインドは、以前持っていた主権のほとんどを取りもどしていた。インドはカシミールの住民に「投票で自らの将来を決めさせる」と約束した。だがイスラム教徒が圧倒的に多かったため、カシミールはついにその機会を得ることはなかった。

パキスタン人に、またイスラム教徒にとって、カシミールはイギリス領インド解体後に味わった苦難の象徴だ。一方インド人にとっては、5500メートル級の山脈に引かれているカシミールの国境線なんて、砂場の落書きほどの意味しかなかった。どちらの国にとってもイギリスが引いたこの線は、植民地時代の屈辱のしるしとして、いつまでも癒えない傷となった。

1971年、何十年にも渡る争いの後、両国は管理ラインを定めることに合意。この線が引かれたのはけわしい山が連なる地域であり、それだけで軍の侵入を防ぐのに十分な壁になっていた。だから管理ライン沿いでの争いは、今までずっとあいさつ程度ですんでいたのだ。

それなのに死傷者が大勢出たという知らせはショックだった。

インド軍もパキスタン軍も、氷河の上流に監視所や砲台を作っていた。

朝のお茶がすむと、インド軍はパキスタンの監視所に向かって、スウェーデン製の大きなボフォール高射砲で1、2発砲弾を打つ。パキスタン軍は、朝の礼拝を終えてから数発お返しする。けが人もほとんど出なかったし、9月に入り寒くなってくると、おたがいに示しあわせたように監視所を去り、春までもどってこなかった。

だが1999年の4月、武装した800人の聖戦士《ムジャヒディン》が管理ラインを越え、インド領カシミール内の山沿いの地域を占領。その中には私服姿の北部系歩兵連隊（パキスタンの北部地域を守るために集められた精鋭部隊）もまぎれこんでいた。

そしてカシミールにあるカルギルの町は、あっというまにパキスタン軍に占領された。おまけにパキスタン軍はこっそりと占領を進めたので、インド軍の偵察兵が気づいたのは、占領されてからひと月も後のことだった。

インドのアタル・ビハーリー・バジパイ首相は「パキスタンに侵略された」と言ってシャリフ首相を非難する。

対するシャリフ首相は「侵略したのは聖戦士《ムジャヒディン》で、パキスタンの正規軍とは関係ない。カシミールにいるイスラム教徒を、ヒンドゥー教の圧政から解放するための自発的な行動だ」と反論。

だがしばらくしてインドは「パキスタン兵士の遺体から北部軽歩兵連隊の給料明細やＩＤカードを発見」する。そこで話は急展開を見せた。

１９９９年５月、バジパイ首相はインド空軍にパキスタン攻撃を命じる。20数年ぶりのことだった。インドのミサイルや戦闘機は、次から次へとパキスタン軍の塹壕を爆撃。山地を占領していた聖戦士《ムジャヒディン》たちはスティンガーミサイル（アフガニスタンでソ連と戦ったとき、アメリカから支給されたミサイル）で応戦。

こうして〝カルギル紛争〟と呼ばれる戦いがはじまった。

宣戦布告なしにはじまった戦争は、本質をごまかすために、ひかえめな名前がつけられることが多い。戦争初期の頃、アメリカはベトナム戦争のことを「治安活動」と呼んだ。

同じように、インドとパキスタンがおたがいにおこなった爆撃のすさまじさは、「紛争」という言葉ではとても表しきれない。

パキスタン軍はインド兵を何百人も殺害した。インドによれば交戦中、多数の民間人が犠牲になった。そこでパキスタンをはるかに上回る軍事力を持つインドは、１日に５０００発の砲弾、爆弾、ロケット弾を発射し、１９９９年の春から夏にかけて、25万発以上の砲弾、爆弾、ロケット弾をパキスタンに撃ちこんだ。

第２次世界大戦以来、これほど大規模な武力衝突が起きたことはない。

もちろんインドの軍部は否定し続けている。だが民間の報告によれば、爆弾のほとんどは運悪く管理ラインの近くにあった村、つまりファティマ・バトゥールの住んでいたような村に無差別に投下された。

僕は自分の無力さを感じながら地下室を歩き回り、パキスタン軍部にいる知り合いに電話をかけ続けた。1日に数時間は眠れていたが、知らせを聞き眠れなくなった。戦火を逃れた難民たちが、歩いて峠を越え、スカルドゥの町に近づいている。

難民たちは傷つき、疲れ、助けを必要としているが、バルティスタンに助けの手を差しのべられる者はいない。本を読んでも答えはみつからない。答えはパキスタンにあり、僕は飛行機を予約した。

6月半ばのデオサイ高原は、地上で最も美しい原野だ。山あいの牧草地には群生したルピナスが、太い筆を走らせたように紫色の花を咲かせている。角の大きなヒツジが、こわがる様子もなく僕たちの車を見つめていた。

フセイン、アポ、ファイサルの3人がイスラマバードまでむかえにきてくれた。アポの提案により、スカルドゥの町まで、あえて車で36時間かけてあまり道の良くないデオサイ高原を通っていくことになった。カラコルム・ハイウェイは、戦地に物資を運んだり、殉教者《シャヒード》をふるさとへ連れ帰る軍のトラックでいっぱいだったからだ。

当然、デオサイ高原を行くのは僕たちだけだろうと思っていた。インドとの国境に近いこの高原は、標高が４０００メートル以上あり、この時期でもまだ深い雪におおわれている。だがこの道も混雑していた。カルギル紛争に向かう人、そこから帰ってくる人、トヨタのトラックも、タリバンの軍用車もどれも、黒いターバンをまき、ひげをのばした兵士でいっぱいだった。

トラックで北東に向かう兵士たちは機関銃やグレネードランチャーをふりかざし、南西に向かう負傷兵は包帯を得意げにふり回す。

トラックが次々とクラクションを鳴らしながら僕たちを道のはしに押しのけていく。僕はエンジンの音に負けないように声を張りあげた。「アポ！　君はこんなに大勢のタリバンを見たことあるか？」「カブールの奴らはいつだって来てます」アポは苦々しく言った。彼はバルティスタンに暴力を持ちこんだこのよそ者たちのことが嫌いだった。「でも、こんなに大勢は初めてです」悲しそうに頭をふる。「殉教するのが待ちきれないらしい」そう言って僕がモンタナから持ってきた噛みタバコを窓から吐き捨てた。

スカルドゥの町は、すっかり戦争ムードに包まれていた。

戦線からもどってくる大型トラックには、パキスタンの旗に包まれた棺がたくさん積まれていた。軍のヘリコプターが一度にこれほど多く飛んでいるのも見たことがない。パキスタンをさすらう遊牧民は、びくびくしているヤギをなだめながら軍のトラックの間をぬけ、放牧しながらはるかインドをめざす。そこでパキスタン軍に食料を提供するのだ。

インダス・ホテルの外には、トヨタのトラックが2台とまっていた。明るい青のナンバープレート。アラブ首長国連邦のものだとすぐにわかる。ななめにとめてあり、道をふさいで他の車が通れなくなっていた。だがあえてクラクションを鳴らす者もいない。

僕がロビーで支配人とその弟にあいさつしていると、むこうの木のテーブルでひげをたくわえた男がふたり、お茶を飲んでいるのが目に入った。彼らの服も、僕と同じで砂ぼこりにまみれていた。

大きい方の男が顔をあげ、僕を手招きして「チャイ!」と言う。50歳くらいで、身長は2メートルほどだ。バルティスタンではいつも僕の身長がいちばん高かったからおどろいた。二重あごで、太鼓腹だった。この男が標高5500メートルの峠を自力で越えてくるとは思えない。たぶん司令官だろう。

支配人はふたりに背を向けたまま、僕に顔をしかめて見せた。気をつけろという合図だ。

「わかってる」僕は答えて、ふたりのテーブルに近づいた。

大男と握手した。連れの男とも。連れはまばらなひげを腰のあたりまでのばしていて、両腕は風雨にさらされた木のように筋ばっている。ふたりの前に腰をおろすと、床にぴかぴかの機関銃《カラシニコフ》が2丁おいてあるのが見えた。

「ペ・ハイル・ラギエ」大男はパシュトー語で言った。「ようこそ」

「ハイル・オセ」僕も敬意を表してパシュトー語で答えた。ワジリスタンで8日間とらわれの身となったあのとき以来、勉強を続けていたのだ。

「ケナステル！」大男は言った。「座って」

僕は言われた通りにして、それからウルドゥ語で話した。まちがったことを言わなくてすむように。僕は頭にアラファト議長が使っていたような、黒と白のチェックのスカーフを巻いていた。デオサイ高原で砂が口に入らないようにするためのものだったが、相手は僕の政治的信条を表していると思ったらしく、お茶をすすめてくれた。

大男はグル・モハンメドだと名乗り「アメリカ人か」とたずねてきた。どうせいつかはばれるだろうから「そうです」と答えた。僕は数メートル離れて警戒しているファイサル・バイグに、かすかにうなずき合図した。ファイサルはうしろに下がり、アポとフセインといっしょに腰をおろす。

「オーケー、ビル・クリントン！」

グル・モハンメドは英語で言って、うれしそうに親指を立てた。

クリントンはイスラエルとパレスチナの間に平和をもたらすことは結局できなかったが、1994年にはボスニアにアメリカ軍を派遣し、キリスト教のセルビア人によるイスラム教徒の虐殺を食いとめようとした。グルのような聖戦士《ムジャヒディン》は、こういう恩を決して忘れない。

グルは品定めでもするかのように、僕の肩に手をおいた。強烈な体臭とヒツジの焼肉のにおいがする。「軍人？」質問というより、確認のようだった。

「ええ以前は。ずっと昔ですが。今は、子どもたちのために学校を建てています」

「サミュエル・スミス中佐を知ってるか？　テキサス州フォートワースの？」もうひとりの男が言った。「スミス中佐もアメリカ軍にいたんだ。いっしょに、スピン・ボルダックの町で、ソ連兵を虫けらのようにたたきのめしてやった」言いながら、軍用ブーツのかかとを床にこすりつける。

「いいえ、すみません」僕は首をふる。「アメリカは広いですから」

「広いし、強い。アフガニスタンでは、アラーのご加護もあったが、アメリカのミサイルもあった」

「あなた方は戦地からきたんですか？」

そう聞くと、グル・モハンメドは安堵したように、自分が見てきたものについて語りはじめた。「聖戦士《ムジャヒディン》は勇敢に戦ったよ」だがインド空軍は、聖戦士《ムジャヒディン》のミサイルが届かない位置から爆弾を落とすようになったため、丘の上の陣地を守ろうとした兵士たちが大勢命を落とした。「インド軍のボフォール高射砲の威力もたいしたものだ。スウェーデンは平和な国だと自称しているが、あんなに強力な武器を売っている」

それからふたりは僕が一体何をしているのか聞きたがった。

僕がバルティスタンのシーア派の子どもたちや、アフガニスタンからペシャワールの町に逃げてきたスンニ派の子どもたちを、４０００人くらい学校に通わせているという話をすると、それはいいことだと思ったらしく、うなずいていた。

グルは、ダリル渓谷に住んでいるという。５年前、コルフェ村の学校の資材をトラックに積み、カラコルム・ハイウェイを走っている途中、聖戦士《ムジャヒディン》たちが橋を封鎖していた場所の近くだ。

「私の谷も、学校がなくて困っている。いっしょにきて学校を建ててもらえないか。10でも20でも。女子校でも問題ない」

僕は「CAIの活動資金は限られていて、どこに学校を建てるにしても理事会の承認が必要なのだ」ということを説明し、次の理事会でその件を検討してみると言った。この話を聞いたらみんなどう思うだろう。考えただけで、笑いをこらえるのが大変だった。

午後9時、インダス・ホテルのロビーには緊張感がただよっていたが、僕は眠くてたまらなくなった。砂ぼこりにまみれてデオサイ高原を抜けてくる間、ほとんど眠れなかったのだ。

司令官グルはワジール人の掟〝パシュトゥーンワリ〟のもてなしの作法にのっとり、「今夜はいっしょに泊まらないか」と言ってくれた。

だがここの支配人は、いつも僕のためにホテルの奥の、小さくて静かな部屋を用意しておいてくれる。ふたりにそのことを告げて丁重に断り、手を胸に当てておじぎをして別れた。

廊下を歩いていると、小さな人影がキッチンから飛び出してきた。青い目を見開いた、赤毛の小さな男が僕のそでをつかむ。

「グレッグせんせ《グリーク》！」ホテル中に聞こえるくらいの大声だ。口のはしからは、いつものようによだれがたれている。インダス・ホテルのコック見習いがドアのすきまからロビーをうかがっていたらしい。「今のタリバンですよ！」

「知ってるよ」僕は笑って答え、ふらふらと歩いて部屋にもどった。

＊

翌朝、電話がかかってきた。シーア派の指導者サイード・アッバースからだった。珍しいことに、彼はあわてていた。いつもの彼はつねに威厳を持って行動し、話すときも数珠を指先で一つひとつ数えるように、ひと言ひと言はっきりと口にする。だがこの日の彼は、思いつくまましゃべり散らしているようだった。

アッバースの話は次のようなものだった。

グルトリ渓谷の人々にとってこのインドの爆撃は悲惨すぎる。村人が何人死傷したか正確にはわからない。だがすでに2000人がスカルドゥの町に逃げてきている。ほらあなにかくれている人たちも数千人はいる。爆撃がおさまれば彼らもやってくるだろう。

サイード・アッバースは政府と国連に連絡してみたが、どちらからも支援を断られた。政府からは「この危機に対処できるだけの物資はない」と言われ、国連からは「グルトリの人々は国内で避難しているだけ。国境を越えて逃げているわけではないから支援はできない」と言われたようだ。

「何が必要ですか?」僕はたずねた。

「すべてです。でも、特に必要なのは水です」

サイード・アッバースは、僕とわし鼻のアポ、そして会計係のグラムを連れて、スカルドゥ町の西にできたテント村に向かった。

空港を取りまく砂丘に、色あせたビニールシートが点々と並び、その上をパキスタン空軍の仏製戦闘機が何機も飛び交っている。

僕たちは靴を脱ぎ、道なき砂丘をいくつも越えた。空港のまわりでは、土のうに座った兵士たちが対空ミサイルをかまえ、ミサイルが描く唐草模様を追うように動かしている。

難民たちがあてがわれたのは、誰も住みたがらない土地だった。

砂丘のまんなかにあるテント村にはたしかに水源がない。インダス川まで1時間以上も歩いて水をくみに行かなければならない。頭がずきずきしてきた。砂丘からの照り返しが強かったためだけではない。やらなければならないことが、どっさりあるからだ。

「どうすれば水を引けますか？　ここは川からかなり遠いですが」

「いい方法を聞いたことがある」サイード・アッバースが言った。「イランの揚水法という方法です。地下水が出るまで地面を深く掘る。ポンプを使わなければならない。だが、アラーのご加護があれば可能です」

言うやいなや、サイード・アッバースは黒い服をなびかせ輝く砂丘をかけのぼり、地下水が出ると思われる場所を指さした。

イスラムを誤解している人々には、この日のアッバースの働きぶりを見てほしかった。イスラム教の教えを守る人たちは、テロではなく、平和と正義のために力を尽くす。アッバースのように保守的な指導者でさえだ。

ユダヤ教とキリスト教は「困っている人に手を差しのべよ」と説いている。イスラム教は「未亡人や孤児、難民を大切にするように」と説いている。何も変わりはしない。

はじめ、テント村には誰もいないように見えた。難民たちは、強い日ざしをさけて、シートの下に身を隠していたのだ。

アポ・ラザクはすぐに動きだし、テントからテントへ、今すぐ必要なものは何か聞いて回った。彼にも昔、村を追われ難民として生活した経験があった。

僕とグラムとアッバースは、テント村の中央にある空き地に立ち、どうやって水を引き揚げるかを相談していた。グラムは「CAIにはパイプと揚水ポンプを提供してもらおう。あと、近所に土木工事のボスがいるから、掘削機を貸してもらえるようかけあってみる」と言った。

「ここには何人いますか？」僕はたずねた。

「今のところ1500人ちょっと」アッバースが答えた。「ほとんど男性です。仕事と住むところを見つけたら、後で家族を呼び寄せるつもりなんです。数ヵ月もすれば、5000人くらいに増えるかもしれません」

テントからアポが顔を出し、僕たちにつかつかと歩み寄った。この人物は変わらない。過酷な場所で登山家たちの食事の支度をしながら、いつも道化のようにおどけた表情をしていた。だがこのときは、珍しく口をしっかりと結んでいた。

アポは僕の手を取りテントの方に連れていった。「グレッグ先生、おしゃべりはそこまでです。何が必要かは聞いてみなくちゃわかりませんよ」

青いビニールシートで作ったテントの中に、黒いふちなし帽をかぶった男が座っていた。アポについて中に入ると、男はよろよろと立ちあがった。ムッラー・グルザーと名乗るブロルモ村の宗教指導者《ムッラー》で、お年寄りだった。

グルザーは僕の手を取り、お茶を出せないことをわびた。熱い砂の上に敷いたビニールのテーブルクロス。その上に何とかあぐらをかくと、グルザーは話しはじめた。青いシートを通した光が大きなめがねで反射し、彼の目を隠している。僕には青いレンズをつけた人に見えて落ち着かなかった。

「ここに来たくはなかった」と、グルザーはしょぼしょぼした長いひげをなでる。「ブロルモ村はいいところだ。いいところだった」

グルザーはなるべく長く村に残っていようとした。昼はほらあなにかくれ、畑仕事は夜にした。昼に畑仕事をしていたら、ひとりも生きられなかっただろうと言う。爆弾がたくさん落ちてきた。そのうち、灌漑用の水路はみんな壊され、畑もめちゃめちゃになった。家も粉々になってしまった。

「我々がなんとかしなければ、女と子どもたちが死んでしまうと思った。それで、山を越えてスカルドゥの町にやってきた。若くないから、なかなか大変だった」

ところがグルザーがスカルドゥの町につくと、軍の人間から「ここで暮らすように」と言われた。このテント村を見たときすぐに帰りたいと思ったが、軍は許してくれなかった。「帰る家などない。すべて壊されてしまった」と言って。

「それでもできることなら帰りたい。こんなのは生活と言えん。そろそろ女や子どもたちもこの荒地にくるだろう。何と言ってむかえればいいものやら」

僕は両手で年老いたグルザーの手を握った。「僕たちが水を手に入れられるようにします」

「全能のアラーに感謝あれ」長老は青いシートのすきまからのぞく空を見あげた。「だが、水ははじまりにすぎない。食べ物も薬もいる。子どもたちに教育を受けさせたい。今はここが家なのだから。頼みごとばかりして申し訳ない。だが、ほかに誰もきてくれなかった」

めがねの反射が消え、涙ぐんでいるのが見えた。

「しかし、我々には何もない。我らの願いを聞き入れてくれても、お返しできることは何もない。何もさしあげられない。お茶すらお出しできない」

グラム・パルヴィはちゃんと隣人を説得した。土木工事のボスは掘削機を無料で貸してくれただけでなく、必要なパイプもすべて寄付してくれた（軍は土砂を運ぶためのトラクター12台を、有料で貸し出した）。

僕は電話局に何度も通い、何とかサンフランシスコと連絡を取ると、ＣＡＩは６０００ドルの支出を認め、そのお金で強力なポンプとホンダの発電機を注文した。

それからブロルモ村の人全員が夜通し働いたことで、５０００人分の水を供給できる巨大なコンクリートタンクが完成。また地面を40メートル近く掘って、地下水脈に達し、水をくみあげタンクを満たす。ここまで8週間。パキスタン北部で初めての揚水システムが完成した。

これでもう大丈夫だ。ブロルモ村の人たちは泥の家を建て、砂漠を緑の大地に変えることができる。

だがブロルモ村の女性と子どもたちは、スカルドゥの町までの長旅を無事に乗り切ることができるだろうか。

＊

ほらあなですごしている間、ファティマ・バトゥールはずっと泣いていた。

姉のアーミナはいつだって妹をなぐさめてくれた。だが今では自分の面倒すらみられなくなっている。アーミナが爆弾の破片でからだに受けた傷は、たいしたことはなかった。けれど心の傷は深かった。ほらあなの入り口で爆弾が破裂したあの日、アーミナは恐怖と痛みで悲鳴をあげ、倒れた。そのとき以来何も話さなくなった。予告なく、爆弾が次々と降り注ぐと、ほらあなの中の人たちは身を寄せあう。ただアーミナは爆発音に震え、祈るようにつぶやいた。だがその声は動物のうめき声のようで、ファティマにとって何のなぐさめにもならない。

ブロルモ村は本当にきれいな場所で、インダス川の土手には、あんずの木や桜の木が生えていた。それがただ壊されていくのを、ほらあなの中から見ているしかなかった。幼い子が外に出ると、親せきの誰かが抱きあげほらあなまで連れ返した。誰も遊びにいくことも、家畜の世話をすることもできなかった。果物だって摘むことができず、色づき、熟し、そのまま腐っていくのを見ているしかなかった。雨や雪の日は、食事の支度もただ眠るのもむずかしかった。それでもずっとほらあなの中にいた。

ある日ひとりの男が、がれきと化した家から持ち出せるものを持って、ほらあなにもどろうとする途中、たまたまひとつだけ落ちてきた爆弾に当たってしまった。

彼は村中の人たちから好かれていたが、彼のそばに寄り添うためには、夜まで待たなければならなかった。もう爆弾が落ちてこないだろう頃合いで、彼はほらあなの中へ運びこまれた。通常、亡くなった人の遺体は洗うことになっている。だが彼のからだは、寄せ集めて布でくるむことしかできなかった。

ブロルモ村に残っていたわずかばかりの男たちは、会合《ジルガ》を開いた後で、ファティマのような子どもたちに告げた。

「今こそ勇気を出さなければいけない。食べ物がなくても、外に出て、遠くまで歩け。このままほらあなの中にいたら、生活らしい生活はできないのだから」

村人たちは家にわずかに残っていたものをかき集めて荷づくりし、真夜中に出発。めざしたのは隣の村、そこならインドの爆弾は届かないはずだ。その朝、数ヵ月ぶりに見る日の出はすばらしかった。

だが火をおこしてパンを焼いているとき、谷のむこうに爆弾が落ち、爆弾は谷底をつたってだんだん近づいてきた。見張りが村人たちに気づき、爆撃するよう指示を出したのだろう。

爆弾が落ちるたびにアーミナは泣き叫び、やがて地面につっぷした。あたりにはほらあながなかったので、走って逃げるしかない。ファティマは怖くて、姉の手を離し、自分だけ先に逃げてしまった。アーミナが死んでしまうんじゃないかと心配した。だがアーミナにとっては、爆弾よりもひとりで取り残されることの方が怖かったらしく、走って村の人たちに追いすがった。

生き残ったブロルモ村の人たちは、3週間北西へ歩き続けた。けもの道をたどって歩いたこともあった。爆弾が落ちてきたので、焼きかけのパンはそのまま残してきてしまった。みんなおなかをすかせていた。野草や木の実を食べて生きのび、食べた後は腹をこわした。

疲れきってやせおとろえ、ようやくスカルドゥの町に到着すると、軍が、村人たちを新しい住まいに案内した。

空港のそばの砂丘。そこでファティマたちは今までのことを忘れ、新しい生活をはじめることになった。だが、新しい村につくなりアーミナは倒れ、起きあがれなくなった。誰もどうすることもできなかった。ようやく父やおじにも会えて、安全に暮らせるようになったのに、元気にはならず、それから数日後に亡くなった。

CAIは1999年の夏、カルギル紛争の真っ最中、スカルドゥ空港近くの砂地にグルトリ女子難民学校を建てた。

5年後、5年生の教室で、15歳になったファティマの顔には、まだつらそうな表情が浮かんでいた。思い出をぽつりぽつりと話しては、またすぐに口をつぐんでしまう。

ファティマたち、グルトリ女子難民学校の5年生は、ほかの学校の生徒より勉強が遅れていた。だが、学校というものを知らずに育ったグルトリの129人の女の子にとって、この学校は、恐れと逃亡の長いトンネルをぬけた後に見えた明るい光だ。

世界地図が壁にかかった教室で、新しいノートと鉛筆、鉛筆けずりを大切そうになでている。僕の住むモンタナを地図から探そうとして、見つけられなかった。

難民の中には最近、ブロルモ村にもどる人もいる。

CAIはほらあなを利用した学校をふたつ作り、授業をおこなっている。そこはインドとの関係が悪化し、また爆弾が降っても安全な場所だ。

だが、ファティマのように新しいふるさとで暮らすことを選んだ人もいる。学校の中庭のむこうには、地平線に向かって日干しレンガで作った家がきれいに並んでいる。パラボラアンテナがついている家さえある。家のかたわら、かつて砂漠だったところには、桜の木が枝を広げている。揚水システムでくみあげた水で幹は太くなり、青々とした葉を茂らせ、春には花を咲かせた。

その下を、学校帰りのグルトリの少女たちが歩いている。こんな光景を見られるなんて誰が思ってみただろう。

CHAPTER

# 18

# 亡骸の前で

*Shrouded Figure*

心配したり怖がったりしてはいけません。すべてはすぎ去っていきます。神は変わりません。忍耐はあらゆることをなしとげます。

——マザー・テレサ

200脚の椅子を並べるのにこんなに時間がかかるとは思わなかった。

パーティーでも、登山用具の店でも、教会や大学でも、スライドショーをするときはいつも誰かが手伝ってくれた。だが、今回はちがう。ミネソタ州アップルバレーのスポーツ用品店の店員は、みんなクリスマス後のバーゲンの準備で忙しく、僕ひとりで準備しなければならなかった。

午後6時45分。あと15分ではじまるのに、まだ100脚ちょっとしかおかれていない。

GPS機器、高度計、なだれに巻き込まれたときに位置を知らせる〝なだれビーコン〟、そういった高価な機械を陳列したショーケースのある部屋で、僕は折りたたみ椅子を広げ、几帳面に並べていく。もっと急がなければ。コルフェ村で橋を作っていたときのように、あせっている。

汗が出てきた。そういえば、K2にのぼった頃と比べてだいぶ太ってしまった。緑のぶかっこうな厚手のセーターを着ているせいもあるだろうが、これからアウトドアで鍛え抜かれた人たちが大勢くるのだと思うと、脱ぐ気にもなれない。

午後7時2分。ようやく最後の椅子を並べ終わると、今度は列の間をせかせかと歩き回ながら、CAIのパンフレットを椅子の上においていく。パンフレットの最後のページには、寄付用の封筒がホッチキスでとめてある。

この封筒から集められた寄付金は、今のところスライドショーをどうにか続けていける程度。CAIの資金はすでに底をつきかけていた。

パキスタンに行っているとき以外、僕は週に一度はスピーチをしていた。大勢の人の前で自分についての話をするなんて、本当はいやでたまらない。だが、寄付が数百ドルでも集まれば、パキスタンの子どもはかなり助かる。そう考えると、僕は毎回バッグに荷物をつめ、空港に向かうしかなかった。

使っているプロジェクターは古い。この間また粘着テープで補強したばかりだ。正しいスライドがセットされているかどうか確認し、ズボンのポケットをさわってレーザーポインターがちゃんとあることを確かめた後、ふり返って客席を見た。

200脚の椅子が並んでいる。誰もいない。

近くの大学のキャンパスにポスターをはったし、地元の新聞社に頼んでお知らせを載せてもらった。AMラジオ局の朝番組では、聴取者が多い時間帯にインタビューしてもらった。満席になると思っていたのに。

僕は自動膨張式のマットレスをしまった棚にもたれ、お客さんを待つことにした。

ひとり、オレンジ色のパーカーを着て、編んだ髪を頭のてっぺんでまとめた女の人が近づいてくる。僕が愛想よくほほえみかけると、その人は申し訳なさそうに目をそらし、極地対応型寝袋の耐性温度を確認すると、それを抱えてレジに向かった。

午後7時半。誰ひとり現れない。

バーゲンのためにお客さんが集まっている。その人たちが少しでもスライドショー席を埋めてくれるようにと、店内のスピーカーからお知らせを流してくれた。「みなさん！　これから世界的な登山家によるスライドショーがはじまります！　きてくださいね！」

緑のベストを着た店員がふたりやってきた。自分の仕事が終わったらしく、いちばんうしろの席に腰をおろす。

「どうします？　スライドショー、やりますか？」僕は聞いてみた。

「K2登山の話ですよね？」ひげを生やした若い店員が言った。金髪のドレッドヘアを銀色の毛糸の帽子につめこんでいる。まるでポップコーンの袋みたいだ。

「まあ、そんなところです」

「すごいや。はじめてくださいよ！」

ポップコーン頭が言うので、いつものようにK2のスライドを何枚か映した。そして6年前の夏、失敗に終わった登山について話しはじめた。そしておそるおそる本題に移っていく。CAIが運営している18の学校の写真。グルトリ渓谷にできたばかりのふたつの学校については、特に時間をかけて説明した。カルギル紛争は〝公式には〟終わった。何千人もの村人たちは、ふるさとにもどり、がれきと化した家を建て直そうとしている。それでもまだ爆弾は降ってくる。だから子どもたちが安心して勉強できるように、ほらあなを利用して学校にした。

グルトリ女子難民学校で撮ってきたばかりの写真。ファティマと同じクラスの子どもたちが、教科書を持ってほほえんでいる。その姿をスクリーンに映しているとき、登山家らしき雰囲気の中年男性が、部屋のすみで多機能つきデジタル時計を手に取って見ていた。僕がちょっと話をやめて笑いかけると、その人は椅子に腰をおろしスクリーンに目を向けた。

これでお客さんは1・5倍になった。

気をよくした僕は、さらに30分間熱弁をふるい、カラコルムの子どもたちの貧しさがいかにひどいものか、そして次の春にはパキスタン北部のいちばん端っこ、アフガニスタンとの国境に沿った地域に学校を建てると話した。

「村の人たちと仲良くなって、土地と労働力を提供してもらえれば、2万ドルもかけずに学校を建てられます。学校をたった1世代の間でも運営できれば、何千人もの子どもたちが教育を受けられます。パキスタン政府が同じことをしようとすればこの倍、国連の世界銀行なら5倍の費用をかけるでしょう」

僕はこの日のスピーチを、大好きなマザー・テレサの言葉でしめくくった。「私たちがしていることは、大海の1滴にすぎないかもしれません」と言って3人の客にほほえみかける。「けれども私たちがやらなければ、海の水はそれだけ減ってしまうのです」

たった3人からでも、拍手をもらえるのはありがたい。無事に終わってほっとした。プロジェクターのスイッチを切り、椅子の上のパンフレットを回収しはじめる。話を聞いていた店員ふたりが、回収を手伝いながら聞いてきた。「あの、そっちでボランティアとか募集してませんか？ 建設関係の仕事をしてたことがあるんで。むこうで釘を打ったりできないかなと思って」

ＣＡＩの資金は限られている（最近ますます少なくなっている）。だから「気持ちはありがたいが、アメリカからパキスタンにボランティアを送りこむお金はない」と説明し、ボランティアを受け入れている他の団体をいくつか紹介した。

ひげを生やしたドレッドヘアの若者は、ポケットを探り10ドル札を差し出した。「仕事の後でビールでも飲みにいこうかと思ってたんですけど」ともじもじしながら言う。「だけど、その」

「ありがとう」僕は心からお礼を言って握手し、差し出されたお金を丁寧に茶封筒にしまった。

パンフレットを集め終わると、ぜんぶまとめてバッグにしまった。アメリカ大陸を半分越えて持ってきたが、収穫は10ドル。またそのまま持ち帰るのかと思うとため息が出てしまった。

ふとデジタル時計のディスプレイのわき、いちばんうしろの椅子の上に、パンフレットから破り取られた封筒がおいてあるのが目に入った。

中には2万ドルの小切手が入っていた。

＊

客席が毎週からっぽだったわけではない。

1999年2月、オレゴン州の地方紙『オレゴニアン』が僕のことを「体力の限界とはちがった種類の頂点に挑み、意外な成功をおさめた元登山家」と紹介して以来、だんだん注目を集めるようになっていた。

「この地ではアメリカ人は信用されず、嫌われてさえいる。だがモンタナ在住のグレッグ・モーテンソン（41）は例外だ。彼のライフワークは、パキスタン山岳地帯の辺境の地に学校を建てることである」

「地球を半周したところでおこなわれているこの支援活動は、ほとんどのアメリカ人が気づいていないところで、アメリカ人の生活に大きな影響を与えている」

「パキスタンの農村地帯は政治的に不安定で、反米感情を持つテロリストの温床となっている。無学な若者たちが行きつくところは〝テロリスト〟のキャンプしかない。だが教育を受ける子どもが増えれば、緊張の緩和につながるだろう」

「世界で最も不安定な地域で、モーテンソンの取り組みは、すでに成果をあげはじめている」

翌月、ベイエリアでおこなわれた僕の講演はこんなふうに紹介された。

〝『たったひとりで一体何ができるだろう』と思ったときは、グレッグの話を思い出してみるといい〟

おかげでこの冬、僕がおこなったスライドショーはどれも大盛況で、主催者は参加希望者を何百人も断らなければならなかった。

＊

西暦2000年をむかえるころ、アメリカを代表する登山家の多くが、僕とCAIを応援してくれるようになっていた。

この頃最も尊敬されていたアルピニスト、アレックス・ロウは、モンタナで資金集めのパーティーを開いてくれた。

「我々の多くは、新しい山の頂上をめざしています。だがグレッグは、どんな山よりも偉大な頂上を、ひとりで黙々とめざしています。その不屈の精神と強固な意志によって、目を見張るような成果をあげています。このような挑戦こそ、見習うべきではないでしょうか」

直後の1999年10月、残念なことに、ロウはネパールのシシャパンマ山でなだれにまきこまれて命を落とした。

だがロウのメッセージは、山岳界にこだまのように広がった。ある有名な登山家は「支援しようと考えるだけの者は多いが、モーテンソンは実行に移している」と言って、2万ドルを寄付してくれた。

一方で、CAIのメンバーをはじめ、僕といっしょに仕事をしている人たちは不満を感じはじめていた。

パキスタンのひどい道を移動したり、バッグを抱えアメリカのあちこちでスライドショーをする以外、僕はモンタナの家族との時間を大切にしていたし、または地下室にひとりきりでこもっていたからだ。

「グレッグは家にいるときでも、何週間も連絡してこない」CAI理事のひとりトム・ヴォーンはぼやいた。「電話やメールをしても返事をくれない。理事会では、グレッグが何をしてすごしているか、報告書を出させたらどうかという意見も出た。でもそれは無理だ。グレッグは自分のしたいことをするだけなんだ」

ヘルニの未亡人、ジェニファー・ウィルソンは言う。

「本当はグレッグ・ジュニアを何人か育てないといけなかった。グレッグが仕事を任せられるような人をね。でも、彼はいつもいやがった。事務所を借りたり、スタッフを雇ったりするお金はないって言う。それにあるプロジェクトが行きづまると、ほかのプロジェクトのことは忘れて、それにかかりっきりになってしまうのよ」

ジェニファー・ウィルソンは僕の無責任さにあきれ、とうとうCAIと距離をおくようになった。

あるときトム・ヴォーンから言われた。

「結局、CAIというのはグレッグそのものなんだ。君が何をしようとかまわない。でも君がいなければCAIはおしまいだ。むこうで危険をおかすのは、仕方ない――それも仕事の一部だからね。だが、自分のことをかまわなさすぎるのは許しがたいんだ。君は登山も運動もやめてしまった。ろくに眠りもしない。もう登山家とはとても思えないほど太った。ひたすら仕事をしたいという気持ちはわかるが、心臓発作を起こして死んだら、何になる?」

そこで僕は不本意ながらアシスタントを雇った。

そして毎日何時間か、地下室の整理をしてもらうことにした。

たしかに、我ながらすさまじいと思う状態になっていた。だが、それよりずっとCAIの資金が減り続けていることが心配だった。口座には、もう10万ドルも残っていない。そうなるともうこれ以上、アメリカでの活動に費用をかけるわけにはいかない。パキスタンなら1万2000ドルで学校を建てられて、村の人たちが何世代にも渡って教育を受けられる。パキスタンのスタッフなら、年に400ドルか500ドルで喜んで働いてくれる。

パキスタンの方がずっと有効に金が使えるのに、アメリカでスタッフを雇うなんて考えられない。

僕の年収は2万8000ドル。タラはパートタイムの臨床心理学者として働いている。ふたりの稼ぎをあわせても、毎月の出費をまかなうのがやっとだ。理事たちは「給料を上げる」と提案してくれたが、CAIの財政の厳しさを考えると、受け入れるわけにはいかない。

大金持ちのスポンサーが現れて、問題を一瞬にして解決してくれないだろうか。

そんなことを考えるようになったが、金持ちはなかなか自分の財産を手放したがらない。580通の手紙を出した経験から、僕はよく知っている。

反面、ジャン・ヘルニのような人もいる。誰かひとりからでも大口の寄付がもらえれば大きなちがいだ。そんなときアトランタからCAIに電話があった。

電話してきたのは、夫を亡くしたばかりだという老婦人だった。「これまでお金はためるばかりでしたの。ドルにしてゼロが少なくとも6つはつく額になりますかしら。自分が何のためにお金をためていたのか、あなたのお仕事について新聞で拝見して、ようやくわかりましたのよ。寄付のことでご相談したいので、アトランタまでいらしてください」


アトランタ空港につき、ロビーで携帯電話の電源を入れると、メッセージが残されていた。シャトルバスに乗って15分のホテルに行き、そのホテルの敷地内にある駐車場までくるように、ということだった。


駐車場に行ってみると、78歳のヴェラ・クルツが、古びたフォードの運転席に背中を丸めてすわっていた。トランクも後部座席も古新聞や空き缶でいっぱいだったので、僕は助手席に乗りこみ、荷物をダッシュボードと胸の間にはさみこんだ。

こんなところで待ち合わせたのは、空港の駐車料金を払いたくなかったからだ。つめこんだ新聞や空き缶も、捨てるのが惜しいからだ。

すぐに引き返そうかと思ったが、ゼロが6つつく金額と聞いていたから、判断力がにぶった。車に乗り、ドアを閉めた。

ヴェラは一方通行の道を逆走し、クラクションを鳴らしてくる車に向かってこぶしをふりあげた。

僕はひたすらバッグの持ち手を握りしめていた。

ヴェラの家は1950年代に建てられた古い農家だった。部屋の中に積みあがった古い雑誌や新聞の間をぬけて台所に行くと、流しに栓がしてあり、汚らしくにごった水がたまり、表面には膜がはっていた。

ヴェラは飛行機でもらったウイスキーのミニボトルを何年も前からためこんでいるらしい。そのうちの何本かを開けて僕にすすめてくれた。それから、どこかで拾ってきたらしいバラの花束もくれた。花は茶色で、ほとんど枯れていた。

しかるべき時間をおき、話題を何とかCAIへの寄付のことに持っていこうとしたが、ヴェラにはヴェラの考えがあった。

翌日から3日間、ハイ美術館に行き、アトランタ植物園を散歩し、地元の図書館とコミュニティカレッジと旅行愛好会で僕の講演を行う。これが、ヴェラの立てた計画だった。これからの72時間のことを考え、こんなに暗い気分になったことはない。

断ろうかと考えていたら、誰かがドアをノックした。ヴェラが呼んだマッサージ師だった。

「お仕事でお疲れでしょう、グレッグさん」と言うヴェラの横で、マッサージ師が折りたたみ式のテーブルをすえつける。「どうぞくつろいでくださいな」

ふたりとも、僕がその場で服を脱ぐと思っているようだ。だが、僕はちょっと失礼して風呂場に行き、考えた。今までCAIを立ちあげ、運営するためにとてつもない努力をしてきたんだ。これから

3日間くらい、彼女の言う通りにしてもいいだろう。これが終われば多額の寄付がもらえるのだから。

からだにまきつけられるようなものはないかと棚を探してみたところ、ヴェラがためこんでいたタオルは、ほとんどが色あせたホテルのロゴがついたもので、僕には小さすぎた。仕方なくリネンの棚から黒ずんだシーツを取り出し、できるだけしっかり腰にまきつけ、覚悟を決めてマッサージを受けに出ていった。

午前2時、僕はヴェラのよれよれのマットレスの上でいびきをかいていたが、明かりがついたので目が覚めた。ヴェラは「私はソファで寝るから」と言って、ベッドを提供してくれていたが、目を開けると、78歳のヴェラがすけすけのネグリジェ姿で亡霊のように立っていた。あまりにもおどろいたので、言葉が出てこなかった。

「靴下を探しにきたんですの」と、ヴェラはドレッサーの引き出しをあちこちかき回しはじめたので、僕は枕を頭からかぶり、からだを丸めた。

結局、僕は手ぶらで帰りの飛行機に乗った。ヴェラははじめから寄付するつもりなんてなかったのだ。僕の仕事についても、パキスタンの子どもについても、ひとことも聞かなかった。ただ、さびしくて、話し相手が欲しかっただけだ。これからはもっと利口になろうと思った。

だがその後も、寄付の話があるたびに僕は飛びついた。カナダで行った講演がなかなか好評だったので、トム・ラングという地元の建設業者が「ＣＡＩの資金を集めるために僕の家でパーティーを開こう」と提案してくれた。

自分で設計したというラングの家は、１０００平方メートルほどの広さがあり、大理石っぽい壁の大広間に集まった客たちは、安ワインを飲んでおしゃべりしていた。高さ6メートルの暖炉の両脇には、高さ3メートル以上はあるプードル犬の彫像が鎮座していた。

ラングは特注のバスルームや暖炉のプードル像を得意げに見せ、それと同じように僕を得意げに客たちに紹介した。食事のテーブルにはＣＡＩのパンフレットを山のように積んでおいたが、誰も持っていってくれない。おまけにその晩、ラングからの寄付は1セントもなかった。僕はヴェラ・クルツから得た教訓を生かし、寄付はどうなるのかと聞いてみた。「その件については明日話そう。まずは犬ぞりに乗らないか」

「犬ぞりですか？」

「カナダにきて試さない手はないよ」

そりに乗った僕はハスキー犬にひかれて森をぬけ、1時間かけてラングの山小屋に行き、そしてその日は、度胸と根性しか持ち合わせていなかった血気盛んな建設業者トム・ラングという男が、いかにして建設業界を支配するまでにのしあがったかという話をえんえんと聞かされて終わった。

またしても、僕は手ぶらでモンタナにもどってきた。

タラは2番目の子を身ごもっていた。僕はタラと話し合い、もっと家族のことを考えること、今後はパキスタンに行ったら2ヵ月以内に帰ってくることを約束した。

タラは言った。

「あなたがいなくなって2ヵ月も経つと、もうめちゃめちゃになってしまうのよ」

これからの僕は時間をもっと有効に使う、と約束した。


CAIの理事会は、僕が大学で〝経営〟〝開発〟〝アジアの政治〟について勉強できるように、毎年予算を取っておいてくれた。そのお金で僕は本を買った。

本を読んでわかったのは、世界各地の農村開発プログラムの中でも、バングラディシュがひときわ高い成果を上げているということだ。

バングラディシュは非常に貧しく〝アジアの掃きだめ〟とも言われるが、農村再建協会が女子教育に力を入れるという考えを実践してから、わずか1世代でうまくいっているという。

農村の女の子たちに、何としても教育を受けさせたい。

バングラディシュからインドに向かう飛行機の中で、そう強く思わされる光景を目にした。

飛行機に乗っていた外国人は僕だけだったが、客室乗務員に案内されてファーストクラスに行くと、そこにはバングラデシュの女の子たちが15人ほどいた。

みんな真新しいサリーを着て、若くてきれいで、おどおどしていた。そしてシートベルトの使い方も、ナイフやフォークの使い方も知らなかった。

空港につくと、どこからか役人っぽい男がやってきて、彼女たちを連れて飛行機を降り、税関を通って出ていった。僕は何もできなかった。あの子たちは、これから売春婦になってみじめな生活を送るにちがいない。


コルカタ国際空港の売店で、新聞の見出しが目にとまる。

マザー・テレサが、長い闘病生活の末に亡くなったという。

「ハシッシュ？　ヘロイン？　女のマッサージ？　男のマッサージ？」

到着ロビーにいたタクシーの運転手が、僕の腕をつかまえて言う。本来ならここまで入ってこれないはずなのだが。「どう？　何でもオッケーよ」

うさんくさそうなやつだが、たいした根性だ。「マザー・テレサが亡くなったそうだから会いにいきたい。連れていってくれる？」

「へい、どうも」タクシーの運転手はさかんにうなずき、僕のバッグを手に取った。

黒と黄色にぬられたタクシーに乗りこむと、運転手は窓からぐっと身を乗り出したまま、ひっきりなしにタバコをふかしはじめた。おかげで僕の席からも、フロントガラス越しにコルカタの町のすさまじい交通渋滞がよく見えた。途中で花屋に寄り、10ドル分のルピー札を運転手に渡し、故人に贈るのにふさわしい花を買ってきてほしいと頼んだ。汗だくになって待つこと30分、運転手が大量に抱えてきた華やかなバラとカーネーションを後部座席に何とか押しこんだ。

マザー・テレサの修道会〝神の愛の宣教者会〟についたのは夕方だった。

建物の外では、マザーの死をいたむ人が何百人も門のところに集まっている。みんな厳かにろうそくを手に持ち、果物やお香を道ばたにささげていた。

運転手は車を降りると、金属の門をがたがたゆすり「おい！　このだんなは、マザーに会いにはるばるアメリカから来たんだぞ！　門を開けろい！」とベンガル語で叫び散らした。入り口にいた年寄りの門番がおどろいて立ちあがり奥へ引っ込み、若い修道女を連れてもどってきた。青い衣を着た修道女は砂ぼこりまみれの僕と、大量の花をしばらくじろじろ見ていたが、中に入れてくれた。気が進まない様子で歩く修道女の後について、遠くから聞こえる祈りの声を聞きながら暗い廊下をぬける。風呂場の前に出た。「まず、身を清められてはいかが？」修道女はスラブなまりの英語で言った。

ささげられたろうそくのゆらめく光に包まれた明るい部屋のまんなか、マザー・テレサは簡素な台の上に横たわっていた。僕はおいてあった花束をそっとわきにずらし、持ってきた派手な花を手向け、壁ぎわに腰をおろす。修道女はあとずさりして部屋からいなくなり、僕はマザー・テレサとふたりきりになった。

何をしたらいいかわからないまま、僕は部屋のすみに座っていた。マザー・テレサは、僕が小さい頃からずっと尊敬していた人だ。

マザー・テレサは裕福な建設業者の娘として生まれた。もとの名はアグネス・ゴンジャ・ボヤジュ。12歳のとき〝貧しい人々のために働くように〟という神のお告げを聞き、修道女としての修業をはじめた。その後ロレット女子修道会の一員となり、20年間、コルカタの聖マリア学院で教師をつとめ、校長にまでなった。だが1946年〝貧しき者の中でも最も貧しき者に仕えよ〟という神のお告げを聞き、さらに「独自に活動してよい」という教皇ピウス12世の特別許可を得て、家のない子どもたちのために青空教室をはじめた。

やがてマザー・テレサという名で知られるようになったこの女性は、バチカンの許可のもと〝神の愛の宣教者会〟を設立。おなかをすかせた者、服のない者、家のない者、からだの不自由な者、目の見えない者、ハンセン病の者など社会から求められず、愛されず、見捨てられた者、社会の重荷になり、人々から避けられている者の、世話をすることを使命とした。

1979年にノーベル平和賞を受賞するころ、マザー・テレサはすっかり有名人になっていて、〝神の愛の宣教者会〟もその活動の輪を広げ、世界中のあちこちに孤児院や施療院や学校を作っていた。

一方、数年前からマザー・テレサに対する批判もあった。

麻薬の密売人、組織犯罪者、腐敗した政治家といった人たちが、自分の罪から少しでも救われようと差し出した、出所の怪しいお金を受け取っていたからだ。批判されたマザーはこう言った。「お金の出所は気にしません。神の御心にかなった使い方をすれば、すべて清められるのですから」

僕もお金集めに苦労したので、マザーの気持ちがわかるような気がした。

僕は部屋のすみに腰をおろして、死に装束にくるまれたマザー・テレサを見つめた。布に包まれたマザーは本当に小さく見えた。こんなに小さな人が、世界にあんな大きな影響力を持っていたなんて、なんだか不思議に思った。

後から後から修道女がやってきては、敬意を表してひざまずき、マザーの足に触れていく。こうして何百人もの人にさわられ、クリーム色のモスリンの布はすっかり変色していた。僕はマザー・テレサのわきの冷たいタイルの床にひざまずき、マザーの小さな小さな手を握った。マザーの手は、僕の手の中にすっぽりとかくれてしまった。

案内してくれた修道女が「よろしいですか?」というようにうなずいたので、僕は静かに歩く彼女を追って廊下をぬけ、また暑くてさわがしいコルカタの町にもどった。

タクシーの運転手はしゃがんでタバコを吸っていた。僕が近づくのを見ると、さっと立ちあがった。「どう? ばっちり?」ぼうっとしている僕を連れて、自転車タクシーだらけの通りを歩き出す。

「で、マッサージ、どう?」

＊

2000年の冬。モンタナの地下室にもどった僕は、マザー・テレサとすごしたひとときをよく思い返した。

マザーはみじめさや苦しみをはるか遠くに残し、家に帰ることはなかった。ゆっくり休んで次の戦いに備えるという考えもなかった。どうしてそんなことができたのだろう。僕はすっかり疲れ果てていた。クリスタが死んだ日に、山で滑落しけがをした部分がまだ痛む。ヨガや鍼を試したが効果はない。我慢できないほど疼く日は、痛み止めの注射を20本ほど打つこともあった。

アメリカで僕は有名人になってきたが、なかなかなじめない。いろんな立場の人たちが次から次へと現れ、いろいろせがんでくる。

登山家たちは「パキスタンで登山隊を作りたい」と頼んできたが、僕は「何もするつもりはない」と言うと、機嫌を悪くした。ジャーナリストや映画制作会社からもひっきりなしに連絡があり、「また次回パキスタンに行くときには同行させてほしい」と言ってきた。僕が7年間かけて築きあげた関係を利用して、ライバルより先に立入制限区域に入るのを許可してもらうためだ。

物理学者、雪氷学者、地震学者、文化人類学者、野生動物学者といった何とか学者たちは、長くてわかりにくい手紙を書いてきて、パキスタンに関する疑問について、僕に専門的なことまで答えさせようとした。

僕は地下室にもぐりこみ、電話がいくら鳴ろうが、メールが何百通とたまろうが、ひたすら無視することにしていた。

タラがセラピストを紹介してくれたので、僕は定期的に話を聞いてもらうことにした。パキスタンにいないとき、どうして身を隠したいと思うのか？　その根本的原因を探りながら、僕を余計なことに巻きこもうとしている人たちへの怒りにどう対処すべきかをいっしょに考えてもらった。

タラの母ライラ・ビショップの家が、僕のもうひとつの安息の場になった。地下室にタラの父バリー・ビショップの蔵書があり、僕は何時間も読みふけった。チベットから移住してきたバルティ族について書かれた本、K２をはじめとする美しい山々の白黒写真が載った本、１９０９年にアブルッツィ公がK２にいどんだときの記録が書かれた本。夕食の時間になると、僕はようやく重い腰をあげて階段をのぼり、家族とともにテーブルを囲む。

義母のライラはいつも「たしかにタラの言った通り、あなたには何か特別なところがあると思うわ。ほかの男とは全然ちがう」とくり返す。

雪の降る日にバーベキューをしたことがあって、ライラから「外に行ってサーモンを裏返してきて」と頼まれた。そのときのことをライラはいつも他人に話したがる。

「少したって窓からのぞいてみたらこの人、雪の上に裸足で立って、サーモンをシャベルでひっくり返していたのよ。それもいたって当然のことだといった雰囲気で。まあ、グレッグにとっては当然だったんでしょうけど、この人は私たちとはちがうんだっていうことがわかりました」

その冬、アフガニスタンの惨状に関する報告が届くようになり、僕は地下室で頭を抱えていた。

1万人以上のアフガニスタン人、主に女性や子どもたちが、侵攻してくるタリバンの軍から逃れ、北のタジキスタンとの国境まで移動している。難民たちは中州に泥の小屋を作って暮らしているが、食べ物はろくに手に入らず、川岸に生えている草を食べているという。

難民たちが病気になって死んでいく。その一方で、タリバンの兵士たちは彼らに向かって遊び半分で手榴弾を投げる。手榴弾は逃げまどう難民たちの間に落ちる。タジキスタンに逃れようと、丸太につかまって川を渡ろうとした者もいたが、国境を警備しているロシア軍に撃ち殺されてしまった。アフガニスタンの混乱がこちらに飛び火するのはごめんだとばかりに。

パキスタンでの仕事をはじめて以来、僕はあまり眠らなかったが、この冬は本当に眠れなかった。ひと晩中起きて地下室を歩き回っては、何とかしてアフガニスタンの難民を助ける方法はないか考えた。

新聞に投書したり、議員に手紙を送ったが、誰も気にとめてくれなかった。議会も国連もホワイトハウスも反応がなかった。

いっそ、自ら機関銃《カラシニコフ》を手に入れて、ボディガードのファイサル・バイグとともにアフガニスタンに乗りこもうかと思ったくらいだ。

要するに、僕は失敗したのだ。誰にも関心を持ってもらえなかった。タラはきっと「グレッグはひどい状態だ」と言っていただろう。僕はずっと暗いことばかり考えていた。凍えている子、幼くして死んでしまう子、銃を持った大人に囲まれている子、川の水を飲んだために赤痢になってしまう子、飢え死にしかけている子。頭がおかしくなりそうだった。

キリスト教徒であれ、ユダヤ教徒であれ、イスラム教徒であれ、戦争になると指導者たちは決まって「神は我々の味方だ」と言う。だが、それはちがう。戦争で神が味方するのは、難民や未亡人や孤児だ。


2000年7月24日。僕の心が軽くなった日だ。

この日、僕は台所でひざまずき、手ですくったお湯をタラのあらわな背中にかけていた。手をタラの肩に置き、張りつめた筋肉をほぐす。タラの心ははるかかなたをさまよっている。これからはじまる大仕事に集中しなければならない。今度の助産師は「水中出産にしたらどうか」とすすめてくれた。うちのバスタブは小さかったので、助産師は大きなプラスチックの飼い葉桶を持ってきて、台所の流しとテーブルの間に押しこみ、お湯で満たした。


ハイバル・ビショップ・モーテンソン。

飼い葉桶から息子がこの世界に浮かんできて、僕は久しぶりに幸福感に包まれた。息子の頭に触れるだけで、満ち足りた思いがからだの中に流れこんでくる。生まれたばかりのハイバルをふかふかの毛布でくるみ、アミーラの学校に連れて行った。アミーラがクラスメイトたちの前で自慢できるように。

アミーラは、人前で話すのが僕より上手になっている。僕がハイバルをフットボールのように抱えている間、弟の小さい手や足の指について得意げに説明している。

「ちっちゃくて、しわくちゃなのね」とクラスメイトのひとりが言った。「こんなにちっちゃくても、あたしたちみたいに大きくなるの？」

「すべては神の思し召し《インシャラー》のままに」僕は言った。

「えっ？」

「そうなるといいね。そうなるよ、きっと」

CHAPTER

# 19

# ニューヨークという村

## A Village Called New York

算数や詩の時代は終わった。兄弟たちよ、今は機関銃《カラシニコフ》や手榴弾から学ぶ時代だ。

――コルフェ小学校の壁にスプレーで書かれた落書き

「ありゃなんだ？　あそこに見えるのは？」僕はたずねた。

「神学校《マドラサ》ですよ、グレッグさん」わし鼻のアポが答える。

僕は見慣れない建物をもっとよく見たくて、運転手のフサインに頼みランドクルーザーを停めてもらった。車をおりて、硬くなったからだをボンネットの上で伸ばす。

ふと見ると運転席のフサインがタバコに火をつけ、灰を無造作に落とした。ダイナマイトの木箱の上に。

フサインの運転手としての腕はすばらしい。どんな悪路でもちゃんと車を進めてくれる。けわしい山道を何千キロも走ってきたが、一度も事故を起こしたことはない。だからあまりうるさいことは言いたくない。だが爆発は困る。スカルドゥの町にもどったらすぐ、ダイナマイトの箱を何かでくるもう。

僕はうめきながらのびをすると、あらためてグラポールの町にあるこの変わった建造物を眺めた。敷地はしからはしまで180メートルほどあり、高さ6メートルの壁でぐるりと囲まれている。中をのぞくことはできない。ワジリスタンならともかく、ここはスカルドゥの町からたった数時間のところだ。まさかこんなものが見られるとは。

「軍事基地じゃないんだね？」

「新しくできたやつです。ワッハーブ派の神学校《マドラサ》ですよ」とアポは言う。

「どうしてこんなに大きいんだろう？」

「ワッハーブ派の神学校《マドラサ》はですね……」アポは言いかけて、英語でなんて言うかしばらく考えたが、思い出せない。かわりにブンブンいう音を口まねした。

「ハチかい？」

アポの顔が明るくなる。

「はい、ハチの巣みたいなところ。ワッハーブ派の神学校《マドラサ》には、いっぱいいっぱいの学生が潜伏してます」

僕は納得して車にもどり、再びダイナマイトの箱のうしろに座った。

さらにスカルドゥの町から東に離れ、ユゴ村という貧しい村にやってくると、木々の間に2本の白い尖塔がつっ立っているのが見えた。

「こんな新しい礼拝堂《モスク》を建てるお金、どこにあるんだろう？」僕は不思議に思った。

「こいつもワッハーブ派です。クウェートとかサウジアラビアから長老がやってくるんですよ。スーツケースにルピー札を一杯つめた長老たちが。できのいい生徒たちは長老たちに連れ去られる。やがてその子たちは、バルティスタンにもどってくる。そして妻を4人持たされるんです」

さらに20分移動すると、さらに貧しいフルド村を前に、偉そうにふんぞりかえっている礼拝堂《モスク》が姿を現した。僕は気分が悪くなる。

「ワッハーブ派？」次第に不安がつのってくる。

「はい、グレッグさん」アポは、もぐもぐと噛みタバコを噛みながら、決まりきったことだと言わんばかりに答えた。「どこにだっていますよ」

サウジアラビアのワッハーブ派が、何年も前からアフガニスタンとの国境沿いに礼拝堂《モスク》を建てていることは知っていた。だがこの2001年の春には、イスラム教シーア派の多いバルティスタンの中心にまで新しい建物を作っていた。

ショックだった。彼らがやろうとしていることの規模の大きさを知り、ぞっとした。

ワッハーブ派というのは、イスラム教スンニ派の中でも特に保守的で原理主義的な考えを持つ一派だ。サウジアラビアでは国教になっている。サウジアラビアの信者たちにとって、「ワッハーブ派」という呼び方は侮辱的であり、彼らは「一神教の徒《アル・ムワヒドゥン》」と名乗っている。

だが、彼らが信者を増やそうとしているパキスタンなどの貧しい国では「ワッハーブ派」という名前の方が浸透している。ワッハーブという言葉は、〝気前よく与える者〟を意味する「アル・ワッハーブ」という言葉からきているからだ。

ワッハーブ派の信者たちは、スーツケースにつめこんだり、送金の記録が残らない特殊なシステムを使ってあり余るお金をパキスタンに持ちこみ、気前よくばらまく。そしてパキスタンの人たちの間でいい評判を得る。

そんなふうに湾岸地方の石油が生んだ巨額の資金を使って、パキスタンで大量のイスラム過激派を育てあげようとしている。その恐るべき場所が、ワッハーブ派の神学校《マドラサ》なのだ。その活動は謎に包まれていて正確なことはわからない。

検閲の厳しいサウジアラビア。そこから発表を許されたわずかな報告を読むだけでも、ぬけ目なく投資されたオイルマネーが、パキスタンでも特に貧しい学生たちに大きな変化をもたらしていることがわかる。


サウジアラビアのニュース誌『アイン・アル・ヤキーン』の報告。

ワッハーブ派の主な布教団体のひとつ〝アル・ハライマン財団〟は、パキスタンなどのイスラム国家に１１００の礼拝堂《モスク》、学校、イスラムセンターを建て、布教活動のために３０００人を雇った。また別の布教団体である〝国際イスラム救援機構〟は、同じ時期に３８００の礼拝堂《モスク》を建て、「イスラム教育」のために４５００万ドルを投じ、６０００人の教師を採用したが、その大半はパキスタン人だった。

CAIはパキスタン北部のいたるところで活動していた。だが僕たちの資金なんて、ワッハーブ派と比べたらほんのはした金にすぎない。僕たちがひとつ学校を作りはじめようとすれば、そのそばにワッハーブ派の神学校《マドラサ》がひと晩で10くらいできあがる。その程度だ。

パキスタンの教育制度が機能しない中、ワッハーブ派が力を持ったのはお金の力によるものだ。イギリス統治時代の産物である、ハイレベルな私立学校がある。だがそこに通えるような裕福な子どもは、ほんのひとにぎりだ。残りの子どもたちは、かろうじて公立学校に通えるかもしれない。だが公立学校の資金はとぼしく、まともな教育を受けられるはずもなかった。

神学校《マドラサ》がねらったのは、公的な教育すら受けられない貧しい人々だ。学校のない地域に住む、何百万人ものパキスタンの親にとって、神学校《マドラサ》は子どもに教育を受けさせられる唯一の機会となる。無料の寄宿舎があり、学費も払わなくていい。

もちろんワッハーブ派のすべてが悪いわけではない。パキスタンの貧しい人々を助けるために、立派な活動をしている学校や礼拝堂《モスク》もある。だが一方で、聖戦《ジハード》に参加する、戦士に育てることしか考えていないところもある。

世界銀行の調査によると、2001年には、少なくとも2万の神学校《マドラサ》で200万人のパキスタン人がイスラム教にもとづく教育を受けた。またすべての神学校《マドラサ》が原理主義的な教育を行っているわけではないが、神学校《マドラサ》の学生のうち15%から20%が軍事訓練を受け、数学、科学、文学などの科目を教わるかわりに、西洋への憎しみを植えつけられ、聖戦《ジハード》への参加を求められているという。

ジャーナリストのアハメド・ラシッドは「神学校《マドラサ》で学んだ若者のうち8万人以上が新兵としてタリバンに加わった」と考える。

彼はペシャワールの町にあるワッハーブ派の神学校《マドラサ》を体験した。その内容を著作『タリバン―イスラム原理主義の戦士たち』に書いた。

神学校《マドラサ》の学生たちは1日中、預言者ムハンマドの言葉とイスラム法の基本を記したコーランを、〝ほとんど学のない教師〟から教わっているという。教師も学生も、数学、科学、歴史、地理の基礎知識は何ひとつない。学生たちは、基盤も安らぎも仕事もない。経済的にも恵まれず、自己認識もできていない。

「戦争を称賛するのは、戦う以外の仕事ができないからだ」とラシッドは言う。

自分の村の素朴な宗教指導者《ムッラー》から教えこまれた、神秘的で厳格なイスラム教への素朴な信仰だけが、彼らのよりどころであり、人生に何らかの意味を与えてくれるものとなっている。

ワッハーブ派の戦略を考えると、めまいがしてきた。アラブ人の宗教指導者が2、3人、金のつまった袋を持ってやってきて勧誘する、というレベルの話じゃない。

神学校《マドラサ》の優秀な学生を引きぬいて、サウジアラビアやクウェートに連れ帰り、そして10年ほど洗脳してからふるさとにもどすと、今度は4人の妻を持たせ、大勢の子どもを作らせるのだ。

アポは、「神学校《マドラサ》はハチの巣だ」と言ったが、まったくその通りだ。学生を何世代にも渡って洗脳し続け、20年、40年、あるいは60年後、過激派の大軍によって、パキスタンをはじめとするイスラムの国々をのっとろうとしているのだ。

スカルドゥの町の中心にも、ワッハーブ派の礼拝堂《モスク》と神学校《マドラサ》が完成した。石の塀から赤い尖塔がにょっきりと姿を出している。まるでおどろきを表すびっくりマークのようだった。

2001年9月9日、僕は緑のランドクルーザーに乗り、パキスタンの北のはしにある、チャルプルソン渓谷に向かっていた。助手席にはジョージ・マカウンが座っていて、フンザ渓谷の壮大な景色に見とれている。

「地上にこんな美しい場所はないね。野生のラクダの群れといっしょに、このパキスタンのすばらしい山々の間を通り抜けていくなんて」マカウンは興奮していた。

目的地はズードハーン村。僕のボディガードであるファイサル・バイグのふるさとである。CAIのプロジェクトが3つ――水道設備、小さな水力発電所、診療所が完成したので、そのお祝いのために向かっている。

マカウンはこのプロジェクトに8000ドル寄付し、自分の寄付がもたらした成果を見にいくところだった。うしろにはマカウンの息子夫婦が乗ったジープがついてきている。

この日は途中で1泊した。ここらへんはシルクロードの時代、キャラバンの宿泊地だったところだが、今では中国へ向かうトラックが立ち寄るサービスエリアに姿を変えている。僕は今回の旅のために新しく買った衛星電話を取り出し、イスラマバードにいる友人のバシール将軍に連絡する。2日後にヘリコプターでズードハーンまでむかえにきてくれるように念を押しておこうと思ったのだ。

この1年でいろんなことが変わった。今ではシャルワール・カミーズだけでなく、その上にカメラマン用のベストを着ている。ポケットがたくさんあって、いろんな細かいものを入れておける。ドル札がいつでも両替できるようあちこちに入っている。日々の支払いに必要な小額のルピー札もある。現地の人に渡された手紙だって領収書だって入れられる。アメリカにいるやかましい会計係に後でちゃんと渡せる。いちばん大きなポケットにはフィルムカメラとデジタルカメラの両方が入っていて、アメリカにもどったら、いつも寄付をしてくれる人たちに写真を見せるのだ。

パキスタンも変わった。カルギル紛争での敗北はパキスタンにとって屈辱的だ。民主選挙で選ばれたナワーズ・シャリフ首相は権力の座を追われ、かわって権力を握ったのが、パルヴェズ・ムシャラフ将軍だ。軍事政権がパキスタンを支配する。ムシャラフは大統領に就任するにあたって、最近国の力が衰えたのはイスラム過激派のせいだと言った。だから「過激派の力をおさえる」ことを公約にかかげた。

ムシャラフ大統領が何を考えているかはわからなかったが、新しい軍事政権はありがたいことにCAIに協力的だった。ムシャラフ大統領はすぐに政治の腐敗をとりしまり、国民たちの尊敬を集めた。政府の予算で作られたはずの学校や診療所が本当に存在するかどうかたしかめるために、山奥の村にもきちんと軍の監査役をよこすようになった。

それにブラルドゥ渓谷の村人たちが言うには、首都イスラマバードのお金が初めて村まで届くようになった。

さらにうれしいことに、空軍のパイロットが僕たちに協力してくれるようになった。スカルドゥの町からランドクルーザーで行けば何日もかかってしまうような村へ、たった数時間で連れていってくれるのだ。

バシール・バズ将軍はムシャラフ大統領の腹心で、世界一高いところにある軍事基地に人員や物資をヘリコプターで運んだ経験がある。

インド軍を追い返すのに活躍し、退役した今ではアスカリ航空で働いている。軍のうしろ盾がありチャーター便をあつかう航空会社だ。

使えるヘリと時間があるときならば、バシール将軍とその部下たちが、いつだってパキスタンの山奥まで僕たちを乗せていってくれる。「パキスタンの子どもたちのためにこんなに熱心に働いてくれているんだから。せめて、ときどきヘリに乗っていただくくらいの協力は惜しみませんよ」

電話番号を押してアンテナを南に向けると、バシール将軍の声が雑音を通して聞こえてきた。遠くから聞こえてきた知らせに僕は耳を疑う。

「何だって？　マスードが死んだ？」

〝アフガニスタンの国防相アフマド・シャー・マスードが、ジャーナリストに変装したアルカイダのメンバーに暗殺された〟という未確認情報をパキスタンの情報部から聞きつけたばかりだという。

「でもヘリコプターは予定通りむかえにいく」バシール将軍はつけ加えた。

もし本当の話なら、アフガニスタンは崩壊する。

そして残念ながら、情報は正しかった。北部同盟のカリスマ的指導者だったマスードは、元聖戦士《ムジャヒディン》たちの一団を率いて、アフガニスタンの最北部をタリバンの手から守っていたが、とうとう暗殺された。犯人はアルカイダの訓練を受けたアルジェリア人2名。ドキュメンタリーの撮影にきたモロッコ系ベルギー人だと名乗ってマスードに近づいた。フランスの情報部は犯行に使われたカメラのシリアルナンバーを調べ、去年の冬、フォトジャーナリストがデパートのショーウィンドーを撮影していたときに盗まれたものだとつきとめた。

２００１年９月９日。犯人たちはカメラに爆弾をしかけ、取材だと偽ってマスードの本拠地を訪問し、インタビュー中に自爆した。僕たちが泊まっているところから、ヘリコプターで西に１時間ほどのところだ。

部下たちはタジキスタンの病院へ連れていくため、急遽ヘリポートに向かったが15分後、マスードはあえなくランドクルーザーの中で帰らぬ人となった。

だが、この事件はできるだけ世間にばれないようにしなければならなかった。マスードが死んだとわかれば、タリバンは勢いづく。そしてアフガニスタンにただひとつだけ残った自由の地を攻撃してくるにちがいない。

アフマド・シャー・マスードは、〝パンジシールの獅子〟と呼ばれていた。

アフガニスタンに侵攻してきたソ連軍と果敢に戦い、数では圧倒的に上回るソ連軍に対して巧妙にゲリラ戦をしかけ、自分のふるさとパンジシール渓谷を９度も救った。

アフガニスタンのチェ・ゲバラともいうべき存在だったが、茶色の帽子にけわしく端正な顔立ち、ぼさぼさのひげという風貌はレゲエ歌手のボブ・マーリーに似ていた。

マスードの死は、つまりアフガニスタン北部の軍閥をまとめ、アメリカの軍事支援を受けられる唯一の指導者が倒れたことを意味していた。

2001年9月10日の朝、僕たちはチャルプルソン渓谷をのぼっていた。

高地の澄んだ空気の中、アフガニスタンの赤茶けた山脈が、くっきりと姿を見せている。氷河が散らばるでこぼこ道を、ジープは時速20キロでのろのろと進む。

パキスタン最後の村、ズードハーン村が谷の奥に見えてきた。日干しレンガの家は灰色っぽい。ほとんど谷底と同じような色なので、村に入って初めて村があることがわかる。

ボディガードのファイサル・バイグは、ポロの競技場に集まった村人たちの中で誇らしげに立ち、僕たちを待っていた。ふるさとにいるファイサルは、ワヒ族の民族衣装を着ている。ざっくりとした茶色い毛織りのベストに、スキードという白い帽子、それにひざまである乗馬靴。アメリカから来た僕たちを出むかえてくれた人たち。そのどまんなかで、ファイサルは以前マカウンから贈られたサングラスをかけて、堂々と立っている。

ジョージ・マカウンはかなり大柄だ。だが、ファイサルはマカウンを軽々と抱きあげて、力強く抱きしめた。

楽団がラッパやたいこを鳴らす中、僕たちはズードハーン村の村人300人がずらりと並んだ出むかえの列と向き合った。僕はすでに6回この村を訪れている。お茶は何十杯もいっしょに飲んだ。もうすっかり家族あつかいだ。ズードハーン村の男たちはかわるがわる僕を抱きしめるが、さすがにファイサルほど怪力ではない。女性たちはワヒ族の間でよく見られる、華やかな色のショールとシャルワール・カミーズに身を包んでいる。そして地元のしきたりにのっとり、〝ダスト・バ〟というあいさつをした。手をそっと僕のほおに当て、自分の手の甲に口づけをする。

ファイサルの案内で、僕とマカウンは、谷の上にある川から急な角度で水を運ぶ新しいパイプを点検し、ひとつの儀式として、小さな水力発電機のスイッチを入れた。これで、ズードハーン村の数十軒の家は、天井からぶらさがった新しい電球によって毎晩数時間、暗やみから解放される。

特にじっくり見たかったのは、できたばかりの診療所だった。

ズードハーン村初の保健師が、150キロ先の低地にある診療所で6ヵ月間の研修を終えてもどってきたばかりだった。28歳のアジザ・フサインが、うれしそうに僕たちを部屋に案内する。

アジザの家にひと部屋建て増して、そこを診療所にした。アジザはひざの上で生まれたての息子をあやし、5歳になる娘を抱っこしながら、寄付でそろえた抗生物質やせきどめシロップ、生理食塩水が入った棚などを見せてくれた。

これまで、ズードハーン村の人たちが診察を受けられる場所といったら、いちばん近いところでも車で2日かかるところだったし、しかもそこへ行くまでの道が通れなくなることもしょっちゅうで、病気になれば命にかかわることも珍しくなかった。アジザが保健師として働きはじめる前の年は、出産で3人の女性が命を落としていたという。「それに下痢で亡くなる人もたくさんいました。でも私が研修を受けたし、グレッグ先生が薬を用意してくれたから、今は対処ができます」

水道設備によってきれいな水が手に入った。そして子どもたちを清潔に保ち、腐ったものを食べないよう指導した。それ以来、下痢が原因で命を落とした人はいない。

「母親となる女の人たちに、私が学んだことを伝えていきたい。いろいろなことが進歩しました。もうこの地域では『女に学問は必要ない』なんて考える人間はひとりもいません」アジザはにっこり笑った。

ジョージ・マカウンが言う。

「同じ金でも、実に有効に使われるもんだ。アメリカならこうはいかない。企業が何百万ドルも費やしたって、たいてい何ひとつ変わらない。ところがグレッグは、安い車1台分の金で、ひとつの村に奇跡を起こすんだ」

翌日、村中の人たちが、ポロの競技場に作ったステージの前に集まっていた。

〝ようこそみなさま〟と書かれた横断幕の下に僕とマカウンは座ると、花の刺繍をつけた毛織の長い服を着たひげの長老たちが、くるくる回るワヒ族の踊りで歓迎してくれた。僕も立ちあがって輪の中に飛び込む。そしてこの巨体からは想像できないほど優雅に踊ってみせると、村人たちは大喜びではやしたてた。

ファイサル・バイグと8人の長老たちが中心となり、10年前にはズードハーン村に学校を作っていた。

そこの学校の優等生たちが、身につけた英語を聞いてもらおうと、かわりばんこにスピーチする。暖かい午後の祝典は、ゆっくりとすぎていった。

ひとりの少年が、トラクターのバッテリーにつないだマイクに向かう。

「本日は、ここパキスタンまで、お忙しいところ、はるばるきてくださり、ありがとうございます」はにかみながらしっかりと話す。

もうひとりの少年が、張り合うようにして話をつなぐ。

「ここは、人里離れた、へんぴなところだ」マイクを持つ手がポップシンガーのように気取っている。「ズードハーン村は、ひとりぼっちだった。でも、グレッグさんとジョージさんが、より良い村にしようと、がんばってくれました。貧しくて、恵まれなかった村人に、力を貸してくれた。みなさんに感謝したいです。本当にありがとうございます」

お祝いの最後を飾るのはポロの試合だった。

いちおう〝お客に楽しんでもらうため〟という名目で、谷をくだったところにある8つの村から、小さくてがっしりとした馬が集められ試合がはじまる。ワヒ族の生活そのままの荒っぽい試合だ。選手たちは鞍もつけず馬に乗り、ボールがわりのヤギの頭蓋骨を追い、競技場をところせましとかけ回り、スティックの道具《マレット》で相手をたたいたり、馬ごと相手にぶつかる。まるでスタントカーみたいだった。

選手が目の前を走るたび、村人たちは陽気に騒いだ。そして山並みのむこう、アフガニスタンに夕日が沈み、最後の光が消えゆくころ、ようやく選手たちはばらばらに馬を降りはじめ、式はお開きとなった。

ファイサル・バイグはよその文化に寛容だった。箱のような自分の家に泊める客たちを中国産のウォッカでもてなしてくれた。僕とファイサルは飲まなかったが。

寝る前にマスードの暗殺のことや、それがここの人たちに今後どう影響するだろうかについて、村の長老たちと話し合った。

アフガニスタンの残りの部分、つまりここからイルシャド峠を越え、わずか30キロしか離れていない土地までがタリバンの手に落ちれば、村の生活はすっかり変わってしまうだろう。国境が封鎖され、交易路として使ってきた道が閉ざされる。そうすれば今まで峠や谷を越え、パキスタンとアフガニスタンを自由に行き来していた部族は、ふたつに分断されてしまう。

去年の秋、僕がズードハーン村に水道管を届けにきたとき、アフガニスタンがどんなに近いか実感させられる出来事があった。

ファイサルといっしょにズードハーン村を見おろす牧草地にいたら、イルシャド峠の方から砂ぼこりが見えた。馬に乗った男たちが僕を見つけると、こちらめがけてやってきた。荒々しい山賊の一団のようだ。胸に弾薬ベルトをつけ、もつれたひげを生やし、ひざ上まで届く乗馬靴を履いた男たちが十数人。

男たちは、馬から降りて僕に近づいてきた。あれほど荒っぽい連中を見たことはない。ワジリスタンでの経験を思い出し「まずい、またか」と思った。

指導者らしい怖そうな男が、猟銃をかついで近寄ってくると、ファイサルは命を投げ出す覚悟なのか、その前に立ちふさがった。だがすぐにふたりは抱き合い、興奮しながら言葉を交わした。

「私の友だちです。前からグレッグ先生を探していました」ファイサルが言う。

この男たちは、ワハン回廊からきたキルギスの遊牧民ということだった。ワハン回廊はアフガニスタンの北東にある、パキスタンとタジキスタンにはさまれた場所だ。タリバンによってアフガニスタンの片すみに封じこめられ、外国からも政府からも援助を受けられない。そこで男たちは、僕がここらへんに来るという情報を聞きつけ、6日間も馬を走らせてきたらしい。

相手の男は村長で、僕に歩み寄った。ファイサルが通訳する。

「私にとって、生活がつらいのは、何でもない。だが、子どもたちには、よくない。食べ物がとぼしく、家も少なく、学校は全然ありません。グレッグ先生は、パキスタンで学校を建てていると聞いた。私たちのところにも学校を建ててくれないか？　土地も、石も、人手も、全部用意します」

僕は、泥の家に住む1万人の難民たちのことを思い出した。僕が助けられなかった人たちだ。戦いのさなかにあるアフガニスタンで活動するのはとても難しい。だが何とかしてこの人たちの力にはなりたい。

ファイサルを通じて話すのをもどかしく思いながら、僕はあと数日したら妻の待っている家に帰らなければならないこと、そしてＣＡＩの活動はまず理事の承認を得なければならないことを伝えた。

それでも僕は、相手の肩、うす汚れた毛織りのベストの上に手をおき力をこめた。そしてファイサルに言う。「今は帰らなければならない、アフガニスタンで仕事をするのはとてもむずかしいと伝えてくれ。でも、できるだけ早くこの人のところへ行くと約束する」

キルギスの男は顔をしかめながらファイサルの言葉に耳を傾けていたが、やがてしわの刻まれたその顔がぱっと明るくなった。そして約束のしるしに力強い手で僕の肩をつかむと、馬にまたがり去っていった。ヒンドゥークシュの山道を越え、はるかかなたのふるさとにもどり、自分が仕える軍閥のボスに報告するのだ。

あれから1年経ち、僕はファイサルの家で、ファイサルがわざわざ用意してくれた簡易ベッドの上で横になっていた。ファイサルの家族は床の上で寝ていた。マカウンの息子夫婦はぐっすり眠っていて、マカウンも窓ぎわのベッドでいびきをかいている。僕はうとうとしながら、村の長老たちと話したことをぼんやりと考えていた。キルギスの人たちとの約束のことも。マスード暗殺のせいで、あの約束は果たせなくなってしまうのか。

ファイサルは言った。「この世で人の力がおよばないことに行き当たったら、やるべきことはただひとつ、慈悲深きアラーのご加護を祈ることだけだ」

真夜中をかなりすぎたころ、僕はようやくランプを吹き消した。

暗がりの中で、長かった1日が終わろうとしている。ファイサルが客人のために平和を願い、小声で熱心にアラーに祈りをささげるのを聞きながら、僕は眠りに落ちた。

朝の4時半、誰かに揺すぶられて目が覚めた。

ファイサル・バイグが、ロシア製のラジオを僕の耳に押しつけている。ダイヤルのぼんやりとした緑の光。浮かびあがったファイサルの端正な顔は、今まで見たことがない、恐怖でゆがめられていた。

「先生！　先生！　大変です！　起きてください！」ファイサルは大声を出す。

2時間しか寝ていなかったが、僕は軍隊できたえられている。すぐに起きあがった。

「平和があなたとともにありますように《アッサラーム・アライクム》。ファイサル」僕は目をこすって眠気を追い払おうとする。

「調子はどうだい？《バーフ・アテヤ》」

いつもなら礼儀正しく答えるファイサルが歯をくいしばったままだ。しばらく僕の目をじっと見つめ、ようやく口を開いた。「お気の毒です《ウズム・モフサル》」

「どうして？」聞きながら気づいた。ふだんは自分のからだひとつで危険を追い払うファイサルが、今朝は機関銃《カラシニコフ》を手にしている。


「ニューヨークという村が爆撃されました」

僕はヤクの毛でできた毛布を肩にかけ、冷たいサンダルをつっかけ外に飛び出した。夜明け前の厳しい冷えこみの中、家のまわりでは、ファイサルの仲間が僕たちアメリカ人を守るために見張っている。

　ファイサルの弟は、機関銃《カラシニコフ》を持って、家にひとつだけある窓を守っている。ズードハーン村の宗教指導者《ムッラー》は、暗やみの中、立ち尽くしたままアフガニスタンの方角を見すえている。パキスタン軍にいたことのあるやせ男サルフラズは、ラジオのダイヤルを回しながら道を見張り、近づいてくる車がないかどうか目を光らせている。

　サルフラズは5、6種類の言葉を話せるが、そのうちのひとつ、ウイグル語を流すラジオ局のニュースで、「大きな塔がふたつ倒れた」と言うのを聞いたそうだ。

　サルフラズにはそれがどういうことかはわからなかった。だが、テロリストがアメリカ人を何人も殺したということだけはわかった。

　もっとニュースを聞こうといくらダイヤルを回しても、ラジオから流れてくるのは、湿っぽいウイグル語の音楽だけだった。


　サルフラズに、馬を走らせて衛星電話を持ってくるように頼んだ。サルフラズはメンバーの中でいちばんテクノロジーに強く、使い方を覚えようと家に持ち帰っていた。

　ファイサル・バイグには、それ以上の情報など必要ない。片手に機関銃《カラシニコフ》を持ち、反対の手を固くにぎりしめ、のぼる太陽がアフガニスタンの山並みを血のように赤く染める方角をにらんでいる。何年も前からファイサルにはわかっていた。嵐がやってくるのだ。アメリカの情報部は、何百万ドルも何ヵ月もかけてまわりくどい捜査をやった末にやっと事実をつきとめたが、インターネットはおろか電話すらない、山奥の村に住むこの無学な男は本能的にわかっていた。

「ニューヨーク村で起こった問題の原因は、あそこです」とファイサルは国境を見すえ、憎々しげに言う。そしてアフガニスタンめがけてつばを吐いた。「アルカイダの悪魔《シエタン》、オサマの野郎です」

ロシア製の大型ヘリコプターは、午前8時きっかりにやってきた。バシール将軍が約束してくれた通りだ。バシールの副官、イリアス大佐が、プロペラが止まるのも待たずに飛びおり、僕たちに敬礼した。「グレッグ先生、ジョージ殿、任務を果たしにまいりました」ヘリから隊員たちが降りてきて、僕たちをぐるりと取り囲んだ。

イリアスは背が高く、ハリウッドスターのようだ。髪は黒く、顔の彫りは深く、こめかみのあたりだけ白髪がまじっている。ワジール人でもあり、以前、僕がワジール人に誘拐されたことを言ったら、これ以上僕の身に危険がおよばないよう誓ってくれた。

ファイサルは両手を天に差しのべ、祈りをささげた。アラーが僕たちを守るため軍を送ってくれたことに感謝してくれているのだ。そして荷物も持たず、この先何が待ち受けているかもわからないまま、僕とマカウン一家といっしょにヘリコプターに乗りこんだ。念のために、ボディガードとして。

ヘリの中からアメリカに電話をかけた。バッテリーが40分しかもたないから、長話はできない。タラと、マカウンの妻カレンから、テロについてくわしく聞くことができた。

僕は受信機のヘッドホンを耳に押しつけ、ヘリの小さな窓から横目で外の景色を見ながら、電話のアンテナを衛星の電波がやってくる方角に向けた。タラの声が聞こえてくる。

タラはいきなり泣き出した。僕の声を聞いてほっとしたらしい。

雑音がひどく、電波が届くまでには時間もかかったが、タラの「愛している」という言葉が聞こえた。タラは声を張りあげる。「そっちは、もうひとつの家族がいっしょだから安心だわ。でも仕事が終わったらもどってきてね」

かつてアメリカの戦略空軍総司令部に所属していたこともあるジョージ・マカウンは、アフガニスタンを待ち受ける運命についてするどい感覚を持っていた。

「ラムズフェルドもライスもパウエルも個人的によく知っている。だから言えるが、これは戦争になる。黒幕がアルカイダだとすれば、アメリカは空爆をしかけるだろう。そうなれば、ただでさえ弱っているアフガニスタンは跡形もなくなってしまう。

ムシャラフ大統領がどう出るか。アメリカについたとしても、軍部がそれに従うかどうか。何しろタリバンを支援している連中だからな。私たちを人質にするかもしれない。とにかく、ここから脱出しよう」

航空機関士は「ヘッドセットが足りなくて申し訳ない」と言って、僕に黄色いプラスチックの耳栓を渡した。耳栓をして、窓に顔を押しつける。音が消えたおかげで、景色がいっそうよく見えるような気がした。眼下には、あらゆる色合いの緑で作った、まるでパッチワークのような景色がある。フンザ渓谷の斜面と台地が、灰色のどっしりした岩肌に映え、広がっていた。

空から見ていると、パキスタンの問題は単純そうだ。

氷河の青みがかった氷が、熱帯の太陽を浴びとけていく。あっちには、雪から生まれた水が流れる。こっちには、水の足りない村がある。僕は目を細めて、村の段々畑に水をひくため、網の目のように張りめぐらされた水路を追う。この高さから見ると、さびしく点在する村に命と活気をもたらすには、まっすぐな線を引き、ただ水を運ぶだけで良いような気がする。

〝女子教育に反対する宗教指導者《ムッラー》たちの思惑〟そんなややこしいものは見えてこない。女性職業センターの活動を邪魔したり、学校建設を妨害する、やっかいな地元の力関係もない。もしも教育を受けるという名目で、みんなが高い塀の中に入ってしまったら…。とても傷つきやすい谷間に、ガン細胞のように広がる過激派の温床がどこにあるのか、どうやってつきとめるのだろう。


ヘリコプターは、パキスタンの将軍たちが出資して作った高級リゾートホテル〝シャングリラ〟に到着した。

スカルドゥの町から1時間ほど離れた湖のほとりにあり、釣りも楽しめる。オーナーの家にはパラボラアンテナがついていて、ちらつく画面でCNNのニュースを見ることができた。

マカウンはその日ずっと、ひとつの映像をぼう然と見つめていた。銀色の旅客機がミサイルと化してマンハッタンにつっこみ、ビルが魚雷を受けた船のように崩れ落ちていく。

ペシャワールの町の神学校《マドラサ》の学生たちは、テロ攻撃の知らせを受けたとき喜びで沸いたそうだ。大喜びで大学中を走り回り、手を固くにぎりしめて祈りをささげ「アラーの意志が実行されたのだ」「正義の飛行機が異教徒のオフィスビルを倒したのだ」という教師たちの言葉を信じ、くり返していたという。

マカウンはどんなルートでもいいから、一刻も早くパキスタンを離れたがっていた。衛星電話のバッテリーが続くかぎり、仕事上の知りあいに電話をかけ続け「インドとの国境にむかえにきてもらえないか」とか「中国行きの飛行機に乗れるように手配してもらえないか」などとたずねていた。

だが国境はすべて厳重に封鎖されている。国際便もすべて運行中止になっている。僕はマカウンをなだめる。「今、ここほど安全な場所はありません。みんな命がけで守ってくれます。どうせよそには行けないんですから、乗せてくれる飛行機が見つかるまで当初の計画通りに行動しませんか?」

翌日、バシール将軍は僕たちをヘリに乗せ、K2を見せに連れていってくれた。将軍は「アメリカに帰るための手段も考えています」と言って、マカウン一家を勇気づけた。

僕は今度もヘリの窓に顔を押しつける。はるか下にコルフェ村の学校が見える。エメラルド色の畑の中に、黄色い三日月のような校舎がほのかにきらめいている。

毎年秋になると、アメリカにもどる前にコルフェ村に寄り、ハジ・アリとお茶を飲むのが習慣になっていた。マカウン一家を無事に帰国させられたら、すぐコルフェ村に行くことにしよう。

僕とマカウンはランドクルーザーに乗り、学校の開校式を祝うため、チャンガジのふるさとであるクワルドゥ村に向かった。僕たちのうしろには、いつもよりもずっと多くの人たちがついてきてくれた。世界の反対側で起こった恐ろしい事件のことが、バルティスタン中に伝わっていたのだ。パキスタン北部の役人、警察、軍人、宗教指導者《ムッラー》がひとり残らず集まってくれたような感じだった。

クワルドゥ村の学校はもう何年も前に完成し、授業もはじまっていた。だがチャンガジの考えで、華々しい式を盛大に行う準備がすっかり整うまで、正式な開校式はおあずけになっていたのだ。

校庭は人でごった返し、校舎はほとんど見えないくらいだ。みんな押しあいへしあいしながら、あんずの仁をかじっている。この日の主役は建物ではない。シーア派の指導者サイード・アッバースがじきじきに祝辞を述べるのだ。イスラム世界が危機に直面している今、人々は宗教指導者《ムッラー》の言葉をひと言たりとも聞き逃さないよう耳を傾ける。

「慈悲深く、慈愛あまねき、アラーの名において《ビスミーラフ・イッラーフマン・イッラーヒム》、平和がみなさんとともに《アッサラーム・アライクム》ありますように」サイード・アッバースは話をはじめた。

「今、このとき、我々が一堂に会したのは、全能なるアラーの思し召しです」

ステージは人ごみにかくれて見えなかった。黒い服と黒いターバンに身を包んだサイード・アッバースの姿は、まるで群集の上に浮かんでいるように見えた。

「この日を、みなさんはいつまでも忘れず、みなさんの子どもたち、そして孫たちに語り伝えることになるでしょう。今日、無学というやみの中に、教育という明るい光が輝いたのです。我々の学校の創立を祝うこの日、アメリカで嘆き苦しむ人々の悲しみにも思いをはせましょう」

サイード・アッバースはぶ厚い眼鏡を押しあげた。

「罪のない者たち、女性や子どもに対するこの卑劣なるおこない。多くの未亡人や孤児たちを生み出した者どもは、イスラム教徒の名に値しません。全能なるアラーが、その者たちに正義の裁きをくださんことを。

この痛ましき出来事について、ジョージさんとグレッグ先生に心からおわび申しあげます。我が同胞のみなさん、アメリカからきたこのおふたりを、どうか温かくむかえ、守ってください。この方たちに害がおよぶようなことがあってはなりません。この方々の任務を成功に導くため、持っているものすべてを分かちあいましょう。

このおふたりはキリスト教徒ですが、地球のむこう側からはるばるやってきて、イスラム教徒の子どもたちに、教育の光をしめしてくださいました。

なぜ、私たちは自分の力で、子どもたちに教育を授けることができなかったのでしょうか？　ご両親の方々、どうかすべての子どもたちが教育を受けられるように、これから全身全霊で取り組んでください。

さもなければ、子どもたちは野で草をはむヒツジのように、ただ自然の中にいるだけで、頼れるものがありません。我々を取り囲み、さらに恐ろしくなりつつある世界にただふり回されるだけでしょう」

サイード・アッバースは口をつぐみ、次に言うべき言葉を探した。校庭に集まった何百人もの聴衆は、幼い子どもにいたるまですっかり静まり返った。

「アメリカにお願いしたい。ぜひ、我々の心を見てほしい」

アッバースは、感情にあふれた声で言葉を続けた。

「我々のほとんどはテロリストではなく、善良で素朴な人間なのです。我々の国が貧困で苦しんでいるのは、教育を受けられなかったからです。けれども今日、新たな知識のろうそくがともされました。全能なるアラーの御名において、この光が、我々を今いるやみの中から導き出す光となりますように」

サイード・アッバースが話を終えるころ、聴衆は目に涙を浮かべていた。

開校式の後、クワルドゥ村の未亡人たちが僕とマカウンのまわりに続々と集まり、お悔やみをのべてくれた。そして僕たちに卵を差し出し、遠く離れた〝ニューヨーク村〟で夫を亡くした女性たちに「自分たちからのお悔やみのしるしとして渡してほしい」と頼むのだった。

生みたての卵が、僕の手の中で震えている。割れないようにやさしく包み、子どもたちのことを考える。あの飛行機に乗っていたかもしれない子どもたち。そして僕自身の子どもたちのことを。そして心やさしい人たちに見送られ、地面に散らばったあんずの種の殻をふみながら、ランドクルーザーに乗りこんだ。手をふることもできずに。

この世界にあるものは、なんて壊れやすいんだろう。

翌日、イリアス大佐がヘリでイスラマバードまで連れていってくれた。

着陸したのは、ムシャラフ大統領専用のヘリポート。ここなら警備は万全だ。僕たちは警護の厳しい応接室に通された。

使ったことがなさそうな大理石の暖炉があり、その上には、軍服で正装したムシャラフの肖像画が飾られていた。

後から別のヘリがむかえにやってきた。ベトナム戦争時代に使われてたフランス製のヘリだ。アメリカ製のヘリも、まだパキスタンでは使われているが、どういうわけかフランスのヘリの方が頼りになるらしい。パキスタン軍では「フランスのまぐれ《フレンチ・フルーク》」と呼ばれている。

はげ頭で巨体のバシール将軍が飛行服姿でヘリから颯爽と飛びおり、僕たちを手招きする。

「ワシが舞いおりた！」イリアス大佐が芝居がかった口調で言う。

バシール将軍のヘリは高度を上げずに、スピードを上げた。

低木の生えた山肌をかすめて飛んでいき、イスラマバードの名所ファイサル・モスクが見えてきた。サウジアラビアの資金で立てられた礼拝堂《モスク》で、４つの尖塔と、巨大なテントのような礼拝堂があり、中には７万人の信者が入れる。

ファイサル・モスクが背後に遠ざかると、もうラホール国際航空だ。バシール将軍が誘導路のまんなかにヘリコプターをおろすと、50メートルほど先に、シンガポール航空747便がとまっていた。マカウン一家はこの飛行機に乗り、まもなく確実に戦場と化すこの地をあとにする。

マカウン一家は僕とファイサルに別れを告げ、バシール将軍に続いてファーストクラスに乗りこんだ。バシール将軍は、出発を遅らせたことを他の乗客にわびて回りながら、離陸の準備が整うまでずっと、マカウンとの別れを惜しんでいた。

＊

僕はハジ・アリに会いに北にもどることにした。スカルドゥの町までは軍用機に乗せてもらって、そこから先はフサインが運転するランドクルーザーに乗った。ファイサルが油断なく地平線に目を光らせるかたわら、ブラルドゥ渓谷につくまで僕はほとんど眠ってすごした。

ブラルドゥ川のむこう岸には、僕をむかえようと村人が集まっていたが、何だか様子が変だった。揺れる橋を渡りながら、岩棚の右はしに目をやる。

僕は、息が止まりそうになる。

いつもハジ・アリが堂々と立っていた岩の上に、誰もいない。川岸でむかえてくれたのはトワハだけだ。トワハは髪の毛をすっかりそり落とし、ひげを伸ばしはじめていた。ひげを生やした彼は、ますます父親そっくりに見えた。

去年の秋、お茶を飲みにきたとき、コルフェ村の村長ハジ・アリはすっかり打ちひしがれていた。妻のサキナは腹の病気で倒れたが、バルティ族らしく痛みに耐え、低地の病院まではるばる行くのを拒み続けて、そのままこの世を去ったという。

僕はハジ・アリといっしょにコルフェ村の墓地を訪れた。それは学校からそう遠くない野原にあった。すっかり老けこんでしまったハジ・アリは、やっとのことでひざまずき、メッカの方を向いた。そしてサキナが眠っている場所にぽんとおかれた、何の飾りもないただの石に触れた。そしてふらふらと立ち上がると、その目はにじんでいた。「妻がいないと、わしは無力だ」僕に言った。「まったく無力だ」

彼は保守的なシーア派のイスラム教徒である。これ以上の愛情表現はなく、たとえそうは思っていても、口に出して言う勇気のある人はいない。

ハジ・アリは僕の肩に腕を回した。からだの震えが伝わってきた。たぶん、まだ泣いている。だがハジ・アリは高らかに笑った。聞きまちがえようもない、噛みタバコで鍛え続けたあのしゃがれ声で。

「近いうちにお前も、ここにきてわしの墓を探すことになるだろう」ハジ・アリはくすくす笑いながら言う。

笑いごとじゃない。そう思うだけで、悲しくてたまらなくなる。僕もハジ・アリにそっと腕を回した。人生で大切なことを、彼からたくさん教えてもらった。ただひとつだけ聞きそびれていたことを聞いてみた。

「ずっとずっと先のことです。でももしもその日が来たら、僕は一体どうすればいいんですか?」

ハジ・アリはふと顔を上げ、コルフェK2の頂上を見つめ、そして短い言葉をゆっくりと噛みしめた。

「風の声をお聞き」


あれから1年。トワハと僕は、コルフェ村の村長の墓の前でひざまずいている。

トワハによれば、ハジ・アリは70代だったらしい。すべてはあっというまだ。僕たちがどんなにがんばっても、永遠に続くものなんてない。

僕の父は48歳の若さで亡くなった。だから僕には聞き足りないことがたくさんあって、その部分をやさしく埋めるように、ハジ・アリは僕の人生に現れた。いろんなことを教えてくれた。ハジ・アリがいなかったら、そんなことはまったく知らないままだった。大切なバルティ族の老人。今は妻のかたわらで眠っている。

僕は立ちあがって考えた。こんなときハジ・アリなら何て言うだろう。大切にしてきたものは、卵のように壊れやすいとわかってしまった。この暗いときに、どこからか幻のようにひびいてくる。

「風の声をお聞き」

風の声を聞き逃さないよう、耳を澄ませた。風はブラルドゥ渓谷を吹きぬけ、秋の終わりを告げる雪の気配を運んでいる。村人たちが細々と暮らすヒマラヤのがけに吹きつける風には、子どもたちの歌うような声もまじっている。コルフェ村の学校の校庭で遊ぶ、子どもたちの声。これがハジ・アリの最後の教え。あふれる涙を指先でぬぐった。あの子たちのことを考えよう、いつまでも忘れずに。

CHAPTER

# 20

# タリバンとお茶を

Tea with the Taliban

やっつけろ。アラーがやつらを根絶してくださらんことを。

——モンタナで見かけたトラックの、
フロントガラスに貼ってあったステッカー

「サーカスを見に行きましょう」スルマンが言った。

白いトヨタのカローラに乗り、僕は後部座席にもたれていた。助手席にはファイサル・バイグが座っている。すべての座席のヘッドレストに、レースのカバーがきれいにかぶさっていた。この車はCAIのフィクサーで、もともとラワルピンディの町のタクシー運転手だったスルマンのために借りたものだ。彼はスカルドゥの町から空港までむかえにきてくれた。すでにアメリカに続いてパキスタンでも、旅客機が運行を再開していた。

「何だって？」

「見りゃわかりますよ」スルマンはにやにやしている。

タクシーとして使っていたぼろいスズキと比べたら、このカローラはフェラーリ並みだ。ラワルピンディの町から首都イスラマバードへ、スルマンは渋滞しているハイウェイをジグザグにぬっていく。

片手でハンドルをあやつり、反対の手ではソニーの携帯電話をすさまじい速さでいじり耳に当てた。そしてゲストハウスの支配人らしき人に、僕の到着は遅くなるが、部屋はそのまま取っておいてほしいと頼んだ。

ブルーエリアに入る道には警察の検問所があり、スルマンはしぶしぶ速度を落とし身分証明書を見せる。ブルーエリアは近代的で国際的なところだ。道路が碁盤の目のように通り、政府機関や大使館、ビジネスホテルなどが並んでいる。

僕は窓から身を乗り出し、外国人が乗っていることを見せた。イスラマバードの芝生は本物とは思えないほど青々としている。木々も葉を茂らせている。これだけ乾燥した砂ぼこりだらけの土地でこんな光景を目にすると、強大な力の存在を感じずにはいられない。警官は僕を見て、通るようにと手をふった。

イスラマバードは、金持ちのために作られた計画都市だから、パキスタンの他の地域とはまったくちがう。通りの両側にはLED看板のついた立派な店が並んでいるし、日本製の最新電化製品や、ケンタッキー・フライドチキン、ピザハットのような外国の食べ物まで手に入る。

そして中心にあるのは、5ツ星のマリオット・ホテル。

〝贅沢の砦〟としていっさいの貧困を寄せつけないこの建物は、コンクリートの塀に守られ、武器を持った150人もの警備員が、公園のように広い庭をうろうろ歩き回っている。夜になれば警備員たちの吸うタバコの火が、群生するホタルのように木々の間を飛びまわる。スルマンがコンクリートの塀に車を寄せると、ピストルを持った2匹のホタルがやってきた。彼らは鏡のついた棒で車の下を調べ、トランクの中身を見て満足すると鉄の扉を開けてくれた。

さらに金属探知機を通り、ヘッドセットをつけた警備員ふたりにカメラマン用のベストを調べられ、ようやく中に入ることができた。

いざというときはマリオット・ホテルに行くにかぎる。いつでもファックスが使えるし、インターネット接続も早い。「パキスタンは初めて」という人がきても、空港からここへまっすぐ連れてくれば、まったくカルチャーショックを受けることはないだろう。

だが、僕がショックを受けた。

ふだんなら大理石の広大なロビーにはピアニストがひとりいて、あとはビジネスマンが数人、壺や鉢植えの陰でひっそり話しているくらいだ。だが、この日はCNN、BBC、NBC、ABC、アルジャジーラ……。どこを見ても、取材陣のロゴ、カメラ、マイク、腕章、人でごったがえし、カフェインと締め切りで活気づいていた。

「ほら、サーカスでしょ」スルマンは得意げに笑いかけた。

僕は、携帯電話に向かってドイツ語でわめくカメラマンのわきをぬけながらコーヒーショップに向かう。いつもなら、暇をもてあましたウエイターが5人いて、先を争ってミネラルウォーターを注いでくれるが、今日はすべてのテーブルが埋まっていた。

「私たちの隠れ家に、突然スポットライトを当てられたみたいね」

ふり返るとシャルワール・カミーズ姿の金髪女性がほほえんでいた。キャシー・ギャノン。彼女は長年イスラマバードで、AP通信社の局長をつとめている。やはり席があくのを待っているらしい。キャシーを抱いてあいさつし「いつから、こんな、具合なんだ？」とやかましいドイツ人に負けないよう声を張りあげた。

「数日前から。爆弾が落ちはじめたら一体どうなるかしら。ひと部屋1000ドルくらいになりそうね」

「今はいくらくらい?」

「150ドルだったのが320ドルに上がったわ。まだまだ高くなるわよ。ホテルにとっては、こんなに景気がいいのは初めてでしょうね。どこの局も屋上からレポートしているんだけど、ホテル側は、屋上にのぼって映像をとるだけで、1日1人あたり500ドルも取ってるのよ」

「すごいね」

僕はマリオットには泊まったことがなく、いつもスルマンが紹介してくれた宿、ホーム・スイート・ホームに泊まっている。建物の造りはしっかりしているが、雑草だらけの土地に立っている宿だ。前のオーナーは、工事が終わる前に資金を使い果たし、そのまま放り出してしまった。当てにならない水道と、タバコの焼けこげのあるピンク色のカーペット。そういう部屋がひと晩12ドル。

「グレッグ先生、キャシー様、こちらへどうぞ」顔見知りのウエイターが小声で話しかけてきた。「もうすぐ空きそうなテーブルがございますが、あちらの……」と言いかけて言葉を選ぶ。「……外国の方に取られてしまいそうですので」

キャシー・ギャノンが恐れ知らずなのは有名だった。青い目であらゆることを見ぬき、あらゆることにいどむ。あるときタリバンの国境警備員が、ギャノンのパスポートに言いがかりをつけてアフガニスタンへの入国を拒もうとしたが、ギャノンがどうしてもあきらめないので折れた。「強い方ですね。あなたのような方のことを男まさりと言うんでしょう」警備員が言うと「そんなのは、褒め言葉とは思わない」と言い捨てた。

コーヒーショップで、ピンク色のクロスがかかった席につくと、ギャノンは近頃この町にやってきたサーカスについて教えてくれた。

「見てらんない。あの人たち、このあたりのことをなんにも知らないのよ。それがホテルの屋上にのぼって、マルガラ丘陵を背に防弾チョッキを着てレポートしてるの。いかにも戦地におりますっていう感じで。あんなの子連れで遊びにいけるようなところなのに。国境の近くに行ってみようともしない、聞いた話をろくに確認もしない人がほとんどね。行こうとしている人もいるけど、無理でしょう。タリバンが外国人記者を締め出しちゃったから」

「むこう……アフガニスタンに行くつもり？」

「ついこの間までカブールにいたのよ。ニューヨークの編集者と電話で話している最中に2台目の飛行機がビルにつっこんだ。で、記事をいくつか書いたところで〝避難〟させられたわけ」

「タリバンはどうする気なんだろう？」

「さあね。会議《シューラ》ではオサマを引き渡すことに決めたらしいけど、最後の最後にタリバンの最高指導者ムッラー・オマルが決定をくつがえして『命がけでオサマを守る』と言ったみたい。どういうことかわかるわよね。怖がっている人も多いでしょうけど、最後まであきらめずに戦おうっていう人もいるわ」

それから皮肉っぽい笑みを浮かべて言う。「まあ、ここに集まった人たちにとってはありがたい話でしょうけど」支配人のデスクに群がる取材陣をあごで指した。

「で、もどるの？」

「堂々ともどれるならね。どこかの記者みたいに、ヴェール《ブルカ》をかぶってこそこそ侵入したあげく、逮捕されて、ひどい目にあったりするのはごめんよ。フランスの記者もふたり、忍びこもうとしてタリバンに捕まったそうだし」


スルマンとファイサルが、ビュッフェから山盛りのマトンカレーを持ってもどってきた。さらにスルマンの手には、ボールいっぱいのデザートのトライフルがあった。

「おいしいかい？」

スルマンは口をもぐもぐさせたままうなずく。自分の分をとりに行く前に、トライフルをひと口分けてもらった。ピンク色のカスタードクリームは、子どもの頃アフリカで食べた英国の味だった。

スルマンは、マトンに対していつも恐るべき食欲を発揮する。イスラマバードとラホールの間にあるドク・ルナ村という小さな村で、7人兄弟の4番目として育った彼は、子どもの頃特別の機会にしかマトンを食べられなかったし、たとえそんな機会があっても、肉はあっというまになくなり分け前は少なかったらしい。

スルマンは席を立ち、おかわりを取りにいった。

翌週、僕はホーム・スイート・ホームに泊まってはいたが、寝るとき以外はずっとマリオット・ホテルですごした。世界中のメディアがすぐそばにいるから、CAIを知ってもらういい機会だと思った。それに5年前、戦争ムードのペシャワールの町にいたときと同様、今まさに歴史のまっただなかにいるという興奮がある。

ニューヨークとワシントンで同時多発テロが起きてから、タリバン政府を公式に認めていた3ヵ国のうち、サウジアラビアとアラブ首長国連邦は国交を断った。世界とのかかわりを失いつつある今、タリバンが自分たちの言い分を発信できる場所はパキスタンしかない。

マリオット・ホテルから2キロ離れたぼろぼろのアフガニスタン大使館で、タリバンは毎日、長ったらしい記者会見をおこなった。大使館まで80セントで走っていたタクシーは、今では記者たちから片道10ドルをまきあげていた。

毎日午後になると、国連によるアフガニスタンの状況説明がマリオット・ホテルでおこなわれる。暑い日ざしでぐったりした記者たちは、冷房のきいたホテルにいそいそともどってくる。

2001年の秋の時点では、僕はパキスタンについて、特にはるかかなたの国境地帯について、どんな外国人よりもくわしかった。

だから記者たちは「アフガニスタンへ行けるよう手配してもらえないか」と僕に近づいてきた。断れば、おだてたり、わいろを渡そうとする。

記者たちは、アフガニスタンで戦いがはじまるのを待ち望んでいる。そればかりではなく、記者たちの間でも戦いが繰り広げられている。CNNはBBCと組み、ABCとCBSに対抗していた。パキスタン人の通信員が「アメリカの無人飛行機がタリバンに撃ち落とされた」などという知らせを持ってくると、誰がその情報を手に入れるかで争いはじめるのだ。

NBCのプロデューサーは、「パキスタンについての見解を聞きたい」と言って、マリオット・ホテルの中華レストランで夕食をご馳走してくれた。だが、実際はNBCも他と変わらなかった。「アフガニスタンに行きたい」「手配してくれたら今の年収以上の謝礼を出す」それから、わざとらしくあたりを見回してから「CNNやCBSには内緒ですよ」とささやく。だがその手にはのらない。

僕は記者たちの質問にわけへだてなく答えて、あまり面白みのない記者会見の内容に、現地ならではの色が加わるようにした。その上で、どうして対立が起きるのか、その根本的な原因について話そうとした。

「パキスタンでは教育が普及していない」「ワッハーブ派の神学校《マドラサ》が増えた」「そのせいでテロのような問題が起きている」

だが、そんな話が活字になることはほとんどない。記者たちはタリバンの幹部がしゃべる映像を手に入れ、戦争をもくろむ悪役に仕立てあげようとするだけだった。

黒服と黒いターバンに身を包んだタリバンの幹部が、毎晩同じ時間にマリオット・ホテルの大理石のロビーに現れ、コーヒーショップの席が空くのを待った。

彼らもサーカスを見にきているのだ。ひと晩中店にいるが、緑茶しか頼まなかった。メニューの中ではそれがいちばん安い。タリバンの給料では、20ドルのビュッフェは手が届かない。夕食でもおごれば興味深い話が聞けるだろうに、と思ったが、そんな記者はひとりもいなかった。

とうとう、タリバンとテーブルを囲むことになった。

知り合いであるパキスタンの新聞記者が、タリバンの大使ムッラー・ザイーフと引き合わせてくれたのだ。

僕の隣にはムッラー・ザイーフがいて、その頭上に「オレ！　オレ！　オレ！」と書かれたたれ幕がぶら下がっている。この日はメキシカン・ナイトだった。このコーヒーショップは、外国人ビジネスマンが週に7回夕食をとることもあるため、飽きがこないよう趣向を変えているらしい。

ひげを生やしたパキスタン人のウエイターがやってきた。大きなソンブレロをかぶらされているせいか、なんだか機嫌が悪そうだ。「お食事はコンチネンタルになさいますか、それともタコス・バーをお召しあがりになりますか？」

「お茶でけっこう」ムッラー・ザイーフがウルドゥ語で言う。ウエイターはメキシコ風の明るいしま模様の肩かけをひるがえし、お茶を取りにいった。

ザイーフは、タリバン幹部としては珍しく正規の教育を受けていて、西洋のマナーも心得ていた。

僕の娘と同じくらいの年の子どもがいたので、そのことを話題にした。タリバンの幹部が子どもの教育について、特に女子教育について何と言うか。興味があったので聞いてみたが、返ってきた答えは実に政治家らしい。教育は重要だとか何とか、当たりさわりのないことしか言わなかった。

ウエイターが盆を持ってもどり、緑茶を注いでいる間、僕はパシュトー語でほかのタリバンたちと話してみた。「ご家族はいかがおすごしですか?」と聞くと、「元気だ」という答えが返ってきた。だが、あと数週間したらそうも言っていられないだろう。

ウエイターは、肩かけが何度もポットにかぶさり邪魔になるので、そのはしを胸につけた作り物の弾薬ベルトにはさみこんだ。

このウエイターのかっこうを見てどう思うだろう。黒いターバンをした生真面目そうな4人のタリバンを眺めて考えた。僕たちの近くのテーブルに座り、こちらの会話に耳をそばだてている外国の記者たちもいる。どれもとても奇妙に見えたにちがいない。

話題が、身近に差しせまっている戦争のことに移ると、ムッラー・ザイーフは表情をくもらせた。やっかいな立場におかれていることがわかった。彼はブルーエリアに住んでいて外の世界とつながりがあるから、この先どうなるかが見えている。だが、カブールとカンダハルにいるタリバンの指導者たちは、それほど世情にくわしくない。タリバンの最高指導者ムッラー・オマルは、自分を取りまく不屈の高官たちと同じく、神学校《マドラサ》でしか教育を受けていない。おまけにタリバンの教育相にいたっては、正規の教育をまったく受けていない。

僕がウエイターに合図し伝票を持ってこさせると、ムッラー・ザイーフは言った。

「アフガニスタンを救うには、ビンラディンを引き渡すしかない。ムッラー・オマルは、まだ話しあえば戦争を避けられると考えておいでだが」疲れ切ったような口ぶりだ。だが弱音を吐いてはいけないと思ったのか、しゃんと背筋をのばした。「ですが、誤解なさらないでいただきたい。もし攻撃を受ければ、我々は最後のひとりが倒れるまで戦うでしょう」

後にムッラー・オマルは話し合いで戦争を避けようと試みるが、アメリカの巡航ミサイルに住居を跡形もなく破壊されてしまう。

僕ががっかりしながらゲストハウスに帰ると、アメリカ大使館からの伝言メモが山のようにたまっていた。〝もはやパキスタンはアメリカ国民にとって安全ではない〟という知らせだ。

だが、これから難民キャンプに建てた学校を見に行かなければ。戦争になって難民が押し寄せたときに、はたして受け入れられるのかどうかたしかめたい。

僕はスルマンとファイサルに荷物をまとめさせ、記者のブルース・フィンリーに声をかけた。フィンリーは平和なマリオット・ホテルでの暮らしにうんざりしていたし、このまま祖国にもどるつもりもなかった。

そして僕たちといっしょに、アフガニスタンとの国境にある難民キャンプを訪れる。そこでＣＡＩの支援を受けた１００人ほどの教師が、信じられないほどの悪条件下で任務を果たそうと苦戦している光景を目にする。

フィンリーはこの訪問を記事にした。

グレッグ・モーテンソンの仕事と、これから起こる戦争について。

僕は読者に向けて訴えた。

イスラム教徒をすべて同じだと考えないでください。家族といっしょに難民キャンプにやってきた子どもたちもいます。彼らは犠牲者です。思いやってください。この人たちはテロリストでも、悪人でもありません。たしかに私たちは9・11に恐怖したかもしれない。でもイスラム教徒を攻撃したところで、罪のない人々をパニックにおとしいれるだけです。

テロに打ち勝つ唯一の方法は、彼らに愛され、尊敬されること。そのためにはまず彼らを愛し、尊敬することです。

善良な市民がいて、テロリストがいます。でもそのちがいは、教育があるかどうかだけなんです。

フィンリーは記事を仕上げるためにイスラマバードにもどり、僕はアフガニスタンの国境にある検問所に近づいた。一体どうなるだろう。10代のタリバン兵が金属製の扉を開け、うさんくさそうに僕のパスポートのページをめくった。

まわりではほかのタリバン兵が機関銃《カラシニコフ》の銃床をふって、僕たちを通さないようにしている。スルマンは銃に目を走らせ「若者は年上の人間をもっと尊敬しなきゃならん」とぶつぶつ言って首をふる。

だが何週間も前から開戦に備えている兵士たちはぴりぴりしていて、スルマンなんて気にもとめない。

目のまわりに黒々と日焼け止め《スルマ》をぬったタリバン兵は、目を細めてパスポートを見ていたが、突然うなり声をあげた。ロンドンで出してもらった手書きのビザのページには、アフガニスタン大使、ワリ・マスードの名前がある。

彼は、暗殺された北部同盟の指導者アフマド・シャー・マスードと兄弟で、タリバンを倒すことに力を注いでいた。

「これは2級のビザだ」

タリバン兵は言ってパスポートのページを破り取った。これで僕のパスポートは無効になってしまった。

「イスラマバードで1級のビザをもらってこい。タリバンのビザだ」そして銃を肩からはずしてふりかざし、僕たちを追い払った。


イスラマバードのアメリカ大使館は、パスポートを再発行してくれなかった。〝不審に切り取られたあと〟があるからだ。

担当してくれた職員は「10日間有効の仮パスポートなら発行できる。それを持ってアメリカに帰り、再発行を申請するように」とすすめてくれた。

だが断った。あとひと月こっちで仕事をしたい。かわりに、ネパールのカトマンズに行った。ここのアメリカ領事館はもっと融通がきくらしく、事情を話すと、親切に対応してくれた。が、僕のパスポートをめくっているうちに表情が変わった。

パキスタンの目立つ白黒のビザが、1ページおきに何十枚もはりつけられていたし、アフガニスタンのビザもある。それを見て不審に思った係員は、僕を残して上司に報告しにいった。もどってくる前から何を言われるかはわかっていた。

「明日またおこしください。別の者が対応いたします。それまでパスポートはこちらでお預かりします」係員は僕の目を見ずに言った。

翌朝、海兵隊員につきそわれてアメリカ領事館の芝生を横切り、アメリカ大使館本館へ、そして会議用の長いテーブルのあるがらんとした部屋に通された。海兵隊員たちは部屋に鍵をかけて立ち去った。

テーブルに向かったまま45分がすぎた。部屋には星条旗と、10ヵ月前に就任したばかりの大統領、ジョージ・W・ブッシュの大きな肖像画が飾られている。ここで何をしているかわかっている。僕はあまりテレビを見ない。それでも、できの悪い刑事ドラマみたいだと思った。僕が罪深い行為をするかどうか、監視カメラで見ているにちがいない。僕は笑顔でブッシュに向き合い、席から動かなかった。

ようやく、部屋に人が入ってきた。びしっとした背広を着た3人組が、それぞれ回転式のいすを引き寄せ、僕のむかいに腰をおろした。ボブ、ビル、ピートといったいかにも善良なアメリカ人らしい名前だった。名乗るときも笑みをたやさなかった。それでも、これが尋問なのは明らかだし、3人とも情報部の人間なのは間違いない。

責任者らしい男が質問をはじめる。ぴかぴかのテーブルごしに名刺を差し出した。名前の下には〝行政・軍事随行員、東南アジア担当〟と書いてある。

「何もかも、片がつくと思いますよ」

こちらの警戒心を解くつもりか、にやりとしたあと、ポケットからペンを取り出しノートを広げて、居住まいを正した。ピストルに弾をこめる兵士みたいだ。

「なぜパキスタンに行きたいのですか？」

いきなり本題だ。

「現在、パキスタンはきわめて危険な国であり、アメリカ人には退去するよう勧告しておりますが」

「知ってます。でも用事がありますので。僕は2日前までイスラマバードにいました」

3人そろってノートに書きこんだ。「どのような用事ですか？」ボブ・ビル・ピートのどれかがたずねる。

「はじめてからもう8年になりますね。帰国するまであとひと月、仕事があるんです」

「つまり……それはどのようなお仕事ですか？」

「小学校を作ります。特に女の子のための学校を、パキスタン北部に」

「現在、学校はいくつありますか？」

「はっきりとは、わかりません」

「どうしてですか？」

「つまり、数はいつも変わっているんです。たしかなことはわかりませんが、もし工事がすべて終わっていれば、それは22番目と23番目の学校になります。そのほかにも、公立学校の増築をすることがあります。生徒の数に比べて、教室が少ない場合などです。それから教師が数ヵ月、もしくは数年に渡って給料を受け取っていない学校も少なくなく、もしもそのような学校があれば、ちゃんと運営できる状態になるまで僕たちの組織に入ってもらいます。あとアフガン難民のキャンプでも、建物こそありませんが、先生に頼んで授業をしてもらっています。こんなふうに、週ごとに数は変わります。これで答えになっているでしょうか？」

3人はノートをにらんだ。書くべきことにモレがないかどうか探しているらしい。

「現在、全部で何人の生徒がいますか？」

「それはわかりません」

「どうしてですか？」

「どうして？　パキスタン北部の農村に行ったことはありますか？」

「……何をおっしゃりたいんです？」

「つまりですね、今は収穫の時期なんです。ほとんどの家では、子どもたちにも畑仕事を手伝ってもらわないといけません。だからしばらくの間、学校を休ませることになります。それに冬になると、特に寒いところでは、暖房がないために数ヵ月間休校になる場合もあります。それで、春には……」

「だいたいでけっこうです」責任者が口をはさんだ。

「1万から1万5000人といったところでしょうか」

3人のペンがいっせいに動き、確固たる、貴重な、事実をノートに書きとめた。

「仕事をなさっている地域の、地図はお持ちですか?」

「パキスタンにあります」

ひとりが受話器を取りあげ、数分後、地図が部屋に届けられた。

「それで、カシミールに近いこの地域は……」

「バルティスタンです」

「で、住民たちは……」

「シーア派です。イランと同じです」それまで止まっていたペンが、3本とも動き出した。

「それで、アフガニスタンに近いこの地域、学校を建てた地域は、北西、何とおっしゃいましたか?」

「北西辺境州です」

「そこもパキスタンの一部ですね?」

「それは、誰に聞くかによりますね」

「ですが、住んでいるのはスンニ派のイスラム教徒です。基本的にはアフガニスタンのパシュトゥーン人と同じなんですね？」

「たしかに低地に住んでいるのは、ほとんどがパシュトゥーン人です。でもイスマーイール派やシーア派の人もいます。それから山岳地帯には、独自の風習を持つ民族がたくさんいます。ホワル族、コヒスタン族、シナ族、トルワリ族、カラミ族などです。精霊信仰《アニミズム》の民族もいます。カラシュ族といって、人里離れた谷に住んでいて。ほら、ここに点を書きますが、この奥のところです。もっとくわしい地図なら、チトラルという地名が載っているはずなんですが」

責任者は大きく息をついた。

パキスタンの状況を探れば探るほど、単純に区分けされていたものはどんどん細かくなっていく。白いノートに黒いペンでいくつか書きこんだだけでは済まなくなった。彼はペンとノートをよこす。

「パキスタンの知り合い全員の名前と電話番号を書いてください」

「弁護士に電話したいんですが」

別に、無理を言って困らせたかったわけではない。この人たちだって真剣に仕事をしている。特に9・11の後だから仕方ない。それでも、何の罪もない人たちの名前を書けば、その人たちがどうなるかはわかっていた。

それに、もしも予想が正しければ、僕がそんな連中に手を貸したなんて、パキスタンの誰にも思ってほしくない。次に訪れたときには殺されてしまうかもしれない。

「それでは電話してください」

そう言ってボブ・ビル・ピートはドアを開け、ほっとした様子でノートを背広のポケットにしまった。「ですが、明日の朝9時にはまたおこしください。9時きっかりに」


翌朝、僕は珍しく時間通りにきて、会議用のテーブルに向かった。

今度現れたのは、責任者ひとりだけだった。「まず、確認しておきたいことがいくつかあります。私が誰かおわかりですか？」相手は言った。

「あなたがどなたかは存じています」

「真実を話さなければどうなるかはおわかりですか？」

「どうなるかはわかっています」

「いいでしょう。あなたの生徒たちの親にテロリストはいますか？」

「そんなことはわかりません。生徒は何千人もいますから」

「オサマはどこです？」

「なんですって？」

「聞こえたはずです。オサマがどこにいるか、知っていますか？」

笑い出したくなるのを必死でこらえた。ばかげた質問だが、笑っているのを相手に見られてはいけない。「そんなことは、知りたいとも思いません」僕は真面目な口調で答えた。

そこで尋問は終わった。

カトマンズのアメリカ領事館がしぶしぶ発給してくれた〝1年間有効の仮パスポート〟を手に、僕はイスラマバードにもどった。そしてゲストハウスにつくなり、支配人からアメリカ大使館からの伝言メモの束を手渡された。

すりきれた絨毯の敷かれた廊下を歩きながら、ざっと目を通してみる。日を追うごとに、強い口調になっている。いちばん新しいのは、まるでヒステリー状態だ。

〝アメリカの民間人は「アメリカ国民にとって地上で最も危険な場所」であるこの国から即刻退去せよ〟

僕はダッフルバッグをベッドの上に投げ出すと、スルマンに、スカルドゥの町へ行く飛行機を予約するように頼んだ。


翌月、アメリカが爆撃機や巡航ミサイルを使って西のアフガニスタンを空爆しはじめたころ、僕はランドクルーザーでパキスタン北部をかけ回り、進行中のプロジェクトが寒い季節がくる前にすべて完成するよう見守っていた。

夜中にファイサルと車を走らせていると、頭上を飛んでいく戦闘機の音が聞こえた。パキスタンの領空だから、本来アメリカの飛行機が通れるはずはない。西の地平線はつねに赤く燃えていて、まるで稲光でも見ているようだった。

ファイサルは、オサマ・ビンラディンの写真を見るたびにつばを吐きかけた。爆撃を受けた人たちがどうなったかを考え身震いし、両手を差しのべて、「彼らを無用な苦しみから救いたまえ」とアラーに祈りをささげた。

日が暮れてから、ファイサルはペシャワール国際空港まで僕を送ってくれた。セキュリティーゲートまでくると軍の警備員がいて、ここから先は飛行機の乗客しか入れない。僕に荷物を渡すファイサルの目には涙が浮かんでいる。ファイサルは「パキスタンのどこへ行こうとも、私はグレッグ先生を守ります」と言った。

「どうした、ファイサル？」ファイサルの広い肩に腕を回す。

「今、アメリカは戦争しています。私に何ができるでしょう？　どうすれば、アメリカにいるグレッグ先生を守れますか？」

質問にはうまく答えられなかった。

ペシャワールの町からサウジアラビアの首都リヤドに向かう飛行機はがらがらで、客室乗務員はにこやかに僕を窓側の席へ案内してくれた。窓から見えるアフガニスタンは、死の光が脈を打っていた。

気流が安定したので、陸からアラビア海に出たことがわかった。通路のむこうでは、ひげを生やした黒いターバンの男が、高性能の双眼鏡で窓の外を見つめている。

下に広がる海。そこに船の光が見えると、男は興奮したように隣の席の男に話しかけた。それからポケットから電話を取り出して、そのままトイレに向かった。

やみに包まれた海上に浮かんでいたのはアメリカの空母だった。アフガニスタンめがけて戦闘機や巡航ミサイルを発射している。

僕はタリバンにはあまり共感していないし、アルカイダにはまったく共感できない。だが、実にうまい方法を考えたものだと感心してしまった。

衛星も空軍もない。時代遅れのレーダーシステムも壊されている。それでもごく普通の旅客機を使って第5艦隊の位置をつきとめるのだ。

仮パスポートとパキスタンのビザのせいで、デンバー国際空港の税関を通してもらうまでに1時間もかかった。

ハロウィンだった。いたるところに星条旗が立ち並んでいた。壁にも、天井にも、アーチにも。ただのハロウィンとは思えない。モンタナ行きの飛行機に向かいながら、タラに電話する。

「ただいま。いったい何ごとだ？　まるで独立記念日みたいだ」

「お帰りなさい。アメリカは変わったのよ」

その晩遅く、長旅のせいで目覚めてしまった。僕はタラを起こさないようにベッドからしのび出て地下室におり、留守中にたまった郵便物の山を片づけようとした。

マリオット・ホテルで記者たちに話したこと、ブルース・フィンリーと行った難民キャンプのことなどが、いろんな新聞に掲載されていた。

僕が何度もくり返した「イスラム教徒をすべてひとくくりにしないでほしい」「テロに対抗するにはただ爆弾を落とすだけではだめだ」「イスラム教徒の子どもたちを教育するという、別の角度からの取り組みも必要だ」という意見は、新たに戦争をはじめたアメリカ国民の神経を逆なでしたようだ。


いやがらせの手紙が次から次へと現れる。

差出人名のない手紙にはこう書いてあった。「我が軍の努力を台なしにするお前のようなやつに、爆弾が当たればよかったのに」

やはり差出人名のない別の手紙。「お前のような裏切り者には、神の裁きがくだるにちがいない」そして「我が国の勇敢な兵士たちが味わっている苦しみより、もっとひどい苦しみを味わうがいい」と続いていた。

同じように差出人名のない手紙が何十通もあり、僕はすっかり落ちこんだ。それ以上読むのがいやになった。もう、この仕事をやめようかと思った。無学な村の宗教指導者《ムッラー》から、このような脅しがきても仕方ないと思うが、同じアメリカ人からこんなひどいことを言われるなんて。

急に上で寝ている家族のことが心配でたまらなくなる。僕の身が危うくなるだけならかまわないし、危険をおかさなければならないこともあると覚悟している。だがタラとアミーラとハイバルが、このふるさとで危険にさらされるのは耐えられない。それは絶対に許せない。

コーヒーをいれて、手紙を読み続けることにした。僕の努力をたたえてくれる手紙もあった。国が危機に直面しているときでも、僕のメッセージに耳を傾けてくれた人が少なくとも何人かはいた。

翌日、ろくにただいまも言わないうちに家族に別れを告げて、バッグに着がえをつめこみ、シアトル行きの定期便に乗った。支持者のひとりがＣＡＩの寄付を集めるために、入場料25ドルの講演会を開いてくれたのだ。

「グレッグがしていることは、落とされている爆弾と同じくらい重大です。ＣＡＩが今の仕事をしていなければ、あの地域の住民は『アメリカ人なんか大嫌いだ』と言っていたでしょう。でもそうではない。彼らはアメリカ人は救世主だと考えているのです」

シアトルの公民館は、アテネの神殿のような姿で丘のてっぺんに立っていた。

そこへシャルワール・カミーズ姿の僕が、15分遅刻してやってくる。大ホールに入っていくと、公民館のロマネスクのアーチを通して、満員の聴衆が舞台を見ようとひしめきあっているのが見える。身が引きしまった。急いで演台のうしろに小走りして、自分の席に座った。

ふいに客席が静かになると、司会者は笑顔で続けた。

「みなさんは、ここに参加するために25ドルという大金を払ってくださいました。そのご厚意、この世界の現状、そしてグレッグの仕事の重要さについて、私は語るべき言葉を持ちません。かわりといってはなんですが、それらをよく表現している作品をご紹介したいと思います」

司会者はゆっくりと朗読した。

すべては崩れ散る。
中心は持ちこたえられない。
純然たる無秩序が世界に放たれる。
血に染まった潮がとき放たれ、
いたるところで無垢なる儀礼が水にのまれる。
最良のものは信念を失い、
最悪のものは熱きはげしさに満ちる。

ウィリアム・バトラー・イェーツの詩『再来』だ。

イェーツの嘆きは1920年に発表されたものだが、まったくその力を失っていない。最後の1行が頭上のドームをただよい、消えていくまで、大ホールは静まり返っていた。

「最悪のものは、たしかに熱きはげしさに満ちているかもしれない。だが、最良のものは、信念を失っていません。その証拠として私のうしろに座っている、この大きな男性をごらんください。彼は、ごくわずかの資金で奇跡に近いことをなしとげました。彼の分身があと50人いれば、イスラムのテロリズムなんて、すぐに過去のものとなってしまうでしょう。でも残念ながら、グレッグはここにただひとりしかいません」

大きな拍手に包まれながら、僕は司会者を抱きしめ礼を言い、スライドを映すよう係に指示した。すぐさまスクリーンに巨大なK２の姿が映し出される。青い空に、痛々しいほど白く高くそびえたつ、この世のものとも思えないような姿。

何千人もの参加者が僕に注目している。中には世界的に有名な登山家もいる。彼らの前で僕の数々の大失敗が、３階建ての家ほどの大画面の中で次々とさらされていく。

それなのに、どうしてだろう。

僕の人生は、まるで新しい頂上に達したようだ。

CHAPTER

# 21

# ラムズフェルドの靴

*Rumsfeld's Shoes*

今日、カブールではひげをそった男たちが顔をさすっている。白髪まじりのひげを刈りこんだばかりの老人が、小さなテープレコーダーを手に、鳴りひびく曲を聞きながら路上で踊っている。音楽を禁じ、ひげをのばすよう強制していたタリバンは去ってしまった。

――キャシー・ギャノン、
2001年11月13日付けのAP通信社へのレポート

高度1万メートル。古びた飛行機の機内。

パイロットたちはいす取りゲームをしていた。10分ごとに操縦席を離れては、別のパイロットと交代した。

アリアナ航空の仕事熱心な機長が8人、半分しか埋まっていない客席の前の方に固まっていた。彼らはお茶を飲みタバコをふかしながら、自分の番がくるのを辛抱強く待つのだ。

アフガニスタンの国営航空会社が持っていた8機のボーイング機のうち7機が爆撃された今となっては、ドバイからカブールまで2時間45分のフライトこそが、旅客機を操縦できる唯一の機会だった。

僕は前方にいる8人のパイロットたちと、後方にいる15人の客室乗務員の間に座っていた。内気なアフガニスタン人の女性乗務員が2分ごとに近づいてきて、プラスチックのコップにコーラを注いでくれる。すっかりカフェイン漬けになった僕は、傷だらけの窓に顔を押しつけ、僕の夢に次第に入りこんできた国をつぶさに眺めていた。

カブールに近づくと、機長から「現在カンダハル上空を通過しています」というアナウンスが流れ、背筋をのばした。倒した座席をもとにもどすだけでなく、タリバンの砦があったところをよく見るためだった。だが9000メートルの上空から見えるものは少ない。茶色の丘と平原を横切るハイウェイ、それといくつかの建物らしい影だけ。ラムズフェルド国防長官は「アフガニスタンには適当な目標物がないから、かわりにイラクを攻撃しよう」と言っていた。その言葉の意味は、たぶんこの殺風景にあったんだろう。

それでもアメリカの爆弾は（効果はともかく）この乾いた大地に降り注いだ。

僕は自宅地下室のパソコンを使って、タリバンの最高指導者ムッラー・オマルが住んでいた家の写真を調べていた。

それは押収後に撮影された写真で、バイエルン風の派手で大きなベッドにはアメリカ兵が座っていた。ベッドの下からは小型のトランクが見つかり、真新しい100ドル札がぎっしりつまっていた。

最初、僕はアフガニスタンへの空爆を支持していた。だが、民間人の負傷者が増えているという記事を読んだり、アメリカの飛行機が落としていく食べ物の包みとまちがえてクラスター爆弾の不発弾を拾い、子どもたちが爆死しているという話を聞くうちに、考えが変わった。

「国防総省の役人たちは、空爆で死んだアルカイダやタリバンの人数は発表するのに、民間人について聞かれるとなぜ黙りこんでしまうのだろう」

僕の投書がワシントンポスト紙に掲載された。

「さらに恐ろしいのは、ラムズフェルド国防長官が記者会見したとき、このことについて追及しようとする者が誰もいなかったことだ」

毎晩、夜中の2時ごろになるとタラの隣で目を覚まし、傷ついた民間人の姿を頭から追い払い、また眠りにつこうとする。

アメリカが空爆している地域には、ペシャワール町近くの難民キャンプで勉強した子どもたちがいる。

厳しい難民生活がいやになって、家族といっしょに再びアフガニスタンに帰っていった子どもたち。ベッドで横になっていても、闇の中に、あの子たちの顔がはっきり浮かんでくる。

僕はいてもたってもいられなくなり、そっと地下室におり、パキスタンにいる知り合いに電話した。

そして最新の情報では、マリオット・ホテルで僕といっしょにお茶を飲んだタリバンの大使、ムッラー・アブドゥル・サラーム・ザイーフが捕らえられたという。目かくしと手錠をされて、キューバにあるアメリカの強制収容所に入れられたそうだ。

この冬、手紙を開けるときはまさにロシアン・ルーレットの気分だった。

励ましの手紙や、寄付を申し出てくれる手紙が何通かある。そうかと思うと、次の手紙には「イスラムの連中を助けるようなやつには天罰がくだるだろう」と書きなぐってある。電話帳には番号を載せず、家族を守るためにできるかぎり手を尽くした。郵便配達の人は僕が脅迫されていることを知ると、差出人名のない手紙はすべてＦＢＩに回してくれるようになった。

中でも特に勇気づけられたのは、パッツィ・コリンズからの手紙だった。コリンズは高齢の慈善家で、ずっと前からＣＡＩに寄付してくれていた。

「こんな馬鹿げたニュースを聞くと、第2次世界大戦の頃を思い出します。あのときは理由もないのに、日系人を強制収容所に送っていました。ひどいいやがらせの手紙が届いているそうですが、これはひとつのサインです。今こそイスラム教徒について知っていることをアメリカ人に教えよという啓示なのです。あなたはアメリカの勇気と、良心の代表です。恐れずに立ちあがり、平和のメッセージを広めてください」

地球の反対側の様子が心配だったが、コリンズの助言を受け入れて、講演のスケジュールをたくさん組むことにした。

シアトルの大型スポーツ用品店、全米退職者協会、モンタナ州図書館協会、マンハッタンの探検家クラブ……しりごみしたくなる気持ちをおさえて、ひたすら人前でしゃべった。

あまり人が集まらなかったこともある。リゾート地・ビッグスカイにある会員制クラブでは特にそうだった。

地下の小さな部屋に通されると、僕を待っていたのはたった6人。ガス式の暖炉の前で、6人はふかふかの椅子に腰かけていた。

以前、ミネソタでやったスライドショーのことを考えた。あのときだって、200脚の空席に向かって話したが、結局うまくいったじゃないか。

火を消した暖炉の上にしわくちゃの白いシーツをかけてスライドを映し、「アメリカの戦争のやり方はまちがっている」という話をした。

聞き手の中に、30代の魅力的な女性がいた。トレーナー、ジーンズ、野球帽というラフな姿で安楽いすにもたれ、僕の話に熱心に耳を傾けていた。話を終えシーツを片づけていると、その人がやってきて言った。

「私はメアリー・ボノと言います。共和党の下院議員です。9・11以来、議会でいろんな話を聞いてきましたけど、今のお話の方がずっと有益だったわ」

「それは、どうも」

「ぜひ、あそこで話してもらわなくっちゃ」彼女は名刺をさし出し「議会がはじまったら、ワシントンでスピーチの予定を組みたい。連絡して」と言った。

＊

またまた機長が交代し、アリアナ航空727便はカブールに向かって高度を下げた。けわしい山に囲まれた、荒涼とした盆地めがけておりていく。

緊張した様子の客室乗務員たちは、無事に着陸できるようアラーの神に祈る。

機体が傾き山地に近づくと、黒こげになったソ連時代の戦車の残骸が見えた。タリバンは戦車をほらあなや土塁で隠していたが、現代のレーザー式ミサイルにあっけなく見つけられてしまったのだろう。

この場所については何ヵ月も前から、ＡＰ通信社のキャシー・ギャノンとメールのやりとりをして知っていた。

マリオット・ホテルで別れてから結局、キャシーは果敢にもアフガニスタンの首都にもどっていた。

彼女の話によると、反タリバンである北部同盟の戦車がカブールに攻め入る一方で、アメリカの戦闘機はタリバンに味方しているアラブ兵士が住む〝客人街〟と言われる高級住宅街を集中攻撃していた。

その結果、タリバンの軍勢は恐れをなしてカブールを去った。

音楽を禁じていたタリバンがようやくカブールから去ると、人々は通りにくり出し踊り狂った。長い間隠し持っていたラジオやカセットプレーヤーから音楽が街中に鳴りひびいた。

一部ではまだはげしい銃撃戦が続き、塹壕にこもって抵抗する戦士をアメリカ軍が一掃しようとしていたが、カブールはもはや北部同盟とアメリカ軍の手中にある。もう安全だろう。

飛行機から降りてターミナルに向かった。

途中、重装備のブルドーザーを使って誘導路のすみで地雷の撤去作業をしている人たちの姿が目に留まった。安全だと思ったのは勘ちがいか。アリアナ航空の他の旅客機も、爆撃されたままの姿で残っていた。黒ずんで焼けただれた尾翼が不気味にたたずむ。穴だらけの滑走路には焼けこげた機体が、まるでクジラの死骸のように横たわっていた。

ターミナルに続くドアのわきでは、黒こげのフォルクスワーゲンが裏返しになったまま冷たい風に揺られている。エンジンも座席も取り去られ、中は空っぽだ。

カブール空港の税関員はひとり、ぼうっと机に向かっていた。

電灯はなかったので、屋根にあいた爆弾の穴から差しこむ光を使って僕のパスポートを調べた。ひとしきり眺めると満足したのか、スタンプを適当に押し出口の方を指した。

出口近くの壁には、暗殺された北部同盟の指導者、アフマド・シャー・マスードの肖像がある。北部同盟が空港を手中に収めたときに飾られたものらしく、塗料のほとんどがはがれ落ちていた。

パキスタンでは必ず誰かが空港にむかえにきてくれた。イスラマバード空港の税関を出て真っ先に目に入るのは、運転手スルマンの仏像のような笑顔だった。

スカルドゥの町では、ファイサル・バイグが空港の警備員を威圧しながら滑走路まで入りこみ、飛行機を降りた瞬間から僕のボディガードになってくれていた。

だがカブール空港を出た僕は、ひとりきりで押しの強いタクシー運転手たちに囲まれた。こんなとき、どうすればいいかは決めている。いちばん関心のなさそうな運転手を選ぶだけで、荷物を後部座席に放りこみ助手席に座る。

アブドゥッラー・ラフマンだと名乗るこの運転手は、戦争で傷を負っていた。カブールではよくあることだ。まぶたがなく、顔の右側は傷でひきつり光っている。タクシーで走っていたとき、道ばたで地雷をふんでやられたらしい。両手にひどい火傷を負ったため、ハンドルはしっかりと握ることはできない。それでも、たくみにハンドルをあやつり、カブールのごった返した道をぬっていく。

カブール住民の多くは、家族を養うためにいろんな仕事をしている。アブドゥッラーはタクシー運転手のほか、月に1ドル20セントで軍事病院の図書室で働き、鍵のかかったかびくさい本棚を3つ管理していた。タリバンはコーラン以外の本を燃やしていたが、それらは何とか難を逃れた貴重な本だった。

アブドゥッラーは、僕がこれから1週間すごすゲストハウスのカブール・ピースまで連れていってくれた。戦争は終わったばかりだし、建物は弾丸で穴だらけなのに「ピース」というのも少し気が早すぎるような気がした。

部屋はせまく、電気も水道もなかった。窓の格子のすきまから外をのぞくと、にぎやかな通りを、傷だらけの市民たちが足をひきずって歩いているのが見える。女性たちは濃紺のヴェール《ブルカ》にすっぽり包まれ、たたずんでいる。

さて次に一体何をすればいいだろう。これからするべきことが、はっきりとした姿を見せてこない。

車を雇って、北へ行って、キルギスの遊牧民たちと連絡を取れたらいいな。ここにくるまでは、漠然とそう思っていた。だがカブールはまだまだ危険でやみくもに地方へ行くのは自殺行為だ。

夜の冷えこみは厳しかった。僕は暖房のない部屋で震えながら、カブール市内にひびき渡る銃声や、タリバンの残党がカブールめがけて撃ってくるロケット弾の振動音を聞いていた。

アブドゥッラーは友人のハシュを紹介してくれた。ハシュは若くて顔が良く、負傷して戦えなくなる前はタリバン戦士だった。そして多くのタリバンと同様、理論だけの聖戦士《ムジャヒディン》だという。

ハシュは頭が良く、もともとは仕事の口さえあれば、電子通信技師として働きたいと思っていたが、神学校《マドラサ》を卒業するときにタリバンに誘われた。300ドル出すと言われ、ハシュはふるさとに住む母親にその金を渡して軍事訓練をはじめた。ハシュは、身を隠していた塀に北部同盟の爆弾が当たったために負傷した。すでに4ヵ月前のことだが、背中の傷にはまだ膿がたまっていたし、はげしく動くと、傷ついた肺がゼイゼイと音を立てた。

それでも、タリバンの厳しい規則から自由になれたのがうれしくてたまらないらしく、強制されてのばしていたひげもすっかり剃り落としていた。これまでアメリカ人には会ったこともないそうだが、僕が傷に包帯をして抗生物質で治療すると「いつでも喜んであなたのために働く」と言った。

首都カブールにあるものは何もかもが戦闘でひどく破壊されていた。学校も例外ではない。様子を知りたくて、僕たちはアブドゥッラーの黄色いトヨタに乗って学校を探して回った。カブールには159の学校があり、公式にはこの春に授業を再開できる予定になっていたが、授業をおこなえそうな状態なのは、そのうちの2割にすぎないことがわかった。交代制にするか、青空教室なのか、めちゃくちゃな校舎で強引に授業を再開するか、いずれにせよカブールにいる30万人の生徒に教えるのは容易じゃない。

だがドゥルハニ高校の校長ウズラ・ファイザドは、4500人もの生徒を壊れた校舎の中と外に集めて、教師90人が1日3交代で授業をおこなおうとしていた。日に日に入学希望者は増え、女子生徒たちも少しずつ姿を見せるようになっていた。女性が教育を受けることを禁じていたタリバンがいなくなったからだろう。

学校を囲む塀は崩れ落ちている。屋根もへこんでいる。それでもこの校長は毎日出勤し、学校をもとにもどそうとしている。アフガニスタンの問題を解決するのは教育しかないと信じ、全力で取り組んでいるのだ。

力になりたいが、ここは電気や電話だけでなく、行政も役に立っていない。政府機関を車で訪ね回ったが、どこにも誰もいない。こうなったら、とりあえずパキスタンにもどって学校の資材を持ってきて、できるところからはじめるしかない。

首都カブールに1週間滞在した後、ペシャワールの町まで飛ぶ赤十字のチャーター便に乗せてもらった。

国境に向かう途中、ジャガイモの袋に腰かけていた3人の男の子と出会った。みんなカブールでよく見かけたような、うつろな表情をしていた。「何か必要なものはない?」とパシュトー語で聞いてみるといちばん年上っぽい子が口を開いた。親切そうな大人と話せてほっとしたようだ。1週間前、彼の父親が、パキスタン・ペシャワールの町でジャガイモを仕入れて荷車に積み、アフガニスタン・

ジャララバードの町に運んでくる途中、アメリカの飛行機から爆弾が降ってきて、食べ物や日用品を運んでいたほかの15人といっしょに死んでしまった。

彼は弟たちといっしょにペシャワールの町に行ってきたばかりで、父親の知り合いだった商人が気の毒に思ってジャガイモを安く売ってくれたという。これから家で悲しみにくれている母親と妹たちに持って帰るらしい。

父親の死について話す彼の口調は淡々としていた。僕が父親に死をもたらした国の国民だということは、ほとんど意識していないようだ。ショックのあまり麻痺しているのだろう。

僕も僕なりにショックを受けていた。

ペシャワールの町までむかえにきてくれたスルマンに、ゲストハウスまで車で送ってもらってから、3日間夜も眠れない状態だ。アフガニスタンで目にしたことを消化しようとしていた。カブールのひどいありさまを見た後では、懐かしいスカルドゥの町に早くもどりたくてたまらなかった。

ところがそうも言っていられないことが、会計士のグラムに電話したときにわかった。

ヘマシル村では、男女共学校がもうすぐ完成するところだったが、数日前の真夜中、暴徒たちがやってきておそわれたという。最初は火をつけられたが、梁や窓枠などの木材をまだ取りつけていなかったので、燃えはせず焦げただけだった。そこで暴徒たちは大きなハンマーをふるい、大切な壁を打ち壊してしまった。

パキスタン北部で最も有力な村の宗教指導者《ムッラー》、アーガ・ムバレクの指示らしい。

緊急の話し合いが必要だ。だがスカルドゥの町につくと、さらに悪い知らせが待っていた。アーガ・ムバレクが、僕がパキスタンで働くことを禁ずる勧告《ファトワ》を出したというのだ。さらにショックだったのは、顔見知りだった政治家が、保守的なシーア派の支持を得ようと、「アーガ・ムバレクを支持する」と公式に発表していたことだ。

インダス・ホテルの2階、調理場のテーブルをお茶とシュガークッキーで囲みながら、僕はメンバーと話し合った。

「ムバレクは自分の利益しか考えていません」グラム・パルヴィはため息をつく。「ヘマシル村の長老たちに『学校を建てたければわいろを払え』と言ったんです。それを断られたから、学校を壊し、勧告《ファトワ》を出したのです」

ムバレクを支持する政治家にも会いにいったが「金を出せば力になるかもしれない」と言われたらしい。まったく頭にくる話だ。

武装団でも作ってムバレクの村に押し入り、おどしてやりたい。だがグラムは、それでは根本的な解決にならないと言った。「兵士たちに囲まれれば、ムバレクは何だって約束するでしょう。でも兵士たちが去ったとたん、態度をひるがえしますよ」

「どうすればいい?」

「裁判で決着をつけましょう。イスラム法《シャリーア》の裁判です」

今までの経験からすると、グラムの忠告に従うべきだろう。ヘマシル村の長老メフディ・アリは僕の友人で、先頭に立って学校建設を進めてくれていた。彼はグラムといっしょにこの事件のことをスカルドゥの町のイスラム裁判所に持ちこんでくれた。イスラム教徒対イスラム教徒の争いだ。

僕はグラムの言う通り、法律上の争いからは距離をおき、アフガニスタンのことに集中することにした。

スカルドゥの町から、ＣＡＩの理事たちに電話する。アフガニスタンで目にしたことを伝え、カブールで使う学校資材を買わせてもらえるように頼んだ。

すると理事のひとりのジュリア・バーグマンが「いっしょにカブールに行きたい」と申し出た。行く途中には、まだ戦闘が続いている地域もある。だが「タリバン政権のもとでアフガニスタンの女性たちが味わった苦しみと比べたら何でもないこと。どうしても力になりたい」と言った。

スルマンはパスポートを持っていないので今回はいっしょにこられない。くやしさのあまり子どものようにのたうち回った後、ミニバンの運転席に顔を突っこみ、かわりの運転手の首根っこをつかむ。「血の掟にかけて、この旦那とご婦人の身にもしものことがあったら、この手でお前を殺してやる」

国境地帯はすっかり開かれていた。警備員の姿もない。オサマ・ビンラディンが100人の戦士を連れてきても、誰にもとがめられずパキスタンに入れるだろう。

カブールまでの320キロの道のりは、11時間かかった。道沿いには、爆撃で黒こげになった戦車があった。だがそれとは対照的に、景色は美しかった。野原にはいたるところに赤や白のケシの花が咲いている。そのむこうには雪をいただく山々がある。のどかだ。

ジャララバードの町で軽い食事をするため、ホテルに寄った。もとはタリバンの本部があったホテルであり、第2次世界大戦で爆撃された頃のドレスデン、そんな感じのところだった。国境近くの難民キャンプに逃げた人の話では、アメリカ空軍がB52でこのあたり一帯を徹底的に爆撃したのだそうだ。

ジャララバードにいるうちに、目の前にいるジュリア・バーグマンのことが心配になる。僕たちを見る人々の目には、憎しみの色が浮かんでいる。アメリカの空爆のせいで、あのジャガイモの行商人のように罪のない人々が、何人犠牲になったのだろう。

無事カブールにつくと、すぐにジュリアをインターコンチネンタル・ホテルに連れていった。このホテルは傷ついた都市を見おろす丘の上に立っていて、カブールの中ではいちばんまともに暮らせるところだ。建物の半分しか崩れていない。無傷だった棟にある1泊50ドルの部屋に案内されたが、吹き飛ばされた窓はビニールシートでおおわれていた。水道のかわりに、従業員が1日1回お湯の入ったバケツを持ってきた。

運転手のアブドゥッラー、ハシュといっしょに、アフガニスタンの教育現場を回ったが、どこも問題が山積みだった。

カブール医科大学には、医学書を寄付することになっていた。その提供者は医師である夫を9・11同時多発テロで亡くしていた。だが「教育こそ、争いの絶えないイスラム世界の問題を解決できる」と信じ、夫の形見である医学書をカブールに持っていくよう僕に託したのだ。

案内された講義室は天井のたわんだ、暖房のないだだっ広い部屋で、500人の生徒が待ち受けていた。生徒たちは医学書の寄付に色めきたった。解剖学の授業で使える教科書はわずか10冊しかなく、男性470人と女性30人、合計500人の医者の卵がかわるがわる本を持ち帰り、文章や図を手で書き写していたらしい。

だがこんなに大変な状況でも、数ヵ月前に比べればましだという。

「カブールがタリバンの支配下にあった頃は、図や絵の入った本はすべて禁止です。見つかり次第、公の場で燃やされました」

また講義室のうしろには、〝勧善懲悪省〟から派遣されたタリバンの役人が控えていて、教授が黒板に解剖図を書かないようずっと見張られていたそうだ。

「私たちは、医者とは名ばかりで教科書から学んだだけにすぎません。仕事に必要なごく基本的な道具すらありません。血圧計や聴診器を買うお金もないのです。医者だというのに、顕微鏡をのぞいたことすらない」

アブドゥッラーは傷ついた手でハンドルをあやつり、爆弾の穴をよけながら、カブールから離れた村を回ってくれた。アフガニスタンに寄せられるようになった外国からの支援は、カブールの外に出たことは決してなかった。

まずはシャハブディーン中学校を訪れ、ハシュに手伝ってもらって、アブドゥッラーのタクシーで運んできたノートと鉛筆を300人の生徒たちに配った。だがそれ以外にも必要なものはたくさんありそうだ。年少のクラスは、輸送用のコンテナが教室がわりだった。最年長の子どもたちは、黒こげになった装甲車の後部座席で勉強していた。窓がわりのハッチには、クラスの宝物が飾ってあった。スウェーデンの支援者から贈られたというバレーボール。

「スウェテンの人、ヤギみたいだった。金色の長い髪だった」

短く刈りこんだ頭にシラミをたからせた男の子が、ひとつしかない目を輝かせ、学びたての英語を得意げに使って話す。

いちばん心を痛めたのは、女の子たちの教室がないことだった。

80人の女の子が、屋外で勉強している。授業に集中しようとしても、風で飛んでくる砂が目に入るし、黒板にも吹きつける。ハシュが新しいノートと鉛筆をあげると、大喜びして、ノートが風で飛ばされないようにしっかりと抱きしめた。

タクシーにもどろうとすると、アメリカ軍のヘリコプターが4機飛んできた。ヘルファイア・ミサイルを搭載し、怖がる生徒たちの頭上4、5メートルのところをすさまじいスピードで飛んでいく。

プロペラが巻き起こす風で飛ばされた黒板は、石だらけの地面にたたきつけられて割れた。


翌日は、4500人の生徒がいるドゥルハニ高校を訪れた。

生徒たちは、爆撃されずに残った2階の教室まで行くのに、危なっかしい丸太のはしごを使っていた。階段は吹き飛ばされてしまい、まだ直されていない。生徒の数もやはり多すぎるため、1日3交代で授業を受けていた。ウズラ・ファイザド校長は僕との再会を喜び、自宅に招いてくれた。

ウズラは学校の敷地内に建てたひと部屋しかない小屋で、修道女のようにつつましい生活を送っていた。持ち物は数少なく、きちんとたたんだ毛布が目につく。

ウズラの夫は聖戦士《ムジャヒディン》で、北部同盟の指導者マスードの軍に加わっていたが、ソ連との戦いで命を落とした。

ウズラは北に避難しその地がタリバンの手に落ちた後もこっそりと女の子たちを教えていたが、今ではふるさとにもどり、堂々と女子教育をしている。

窓をおおっていた麻布をまきあげ、体を包んでいたヴェール《ブルカ》を脱ぎ壁の釘にかけている。「タリバンがいなくなったのに、どうしてまだヴェール《ブルカ》を着ているのですか?」ジュリアが言った。

ウズラは小さなストーブのわきにしゃがんで、お茶を用意した。

「私は古い女です。私にあった服装だと思います。それに、これを着ていた方が安心なんです。私は女の先生全員に、市場《バザール》に行くときにはヴェール《ブルカ》を着るようにと言っています。女子教育に反対している人もいますから」

「私のようなアメリカの女は開放的です。そんなに小さなすきまからしか外を見られないなんて、抑圧されているような気がしてしまうのですが」

ウズラの顔に笑みが広がった。会ってから、笑顔を見るのは初めてだった。50歳で、苦労を重ねてきたにもかかわらず、ヴェール《ブルカ》を脱いだウズラは美しかった。「私たちアフガニスタンの女は、教育という光を通して物事を眺めたいと思います。布にあいた穴からではなく」ウズラは緑茶をいれながら「砂糖がなくて申し訳ありません」と言った。

「とんでもない」僕たちは口をそろえる。

お茶を飲み終わるころ、ウズラが言った。「ひとつだけお願いがあります。タリバンを追い払ってくれたアメリカには感謝しています。でも5ヵ月前からお給料をいただいていないんです。まもなく払う、という話はうかがいました。でもいただいていません。どうなっているか、調べてはいただけないでしょうか?」

ＣＡＩの資金からウズラに40ドル、90人の先生たちに20ドルずつ払った。

それから、ジュリアが国連のチャーター便に乗ったのを見届けると、早速ウズラの給料の行方を追うことにした。崩れかかった財務省の廊下をぬけてアフガニスタンの財務次官と面会し「教師たちがなぜ給料を受け取れないのか」と詰め寄った。

財務次官によると、ブッシュ大統領が約束した支援金のうち、実際にアフガニスタンに届いた金額は４分の１にも満たないという。

さらにそのうちの６億８０００万ドルは転用された。

まもなくはじまるイラクへの侵攻に備え、バーレーンやクウェート、カタールで、滑走路の整備や物資の補給をするために使われているらしい。

アリアナ航空７２７便でドバイへ。ブリティッシュ・エアウェイズ７７７便でロンドンへ。そしてデルタ７６７便でワシントンへ。僕は怒りを燃料にしてアメリカ政府めがけ飛んでいくミサイルになっていた。アフガニスタンの人たちが僕たちのせいで味わってきた苦しみを、埋めあわせられるせっかくの機会が失われようとしている。そう思うだけでじっとしていられない。ワシントンに帰るまで、飛行機の通路をずっと行ったりきたりしていた。ウズラ校長のような英雄に月40ドルの給料を払うことすらできない。それなのに〝対テロ戦争に勝利する〟なんていう難問を、どうやってクリアするんだろう。

下院議員のメアリー・ボノをたずねた。

どうしていいかさっぱりわからない僕に、メアリーは丸一日かけて連邦議会の仕組みを説明し、議会で僕が話をする時間を作ってくれた。さらに議員全員に「パキスタンとアフガニスタンに女子校を建てて、テロにいどむアメリカ人に会ってください」という案内メールまで送ってくれた。

「ありがとう」

「私はあなたの大ファンなの。あなたのやさしい気持ちが多くの人に伝わるように、できることをしただけ」

粘着テープで応急処置をした古いプロジェクターを設置し終えると、部屋いっぱいに集まった議会のメンバーと向き合った。

僕は茶色い格子柄のスーツを着ている。持っているスーツはこれ1着しかない。靴は履き古した茶のモカシンシューズ。200の空席に向かいあっていた方がまだましだと思った。だが消えてしまった給料に関する、パキスタン、ウズラの素朴な質問を思い出した。自分の役目を果たさなければ。最初のスライドを映した。パキスタンの純然たる美しさ、そして貧しさの両方を見せる。だんだん調子が出てきた僕は、ウズラの給料がなくなったことや、アフガニスタン復興に向けてアメリカが約束を果たすことの大切さを熱く語った。

ひとりの共和党議員が話をさえぎり、質問してくる。

「子どもたちのために学校を建ててあげるなんて、たしかにご立派です。でも我々が国家として優先すべきことは何でしょう？　それは安全保障です。安全が保障されなかったら、そんなことをする意味がありますか？」

深く息を吸った。カブールからもどって以来、ずっとくすぶっていた怒りがまた燃えあがる。

「私は、テロと戦うためにこの仕事をしているのではありません」議会から放り出されないように、言葉を慎重に選んで話す。「子どもたちのことを、大切だと思っているからです」

緊張感をすっかり忘れた。

「私にとって〝テロとの戦い〟は優先順位の7番目か8番目か、それはよくわかりません。ですが実際に現地を訪れてみて、学んだことならあります。テロが起こるのは、どこかの集団が〝アメリカ人を憎むことに決定した〟からではありません。子どもの頃から、明るい未来を思い描けないからです。ほかに生きのびる手段が見つからないからです」

珍しく雄弁になった僕は、目にした数々の厳しい風景を、まぶたの裏に映し出す。

貧困をきわめたパキスタンの公立学校、ガン細胞のように広がるワッハーブ派の神学校《マドラサ》、スーツケースを持ったサウジアラビアの大金持ち、彼らから何億ドルもの資金を得て、量産される聖戦《ジハード》の戦士たち。

いつしか議会は静かになり、メモを取るペンの音だけが聞こえていた。

話を終えて、質問にいくつか答えて、スライドを片づけていたら、ひとりの議員秘書が話しかけてきた。「おどろきました。なぜニュースや議会の報告ではこういう話が出てこないんでしょう？　本を書いて発表すればいいのに」

「なかなか時間がありませんので」笑顔で答えているところへ、アメリカ中央軍司令官の将軍が軍服姿の部下に囲まれ、次の報告会のために現れた。

「時間は作るものですよ」

「時間を作れるなら、眠りたいです」

言いたかったことは、みんなに伝わっただろうか。なだらかに広がる芝生の上を、観光客がのんびりと歩いていく。芝生をはさんだむこうには、真っ黒なベトナム戦争記念碑と、白い大理石でできたリンカーン記念館が立っていた。考えこむリンカーンの像は、アメリカの新しい傷が癒されるのを待っているかのようだった。


数ヵ月後、僕は国防総省《ペンタゴン》にきていた。ＣＡＩの活動に関する新聞記事を読んだ海軍大将が招いてくれたのだ。

海軍大将に案内されて、ぴかぴかの大理石の廊下を通って、国防長官の執務室に向かった。印象的だったのは、すれちがう人と全然目があわなかったことだ。みんなノートパソコンを抱えてせかせか歩き、次の目的地へまっしぐらに進んでいる。僕に目を留める時間もないらしい。僕も軍隊にいたことはあるが、これは僕の知っている軍隊とはまったくちがった。

国防長官の執務室では、誰も椅子をすすめてくれなかった。パキスタンでは身分の高い役人と会うとき、たとえどんなに短い時間でも、少なくとも椅子とお茶はすすめてもらえたのに。

不慣れなスーツ姿で、何をしたらいいのか、何と言えばいいのかわからないまま立ち尽くした。そこにいたのはほんの少しだった。簡単に紹介してもらっただけだった。ドナルド・ラムズフェルドに何かインパクトのあることを言いたかった。対テロ戦争のやり方を根本的に見直すようにお願いすればよかった。だが僕はただ、ラムズフェルドの靴ばかり見つめていた。

ファッションにはうとい僕でも、上等な靴だということはわかる。高そうだったし、ぴかぴかに磨かれていた。ラムズフェルドはお洒落な灰色のスーツを着て、コロンの香りをさせていた。それははっきりと覚えている。旅客機に突っこまれたにもかかわらず、ここは戦場や、僕がカブールで体験した熱や砂ぼこりからは、遠く離れた場所なのだ。

よそよそしい廊下を通って、次の部屋に向かう。

軍事政策の担当者たちに説明をする予定だった。さっき感じた〝現場との距離〟みたいなものが、ここでくだされる決定にも影響しているんじゃないだろうか。

僕が見てきたものすべて――ジャガイモの行商人だった父親を失った少年、授業中に黒板を吹き飛ばされた少女たち、地雷やクラスター爆弾で手足を失いカブールの通りをよろよろと歩く人々――が、パソコンの画面に映し出された単なる数字にすぎないとしたらどうだろう。戦争に対する感じ方も、もっとちがうものになったかもしれない。

さっきよりも小さい部屋には軍服姿もスーツ姿もあり、席は半分くらい埋まっていた。

僕は手かげんしないことにした。何を言ったって、どうせむだなんだ。ブッシュ政権は戦争の方針を変えはしない。だったら、何をしゃべったっていいような気がする。

「私ははじめ、アフガニスタンでの戦争を支持していました」自己紹介もそこそこに本題に入る。「なぜならアメリカが、アフガニスタンを本気で復興させるつもりだと思ったからです。でも今はちがう。軍事的な勝利は、対テロ戦争に勝つための第1段階にすぎない。なのに、アメリカには第2段階に進む動きが見られません」

それから、パキスタンの部族の伝統について説明した。対立する集団は、戦う前にまず会合《ジルガ》を開き、どの程度の損失を受け入れられるか話し合う。勝った方が、負けた方の未亡人や孤児たちの世話をすることになっているからだ。

「あの地域に住む人々は、死や暴力に慣れています。私たちがもしも『お父さんを亡くされたのは大変お気の毒です。しかしその尊い犠牲のおかげでアフガニスタンは解放されました』と伝え、きちんと償いをし、栄誉をたたえれば、今でもアメリカを支持してくれると思うんです。ですが、最悪なのは、今我々がしていること——つまり被害者を無視することです。〝付帯的損害〟などと称して、死者の数さえ調べようとしない。被害者を無視するのは、その存在自体を否定することです。イスラム世界において、これほど屈辱的なことはない。決して許してもらえないでしょう」

それからカブールの〝客人街〟で巡航ミサイルにやられた家を見たときに感じたことを言った。

「私は軍事専門家ではありませんし、これから申しあげる数字は正確ではないかもしれません。ですが私の知るかぎり、これまでアフガニスタンに向けて発射された巡航ミサイルは114発になります。誘導装置をつけたこのミサイルは、1発84万ドルほどでしょうか。それだけのお金があれば、学校を何十校も建てて、何万人もの生徒に、過激ではない、バランスのとれた教育を、数世代に渡って受けてもらうことができるんです。どちらの方が、我々の安全につながると思われますか?」

スピーチの後で、がっしりした体格の男が近づいてきた。仕立てのいいスーツを着ているが、軍人の血が流れているのは明らかだ。

「ワッハーブ派の神学校《マドラサ》を全部載せた地図を作っていただけるかな?」

「命が惜しかったら、そんなことはできませんよ」

「神学校《マドラサ》の隣に、普通の学校を建てるのはどうかね?」

「スターバックスみたいにですか? 聖戦士《ムジャヒディン》の仕事をなくすために?」

「真面目に言っているんだ。資金なら出そう。220万ドルではどうだ? 学校はいくつ建てられる?」

「100くらいでしょうか」

「いい話だろう?」

「軍からお金を受け取ったことがむこうの人たちに知れたら、僕は仕事ができなくなってしまいます」

「それは問題ない。香港の実業家から個人的な寄付を受けたことにすればいい」

相手は、軍事予算リストの書かれたノートをぱらぱらとめくってみせた。僕の知らない外国の名前が並び、ぎっしりと数字が書きこまれている。1500万ドル、470万ドル、2700万ドル。

「お考えの上、お電話いただきたい」言いながらノートに数行書きこみ、僕に名刺をよこした。

考えてはみた。学校を100も建てられるというのは魅力的な話だ。2002年の軍事予算をいただけるのも悪くはない。だがそんなことできるはずがない。僕が信頼されているのは、僕がアメリカ政府、特に軍部と関係がないからだ。

この年、積極的におこなったスライドショーはお客の入りもよく、CAIの口座の残高はそれなりに増えていた。が、資金不足はあいかわらずだった。気をつけていなければ、すぐに底をついてしまう。

やがて大量破壊兵器と近づきつつあるイラク攻撃が話題になると、僕は軍部からお金を受け取らなくて良かったとしみじみ思った。

僕はパキスタンへ、27回目の旅に出るために荷づくりをした。また家族とのつらい別れをひかえながら思った。僕の話を聞いてくれている人が、本当にいるのだろうか？

CHAPTER

# 22

# 「無知が敵」

*"The Enemy Is Ignorance"*

アメリカがイラクでサダム・フセイン政権と対決しているように、グレッグ・モーテンソン（45）は、独自の方法でイスラム原理主義者たちに黙々と挑んでいる。原理主義者たちは、マドラサというイスラム教の神学校に通う生徒たちを自分たちの一員として引き入れることが多い。モーテンソンの活動は、ごく単純な考えに基づいている。世界で最も不安定な戦闘地域に、宗教色のない学校を建て、教育、特に女子教育が普及するよう支援するのだ。タリバンをはじめとする過激派は、やがて支援を得られなくなってしまうだろう。

——ケヴィン・フェダルコ
パレード誌2003年4月6日のトップ記事

道の終わりでフサインがブレーキをかける。

ビニールシートをかぶせたダイナマイトの箱をまたぎ、車から降りると、あたりはもう暗くなっていた。10時間揺られたでこぼこ道は細くなり、岩の間を通る小道へとつながっている。カラコルム高地への入り口だ。僕と運転手のフサイン、わし鼻のアポ、ボディガードのファイサルは、バルトロ氷河に最も近い、最後の村にたどりつき、ふるさとに帰ってきたような気分を味わっていた。だがケヴィン・フェダルコだけは、世界の果てにでも連れてこられたような気がしただろう。

フェダルコは編集者だったが、現場で取材をするためオフィスでの仕事をやめていた。この寒い9月の夕べ、フェダルコと同行したカメラマンは、できるかぎり遠くまできたように感じていたようだ。カラコルムの空に輝く星は、信じられないほど美しかった。光の点が空をぎっしり埋めつくしている。見ると3つの星が空を離れ、コルフェ村の客人たちを歓迎してくれた。

コルフェ村の村長がふたりの友人とともにがけをおりてきた。ちょうちんを持って僕たちを招き、つり橋を渡って、やみの中を村までのぼっていった。ほのかな明かりに導かれ、石と泥でできた家の間を歩く。あいかわらず中世の村に迷いこんだようなところだ。

インドとパキスタンは、この高地で19年間も対立していた。だが現場を取材したジャーナリストはひとりもいない。フェダルコは僕に協力を求め、ここを訪れる最初のジャーナリストになろうとしていたのだ。

「ジャーナリストになって以来、こんなに親切にしてもらったのは初めてだ」フェダルコは言う。「パキスタン軍の許可をとってくれたし、ヘリの手配もしてくれた。パキスタンに知りあいはいなかったし、自力ではとても無理だったと思うね」

その晩フェダルコは、冷えこむ中「死んだヤギのようにくさくて汚い毛布」にくるまって眠りについた。

ハジ・アリは亡くなる前、僕がコルフェ村にいるときの家として、自分の家の隣に小さな小屋を建ててくれて、その小屋をトワハがいろんな布で飾ってくれた。床には毛布やクッションがおかれ、壁には僕がコルフェ村ですごした日々の写真が貼られている。ふだんは男性のたまり場、または公民館のような場所になっていた。

「お祭りでもやっているのかと思ったよ」目を覚ましたフェダルコがお茶を受け取ると、村の集会のようなものがはじまった。僕がもどったので村の人たちは喜んでいる。朝早くから、部屋の中は人であふれていた。全員にお茶が行き渡ると、集会は一気に盛りあがった。もう何時間も前から起きていたみたいに、みんなで笑ったり騒いだり、議論したりしていた。

コルフェ村にかぎらず、どこかの村に顔を出したときには、必ず村の代表者たちと何日か話し合った。やるべきことは山のようにある。学校に修理が必要かどうか、生徒たちに必要なものはないか、先生たちに給料がちゃんと支払われているか、などの報告を受けた。ほかにも要望がいくつも出てくる。女性職業センターに新しいミシンが欲しい。水道管を直さなければならない。そんなことだ。いつものことだ。

だがこの日は、いつもとまったくちがうことがこの村で起ころうとしていた。若い女性がいきなり部屋に入ってくるなり、クッションの上であぐらをかきお茶を飲んでいる30人の男たちを押しのけながら、僕のところへまっしぐらにやってきた。

自信に満ちている。僕の前に堂々と座ったのは、ハジ・アリの孫ジャハンだった。

「グレッグ先生」バルティ語ではっきりと言う。

「先生は、村に学校を建てるという約束を守ってくれました。でも、学校ができた日、私ともうひとつの約束をしてくれました。覚えてますか?」

僕の頬はゆるんだ。学校を訪れたとき、いつも生徒たち全員と話をするようにしている。自分のことを、特に女の子に話してもらうのだ。君の夢は何か。将来どんな仕事をしたいか。

その場に居あわせた村の人たちは、たいてい首をふって「大の男がわざわざ娘たちの夢や希望を聞くなんて」とあきれたものだ。

ジャハンは僕と何度も将来の進路について話しあった。

「いつかお医者さんになるのが夢だと言ったら、『勉強すればきっとなれる』と言ってくれましたよね? 力になってくれるんですよね?」ジャハンは輪になった男たちのまんなかでまくしたてる。

黙ってうなずいた。

「お願いします。医学の勉強をするために、2万ルピー必要なんです」

ジャハンは英語で書いた申請書を開いて見せた。

スカルドゥの町で、妊産婦の看護について学ぶコースについて、くわしい説明や計画が書いてある。授業料と、授業に必要な道具の見積もりまできちんと出してある。

「すごいぞ、ジャハン。後で時間のあるとき、これを見ながら君のお父さんと話をしておくよ」

「ノー！」ジャハンは英語で力強く言った。

「授業がはじまるのは来週なんです。今、お金が必要なんです！」

僕が女の子たちに身につけてほしかったことはつまり「男たちに遠慮するな」ということだった。

アポに声をかけた。似合わない子ども用のピンクのリュックを背負っているアポに、2万ルピー、約400ドルを数えさせ、ジャハンの父親トワハに渡した。


「あんな光景は、見たことがない」フェダルコは言った。

「保守的なイスラム教徒の村のまんなかで、10代の女の子が男たちの間に割り込み、いくつもの伝統の壁を一気に飛びこえてしまうなんて」

フェダルコはベテランのジャーナリストだが、客観的な立場などすっかり忘れてしまった。「君がここでしていることは、僕が取材しにきたことよりずっとすごい」

それから数日後、アメリカの地上軍がサダム・フセインに最終攻撃をかけるべくバグダッドに集結した日、僕の顔写真と〝書物でテロに挑む男〟という見出しが1面に載ったパレード誌3400万部が、全国の新聞にはさまれ配布された。

ズードハーン村でたたき起こされ、ニューヨークでの悲報を聞いたあの朝以来、ずっと伝えようと苦労してきたこと。それが全米の人々に届いた。

フェダルコの記事は、ジャハンがコルフェ村の男たちの輪に割りこんできたところからはじまって「地球の反対側でグレッグが取り組んできた仕事は、アメリカ国民の安全にもつながる」と書かれ、僕の言葉もきちんと紹介されていた。

「軍事力だけでテロリズムと戦うなら、私たちは9・11以前と何も変わらない。危険にさらされたままです。子どもたちに平和な世界を残すためにも、みなさんよく考えてください。使うべきなのは爆弾ではなく、書物なんです」

アメリカの50州すべてと、アメリカ以外の20カ国から、手紙やメールが押し寄せてきた。

パレード誌の編集長は言った。

「グレッグの記事はパレード誌64年の歴史の中で、最も反響が大きかった。たったひとりでテロと戦ってきた。しかも武器は銃や爆弾ではなく、学校だ。こんなにすばらしい話があるだろうか？」

記事が載った瞬間から、僕のことを称賛するメールや手紙、電話が殺到し続け、モンタナの地下室にあるちっぽけな事務室はパンク状態になった。

緊急処置として、電話はネブラスカ州のコールセンターで受けてもらうように手配し、アクセスが集中しダウン寸前だったCAIのウェブサイトの回線も増強してもらった。

記事が出た翌々日、CAIの私書箱に郵便物を取りに行くと、中には手紙がぎっしりつまっていた。あくる日にまた取りに行くと、私書箱には〝カウンターまで郵便物を取りにきてください〟というメモが貼ってあった。

「グレッグさん、台車か何かお持ちですか？」

僕は手紙の袋を5つ車に積んで帰り、翌日にはさらに4つ持ち帰った。

援助の申し出が止まらない。


サダム・フセインの銅像が倒れる様子が世界中に流れた頃、僕の人生はがらりと変わっていた。アメリカ中で有名になってしまった。だがこれがアメリカの声だ。僕の民族の声なのだ。あらゆる立場の人から反応があった。キリスト教徒、イスラム教徒、ヒンドゥー教徒、ユダヤ教徒、レズビアンの政治団体、バプティスト派の若者、アメリカ空軍大将――。

あるユダヤ教徒は、13歳をむかえるときの儀式のお祝いとしてもらう1000ドルをCAIに寄付してくれた。

「僕がユダヤ人で、相手がイスラム教徒だなんて関係ありません。お互いに力をあわせて、平和の種をまいていきたい」

　あるイスラム女性はメールを送ってくれた。

「世界各地で抑圧に耐えている姉妹たちとはちがって、アメリカに住む私は神の恵みを受けています。あなたのすばらしい仕事をよく知り、私は恥ずかしくなりました。またアラブの国々は、自分たちの手でイスラムの人々を助けられなかったことを恥ずべきだと思いました。尊敬と称賛の念をこめて、感謝申しあげます」

　アメリカの軍人からも手紙が届いた。

「私はアメリカ陸軍大尉です。アフガニスタンでの戦いで第82空挺師団に所属していたため、農村の生活を間近で見るという貴重な機会に恵まれました。アフガニスタンでの戦争では今もなお、多くの血が流され、多くのものが破壊され続けています。

　特に苦しんでいるのは、決して攻撃されるべきではない人々――日々のかせぎを得て家族といっしょに人並みに暮らしたいと願っているだけの、何の罪もない一般市民です。

　ＣＡＩのプロジェクトは、イスラム原理主義を教え、タリバンを生み出している神学校《マドラサ》にかわり、良い教育を与えるものだと信じています。教育の力で、誰もが安心して暮らせる世の中になればいい」

　同じように感じてくれた人が何千人もいた。アメリカ軍が長期に渡るイラク占領に乗り出した頃、

ＣＡＩの資金は一気に１００万ドルを超えた。

これだけのお金があれば、すぐにでもむこうにもどり仕事に取りかかれる。

だが理事会に止められた。「ずっと前から立てている計画をまず実行するように」今度は僕も賛成した。

家の近所にある、ありふれた事務室を月６００ドルで借り、事務員を４人雇った。講演会のスケジュール管理や、会報の発行、ウェブサイトの更新、増え続けている協力者の名簿管理などをまかせることにした。

そして昇給。年収はほぼ2倍になり、ぎりぎりの生活から脱け出した。

タラは素直に喜んだが、僕がこれからますます留守がちになることを話すと、表情がくもった。

「誘拐された後も、9・11の後も、引きとめようとは思わなかったわ。とめたって、どうせ行くに決まっているから。たったひとりのテロリストに殺される場合もあるけど、あなたは大丈夫だって言い聞かせてる。あなたのまわりの人と、あなたの知恵と経験を信頼してる。そうするしかないのよね」


うれしい知らせをパキスタンで最初に聞いたのはスルマンだった。僕は大通りを走り抜けながら、アメリカ中から寄付が殺到していることを彼に伝えた。

パキスタンのＣＡＩスタッフはあまり自分の利益を考えなかった。ほかの組織で働いていれば、もう少し楽な生活ができていただろう。

年800ドルだったスルマンの給料を1600ドルにする。

生まれ育ったドク・ルナ村からラワルピンディの町に引っ越し、息子を私立学校に通わせるためにずっとお金を貯めていた。そんなスルマンは、運転しながらちらっと僕の方を見て、うれしそうにうなずいた。

いっしょに仕事をするようになってから、僕もスルマンもかなり太ってしまった。スルマンは白髪がかなり増えている。仕方ないことだと思っていたが、少し逆らうつもりなのか床屋に入った。2時間後、僕が本屋で立ち読みしているところへ現れたスルマンの髪は、目の覚めるようなオレンジ色になっていた。

スカルドゥの町につくと、インダス・ホテルの食堂にみんなを集めた。

今まで年500ドルだったアポ、フサイン、ファイサルの給料を、1000ドルにする。グラムはパキスタンCAIの監督として年2000ドルだった給料を、これからは4000ドルにする。

フサインにはさらに500ドルを渡し、これまで何マイルも僕たちを運んでくれた古いランドクルーザーのエンジンを整備させた。グラムは「スカルドゥの町に倉庫を借りたらどうか」と提案した。十分な資金が手に入ったのだから、セメントなどの建築資材を大量に保管しておけば、必要なときにいつでも使うことができる。

こんなにエネルギーがわいたことはない。

ホテルのロビーにスタッフを集め「パレード誌の読者からもらった寄付金で、一刻も早く学校を建てはじめよう」と言った。

新しい学校や女性職業センターの建設、水道の整備に取りかかるため、ジープやヘリを使ってあちこち飛び回る日々がはじまる。


だがその前にもうひとつ、新たにやるべきことがあった。

「ずっと前から、気になっていたことがある」僕はグラムの顔を見る。僕たちの学校を卒業した生徒たちは、そのあと一体どうするか。「スカルドゥの町に宿泊施設を建てるとしたらどのくらいの額が必要だろう。調べてもらえるかな？　奨学金制度を作るなら、生徒が下宿できる場所も必要だからね」

「喜んでお調べします、グレッグ先生」グラムは笑顔で答えた。彼は何年も前から奨学金制度を作りたいと言っていた。

「それからもうひとつ」

「はい、何でしょう」

「ヤスミンが私立高校に通うとしたら、授業料はどれくらいになるだろう？」

グラムの娘ヤスミンは15歳で、成績はオールA。頭の良さと熱心さを、父親からしっかり受け継いでいる。「どうだ？」

スカルドゥの町で最も雄弁な男グラム・パルヴィが、このときばかりは、口をあんぐり開けたまま、しばらく何も言わなかった。「何と申しあげたらよいやら」

「神は偉大なり《アラー・アクバル》」アポが大げさに両手を天に差しのべて叫び、テーブルは笑いに包まれた。アポはしゃがれ声で笑いながら「ずっと前から……この日を……待ちのぞんでましたよ」途切れ途切れに言った。


2003年の夏、僕はめまぐるしく働いた。整備されたランドクルーザーのエンジンの限界を試すかのように、学校の建設現場を回れるだけ回り、邪魔な物を取りのぞいたり、資材を届けたりした。パキスタン北部では9つの新しい学校が順調に完成に向かっていた。だが、すでに建てた学校のひとつ、ハルデ村の学校で問題が起こっているという知らせが入った。

ポーターのムザファが力を尽くしてふるさとに建てたこの学校は、軌道にのっていたので、地元の役所に運営をまかせきりだった。

問題を起こしたのは、ムザファの友人であり、バルトロ氷河でスコット・ダースニーを導いたヤクブだった。

ムザファとともにポーターとして活躍できた時代が終わると、ヤクブは学校の用務員になりたいと考え、地元の役所に要望を出した。だが返事がもらえなかったので学校のドアすべてに鍵をかけ、お金を要求しているという。

スカルドゥの町でこの知らせを聞いてすぐ、ランドクルーザーに揺られて砂ぼこりだらけの道を8

時間かけて、ハルデ村にやってきた。

くたくたになったが、ふと名案が浮かんだ。フサインの運転席の下にある、あいつを使ってやろう。

鎖をかけ南京錠をしたハルデ小学校の前で、ヤクブは落ち着かない様子で立っていた。村人たちも集まっている。僕はにこやかに右手でヤクブの肩をたたき、左手に握ったダイナマイト2本を見せた。

お互いに家族や友人の様子をたずね合うと、ヤクブはおそるおそる質問した。そうしなければ、教えてもらえないとわかったようだ。「グレッグ先生、それで何をなさるおつもりですか?」

僕は笑みを浮かべたまま、ヤクブにダイナマイトを差し出した。

道をふさいでいる岩よりもやっかいだが、これで解決できるかもしれない。「これを受け取ってほしい」バルティ語で言い、ヤクブの手にダイナマイトを押しつけた。

「これから他の村に行って、学校の進み具合を見てくる。明日、マッチを持ってここにもどってくるよ。そのときに学校が再開し、生徒たちが勉強していなかったら、みんな学校の前に集まるように村の礼拝堂《モスク》で呼びかける。そして君が学校を吹き飛ばすのを見てもらうことにしよう」

震える手でダイナマイトを持つヤクブを残し、僕はジープにもどった。「あとは君次第だ」と言い、ジープに乗りこむ。「それじゃまた明日。さようなら《フダー・ハーフィズ》!」

翌日の午後、僕はハルデ村の生徒たちに渡す新しい鉛筆とノートを持ってもどると、みんなうれしそうに机に向かっていた。年老いた友人ムザファは、この学校を守る力を失ってはいなかった。アポから聞いた話によると、ふたりの孫をハルデ小学校に通わせているムザファは、僕が去った後ヤクブに言ったそうだ。

「鍵を出して、すぐに学校を開けるんだ。さもないと、お前を木にしばりつけて、ダイナマイトでお前を吹き飛ばしてやる」

その後ハルデ村の決定により、ヤクブは罰として毎朝学校の掃除をただでやることになった。

すべての問題が、こんなふうに楽に解決できたわけではない。

ヘマシル村の学校を壊したアーガ・ムバレクにもダイナマイトを突きつけてやりたかったが、グラムの忠告に従って我慢した。宗教指導者《ムッラー》たちによるイスラム法《シャリーア》の裁きを待つことにする。

ヘマシル村の学校はコルフェ村の次に思い入れがあった。

1998年、ヘマシル村の近くを妻と歩いていたネッド・ジレットは、僕が尊敬するアメリカの登山家であり、オリンピックのスキー選手だった。彼の死の詳細についてはまだ結論が出てはいないが、話をつなぎあわせたところではこうなる。

ネッドが妻と歩いていると、「雇ってほしい」というポーターたちが近づいてきた。だがネッドは身軽に旅するタイプで、持ち物は軽いバックパックふたつだけだったので断った。その断り方が気に入らなかったのか、その晩遅く、ふたりのポーターは銃を持ってふたりの眠るテントまでもどってきた。

たぶん何かを盗んで、名誉を傷つけられた腹いせをしたかっただけだろう。だが思いもよらぬ事態になった。ネッドは下腹部を撃たれて死亡。妻は助かったが、太ももに重傷を負った。僕の知るかぎり、パキスタン北部で西洋人が殺されたのはネッドが初めてだった。

後日、ネッドの妹が連絡をくれて「兄をしのんで学校を建てたい」と寄付を申し出てくれた。すぐに引き受けた。追悼のために、それ以上意味のあることは考えられなかった。

〝ネッド・ジレットの学校〟を建てる場所として長老たちが選んだ場所は、ネッドが殺された場所の近くだった。ところがそこはアーガ・ムバレクが住む村のすぐ隣でもある。

「学校の壁ができあがり、あとは屋根をのせるだけというときに、アーガ・ムバレクと手下どもが邪魔しにやってきたのだ」

長老のメフディ・アリが言った。

「ムバレクは『このカーフィルの学校はけしからん。イスラムの学校ではない。キリスト教に改宗させるつもりだ』と言った。だから言い返した。『グレッグさんとは長いつきあいだが、一度もそんなことをしたことはない』とね。でもムバレクはこちらの言うことに耳を貸そうとしなかった。しかも真夜中すぎにムバレクの手下たちがハンマーを持ってやってきて、子どもたちの未来を奪おうとしたのだ」

メフディ・アリはグラム・パルヴィといっしょに、春と夏の間ずっとイスラム法《シャリーア》の法廷に通い、僕の人となりについて証言してくれた。

「アーガ・ムバレクは村人たちから金をまきあげるばかりだ。子どもたちのために施しをしたことなどない。アーガ・ムバレクにはグレッグ先生のような尊い方に勧告《ファトワ》を出す権利などない。全能なるアラーの裁きを受けるべきなのはムバレクだ」

２００３年８月、イスラム法《シャリーア》の法廷が出した最終判決は、メフディ・アリと僕の立場を完璧に支持するものだった。「アーガ・ムバレクの勧告《ファトワ》は無効であり、手下たちが壊したレンガ８００個を弁償するように」

何だか申し訳ないような気がした。保守的なシーア派の法廷が、アメリカ人に味方してくれた。アメリカは「正義のため」などと称して、正当な裁判もおこなわず、イスラム教徒をキューバの強制収容所に放りこんでいるというのに。

10年かかったが、パキスタン中のお茶の葉が、僕を導いている気がした。

バングーという人も力を貸してくれた。彼はもともとムシャラフ大統領お抱えのヘリコプター操縦士だったが、退役してからは、バシール将軍が経営する民間航空会社に勤めていた。僕が遠くの村まで行くときには、いつも旧式のヘリコプターに乗せて連れていってくれた。

バングーはいまだに軍の飛行服を着ているが、足もとは戦闘用ブーツのかわりに明るい青色のジョギングシューズを履いている。その方がペダルの感触がよくわかるという。

このときも、遠くの村でひと仕事終えた僕をむかえにきてくれたが、スカルドゥの町にもどる途中、ヘマシル小学校の残骸を指し、アーガ・ムバレクとのもめごとについて話すと、バングーは「その紳士の家を教えてもらえますかな」と言って、ヘリのタービンの出力を上げた。

僕はムバレクの邸宅を指さした。小さな村の宗教指導者《ムッラー》には広すぎるほどの敷地で、まわりは塀で囲まれている。

バングーは丁寧に刈りこんだ口ひげの下で唇を固く結び、操縦かんを前に傾け、ムバレクの家めがけて急降下した。
5、6回ほど怒ったスズメバチのように近づき砂ぼこりを巻き上げると、屋上にいた人たちはあわてて家の中に逃げこんだ。バングーは〝ミサイル〟と書いてある赤いボタンを親指でしばらくなで回した。「武器がないのが残念ですな。だが、これで少しは考え直すでしょう」そしてヘリは再びスカルドゥの町へと向きを変えた。
6ヵ月後、ヘリの赤いボタンが実際に使われるときがくる。

タリバンとアルカイダの基地に15機のヘリがおそいかかり、公立の女子校8校を爆撃した過激派に報復した。パキスタン政府が女子教育を守るために戦うようになった。そう思うとうれしくて、僕はムシャラフ大統領を尊敬するようになった。

2003年秋、パキスタンの仕事が順調なのを確認して、アフガニスタンに行くことにした。ラワルピンディの町にある航空会社を訪れると、バングーの上司で雄牛のようなバシール・バズ将軍が、デスクに向かって僕のためにヘリを手配しようとしていた。

「グレッグさん、おたくの大統領には感謝しなければなりませんな」

バシール将軍は新型のコンピューターの、平らな画面で飛行スケジュールを確認しながら言った。

「西の国境付近はひどいありさまだった。だが、それを終わらせるために予算をさいてくれた。なぜでしょうな。得をするのはパキスタンだけだというのに」

バシールは口をつぐみ、CNN放送のバグダッドからのライブ映像を眺めた。

画面は、爆撃された建物の中から子どもの遺体を探し出し泣き叫ぶイラク女性の姿を映し出している。バシール将軍はその映像を見つめ、しばらく黙りこくった。

「私のような人間は、この地域ではアメリカの最高の味方だ」悲しげに首をふる。「つつましいイスラム教徒で、教育も受けている。だが、こんなものを見せられては、私でも聖戦《ジハード》に加わりたくなる。アメリカ人は、あれで自分たちが安全になると思っているのだろうか？」

バシール将軍は、デスクの向かいにぼんやり立つアメリカ人に怒りをぶつけまいと耐えている。

「ブッシュ大統領の手腕は実に見事だ。これから200年の間、10億人のイスラム教徒が団結してアメリカに対抗するだろう」

「オサマも多少は貢献していると思いますが」

「オサマですと！」バシール将軍は声を荒げた。「オサマ・ビンラディンを生んだのは、パキスタンでもアフガニスタンでもない。アメリカだ。アメリカのおかげで、今ではどの家にもオサマがいる。軍人として申しあげるが、相手を撃ったらすぐに逃げて隠れてしまうやつとは、戦っても勝つことはできない。いつまでも警戒しなければならない。敵の力の源を攻撃する必要がある。

アメリカの場合、敵の力の源は、オサマでもサダムでも、ほかの誰でもない。無知こそが敵だ。これを打ち負かすには、この人たちと友好な関係を築き、教育と産業を提供し、現代社会に招き入れることだ。そうしなければ、戦いは決して終わらない」

バシール将軍は息をつぎ、またバグダッドを映す小さな画面を見つめた。カメラマンが映しているのは、急進的なイラクの若者たちが、道ばたで爆弾を爆発させ、こぶしをふりあげ、銃を空に向かって撃っている姿だった。

「申し訳ない。つい無礼なことを言ってしまった。もちろん、そんなことはとっくにご承知でしょうな。昼食はいかがです？」それからバシール将軍は内線電話のボタンを押し、ブルーエリアからアメリカ人の客のためにケンタッキー・フライドチキンを届けるよう指示した。

冬のスカルドゥの町は、天気が悪くて気が沈むことがある。だが10月にこの地を訪れたとき、空は雲が低くたれこめ、寒さも厳しくなってはいたが僕は満足していた。パキスタンとはこれでお別れ。次はアフガニスタンで新しいプロジェクトをはじめられる。

ラワルピンディの町を去る前、バシール将軍は40万ルピー、約６０００ドルを寄付してくれた。パキスタンではかなりの額だ。ペシャワールの町の南東にある彼のふるさとにはワッハーブ派の神学校《マドラサ》が林立している。そこに新しいＣＡＩの学校を建ててほしいという。さらに軍部の友人にも呼びかけて、もっと寄付を集めると約束した。「テロとの戦いで成果をあげているアメリカ人は、少なくともここにひとりいる」

イスラム法《シャリーア》の法廷でも、記念すべき勝利をおさめた。２度目の勧告《ファトワ》も乗り越え、やっかいな敵を黙らせることができた。春にはあと10の学校が開校する。パレード誌の読者からの寄付で完成した９校と、無事に再建された、ヘマシル村にあるネッド・ジレットの学校だ。

これからアフガニスタンに向かう。パキスタンではすでに40以上のＣＡＩの学校がはりきって活動している。石造りの壁に守られて勉強している子どもたちは、どの村でも大切に育てられ、豊かな実りをもたらしている。

山をおりて活気にあふれたスカルドゥの町にくると、小さな日干しレンガの家があり、その窓からは近所の子どもたちがサッカーをしたり、牛の群れが草をはむ広い草原が見える。

この家には、新しいコルフェ村の村長トワハの娘が、元クラスメートといっしょに住んでいる。ブラルドゥ渓谷中で最も勇敢な娘たちが夢を追い求める。それを見守るため、いとこの男性がふたり、付き添いとしてきている。

トワハの娘ジャハンと同級生のタヒラは、コルフェ小学校初の女子卒業生となり、ＣＡＩの第１期奨学生としてスカルドゥの町にやってきた。

　僕はスカルドゥの町を去る日、トワハといっしょにふたりの様子を見にきた。

自分の家で、僕にお茶を出してくれたジャハンは得意そうだった。昔、サキナがよくお茶を入れてくれたのを思い出す。

　ジャハンが出してくれたのは、手づかみの茶葉とヤクの乳ではない。水道水と市場《バザール》で買ってきたリプトンのティーバッグのお茶だった。僕は飲みながら考えた。サキナはどう思うだろう。バター茶《バイューチャ》の方がいいと思うかもしれない。だが孫娘のことは、きっととても誇りに思うだろう。ジャハンは産婦人科の勉強をひと通り終え、その後、奨学生に選ばれて、スカルドゥの町で勉強を続けることになった。

　ジャハンとタヒラは、奨学金で私立の高校に通い、英語、ウルドゥ語、アラビア語、物理、経済、歴史などすべてを学んでいる。

　タヒラは真っ白なスカーフをまき、山歩きにはむかないようなサンダルを履いていた。卒業したらコルフェ村にもどり、父親のフセイン校長と「いっしょに教師として働きたい」と話してくれた。

「村にもどれば、みんな私たちのかっこうを見て『なんてすてきなんだろう』って思うはず。コルフェ村の女の子は、一度はこちらにくるべきだと思う。私にできる最高のことは、村にもどってみんなが私と同じことができるようにすることです」

　ジャハンは看護師になり、コルフェ村にもどるつもりでスカルドゥの町にきたが、今ではもっと上をめざしたいと思うようになっていた。

「グレッグ先生に会うまでは、勉強って何なのか、全然わかっていませんでした」ジャハンは、お茶のおかわりをついでくれた。「でも今では、勉強は水のようなものだって思います。生きていくために欠かせないものなんです」

「それで、結婚は？」僕は聞いてみた。村長の娘で、17歳のきれいな女性とくれば相手を見つけるのに苦労はしない。だがバルティ族の男たちは、若い妻が野心を追い求めるのをのぞまないかもしれない。

「心配しなさんな、グレッグ先生」トワハが、父親のハジ・アリそっくりのしゃがれ声で笑った。

「この子は、十分すぎるくらいグレッグ先生の教えを身につけたよ。結婚相手を探すよりも、まずは勉強を続けることに決めている。私も賛成だ。この子が学問をきわめられるように、必要ならば私は自分の土地を全部手放したってかまわない。父ハジ・アリのことを思えば、それくらいのことはしなければ」

「で、どうするつもり？」ジャハンに聞いた。

「笑わないでくれる？」

「笑うかもしれないよ」僕はからかった。ジャハンは深く息をすって気持ちを落ち着ける。

「きれいな服を着た男の人や女の人に会うと、いつも逃げて顔を隠していました。でもコルフェ村の学校を卒業して、私は身なりだってきれいにできるし、みんなの先頭に立って、何でも言い合える。

今では、できないことなんかないって思います。ただの看護師じゃなくて、自分で病院を経営したい。ブラルドゥ中の女の人たちが健康でいられるようにしたい。この地域では誰でも知っているような、有名人になりたい」ジャハンは絹のスカーフのはしを指にまきつけ、窓の外を眺めて、自分の未来を語るのにふさわしい言葉を探した。外ではサッカーをする男の子が、石を積み重ねて作ったゴールめがけてドリブルしている。「私……〝スーパーレディ〟になりたいんです」そう言って、まるで勝ち誇ったような笑みを浮かべた。そんなのは無理だと笑う男たち全員に、挑みかかるような表情で。

僕は笑わなかった。それどころか、ハジ・アリの孫娘がこんなに成長したのがうれしくてたまらなかった。ハジ・アリが生きていたら、どんなにうれしかったことだろう。僕たちが力をあわせてまいた種が、こんなにすばらしい実を結んだのだから。

580通の手紙も、12頭のヒツジも、10年間の苦労も、こんな瞬間を味わえるなら、まるで惜しいと思わなかった。

CHAPTER

# 23

# これらの石を学校に

*Stones into Schools*

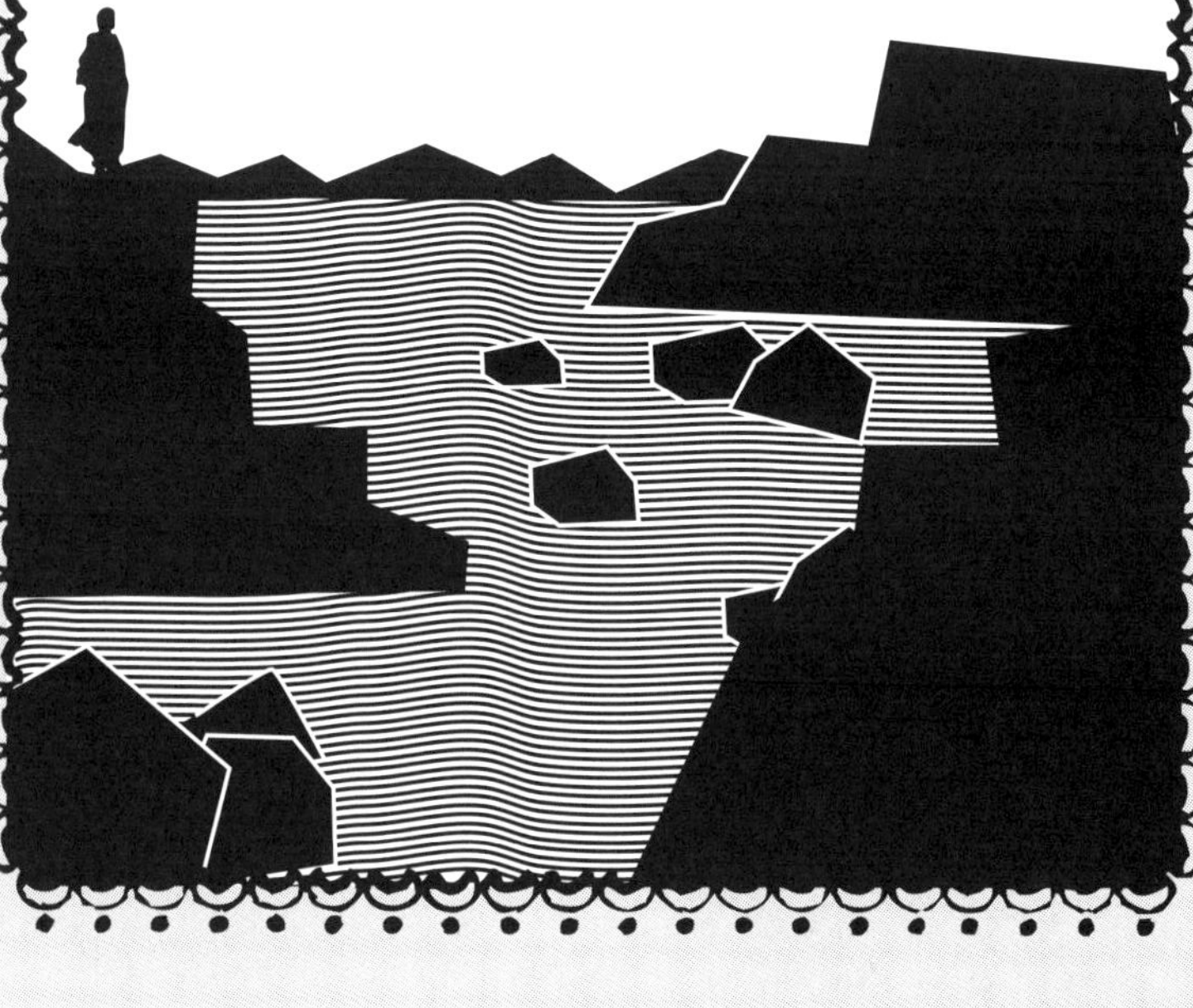

我らの大地は傷ついた。海と湖は病んでいる。川は傷跡のようだ。大気には毒気がただよう。無数の地獄の炎から立ちのぼる、脂ぎった煙が太陽を黒くおおい隠す。男も女も、ふるさとや家族、友から引き裂かれ、孤独と不安をかかえ、太陽の先にむしばまれていく……。

先の見えない恐ろしい砂漠では、権力に逃げ場を見出す者もいる。幻想とまやかしをあやつる者もいる。この世にまだ知恵と調和が息づいているとすれば、それが隠れているのは、開かれざる本の中に消えた夢、そして我らの鼓動の中である。

我らは火の底から叫び声をあげる。叫ぶとき、我らの声はひとつになり、この傷ついた大地の声となる。我らの叫びは、大地を吹き渡る大いなる風となる。

——from The Warrior Song of King Gesar
『ゲセル王の戦いの歌』より

王は窓側の席に座っていた。王だとわかったのは、市場《バザール》で売られていた昔のアフガン紙幣で肖像を見たことがあったからだ。89歳の元アフガニスタン国王、ザヒル・シャー。彼は肖像よりもずっと老けこんでいた。パキスタン航空737便の窓から、30年近く追放されていた祖国を見つめている。

護衛の者や客室乗務員数人をのぞけば、イスラマバードからカブールまでの短いフライト中、乗っていたのは元アフガニスタン国王と僕だけだった。

ザヒル・シャーは窓から目を離し、通路をはさんで座っている僕を見つめる。

「平和があなたとともにありますように《アッサラーム・アライクム》」

僕はあいさつした。

「そちらにも、平和がありますように」シャーは答えた。ローマに追放されていた間にさまざまな文化を知ったのだろう。カメラマン用のベストを着た金髪の大男がどこの出身かすぐにわかったようだ。「アメリカのお方ですな?」

「はい、そうです」

ザヒル・シャーはため息をついた。長年に渡って希望を打ちくだかれてきた老人がつくようなため息だ。「ジャーナリストでいらっしゃるのかな?」

「いいえ。学校を建てています。女の子たちのために」

「我が国で何をなさっているか、お聞きしてよろしいかな?」

「はい。春になったら5つか6つ、学校を建てはじめたいと思っています、すべては神の思し召し《インシャッラー》のままに。そのための資金を届けにいくところです」

「カブールに？」

「いいえ。バダクシャンと、ワハン回廊です」

毛がなく茶色い頭の下で、シャーは眉毛を持ち上げた。そして自分の隣の席をたたいたので、僕はそこに移った。「その地域にどなたか知り合いでも？」

「長い話になりますが。数年前、パキスタンのチャルプルソン渓谷で仕事をしていたとき、キルギスの遊牧民たちがイルシャド峠を越えてやってきて、自分たちの村に学校を建ててほしいと頼んできたのです。それで、アフガニスタンに行って……学校について相談すると約束しまして……今回やっと行けることになりました」

国王は鼻を鳴らした。

「ワハン回廊か。そのあたりに、私の狩猟小屋を建ててくれたと聞いたことがあるが、行ったことはない。行くのが大変なのでな。近頃、アフガニスタンにアメリカ人はめったに来ない。1年前なら、この飛行機もジャーナリストや支援団体でいっぱいだったことだろう。だが、今ではみんなイラクに行ってしまった。アメリカは我々を忘れてしまった。今度もな」国王は言った。

2002年、ザヒル・シャーは追放をとかれてカブールにもどり、歓呼の声でむかえられた。これでソ連の悪政や軍閥の争いが終わる。タリバンの時代が終わる。ようやくまともな生活が送れるようになる、と国民は期待した。

1933年に即位したザヒル・シャーは、1973年にいとこのモハンマド・ダウド・ハーンに追放されるまで、アフガニスタンで最も長い平和の時代を築いた。

1964年には憲法が制定されて民主国家となり、国民に参政権を与えて、女性を解放した。またアフガニスタン初の近代的な大学を設立し、外国の学者や支援者を呼んで協力を求め、国の発展に力を尽くした。大勢の国民にとって、ザヒル・シャーは、再び訪れた人生の希望の象徴だった。

だがせっかくの希望も失われようとしていた。アフガニスタンに駐留しているアメリカ軍は、国民のことなんて気にかけない。オサマ・ビンラディンとその一派を追うか、ハミド・カルザイ大統領が率いる新政権の安全を守るだけだった。国内では暴力がまた幅をきかせるようになり、タリバンが再結集しているという噂も出てきた。

アメリカはソ連が撤退したとき、聖戦士《ムジャヒディン》を見捨てた。今度もまたアフガニスタンを見捨てるつもりではないか。僕が知るかぎり、アメリカが約束した支援金のうち、ちゃんとアフガニスタンに届いたのはせいぜい3分の1だった。

下院議員メアリー・ボノの助けを借りて、連邦議会のアフガニスタン支援担当者と会ったとき、ウズラ校長をはじめ給料を受け取っていないアフガニスタンの教師たちの話をして、なぜお金が届かないのかをたずねてみた。

「それはむずかしいですね。アフガニスタンには中央銀行制度がないので、送金手段がないのです」

だが、そんなのが理由になるとは思えない。

タリバンに対抗する軍閥を支援していたときには、現金の入った袋を届けていたはずだ。なぜ道路や下水道や学校を作るのに、同じ方法を使えないのだろう。

支援金が届かなければ、アメリカ政府がアフガニスタンを助けるつもりなどないことが、あまりにもはっきりと伝わってしまう。

ザヒル・シャーは、大きなラピスラズリの指輪をした手を僕の手に重ねた。

「ありがたいことに、少なくともひとり、アメリカの方がこうしてきてくださった。北部に行かれたら、サダル・ハーンという人物にお会いになるといい。聖戦士《ムジャヒディン》だが、民衆のことを考えている」

ザヒル・シャーは、縞模様のローブの下に着ていた背広の胸ポケットから名刺を取り出し、護衛にアタッシュケースを持ってこさせた。

それから、インクパッドに親指をつけ、名刺の裏に拇印を押した。「ハーン司令官に会ったら、これをお渡しになるとよい。アラーがお守りくださるように。私の祝福もお受けいただきたい」

飛行機はらせんを描いてカブールの空港に着陸した。

首都カブールも昨年ほど安全ではなく、パイロットも、なぜかアフガニスタンにたくさん残っているスティンガーミサイルで撃たれないように、十分に用心しなければならない。

だが僕はカブールの交通の方がよっぽど怖かった。アメリカの支援を受けた政府は、カブールを統制しているはずだったが、市の外に1歩出たら政府の力はおよばない。交通だって満足に制御できていない。みんな道路標識も警察も無視して、自分の行きたいところに行くだけだ。

運転手のアブドゥッラーは不自由な手で冷静にトヨタをあやつり、短い間に4度も衝突しそうになったものの、無事にゲストハウスに到着した。


僕が行きたかったのは大きな都市、ファイザーバードの町。そこを拠点にして、学校を建てられる村を探すつもりだった。そこまで行くには、車で2日間、荒っぽいドライバーたちの間を抜けていくばかりでなく、情勢の不安定な土地を通らなければいけないが、ほかに選択の余地はない。

アフガニスタンにくるのはこれで3度目。今度こそ、キルギスの遊牧民たちと交わした約束を守るのだ。あの遊牧民たちは、僕がいない間にワハン回廊のことを調べあげてくれた。それから片道6日もかけて、ズードハーン村のファイサル・バイグのもとに報告を届けてくれた。

報告によると、ワハン回廊には就学年齢に達した子どもは5200人いた。だが学校はひとつもない。僕が（アラーがお望みならば）学校を建てるのを待っているという。

バシール将軍が、アスカリ航空の小型セスナで「直接ファイザーバードの町に連れていこう」と申し出てくれた。アスカリ航空は、アフガニスタンにいるアメリカ兵士たちにアイスクリームやミネラルウォーター、プロテインバーなどの物資を届ける仕事もしている。そのついでに、というわけだ。

だがアフガニスタンの領空を管理しているアメリカ中央軍の本部は、「人道的支援のために飛行機をアフガニスタンに飛ばすことは許さない」とバシールの申し出を退けた。

電気のないゲストハウスの部屋を、いらいらと歩き回る。イスラマバードで、パソコンとカメラのバッテリーを充電しておくのをすっかり忘れていた。カブールの電力が当てにならないことくらい予測できたのに。この部屋からワハン回廊に行くまでに、電気が使えるところがあるとは思えない。

朝になったら北へ出発するつもりだった。安全のため、移動するのは日のある間だけにしよう。アブドゥッラーには、頑丈な車を探してくるように頼んだ。北へ向かう道は1本しかない。途中には空爆でできた穴や、泥だらけの湿地があちこちにある。

アブドゥッラーは夕食の時間になってももどってこなかった。食べ物を探しにいこうかと思ったが、結局せまいベッドにそのまま横になった。足がベッドからはみ出してしまう。ポマードくさくて硬い枕を顔にかぶり、眠ってしまった。

真夜中になる少し前、ノックの音で目が覚めた。しばらく状況が飲みこめなかった。ちょうどゲストハウスが爆撃された夢を見ていたところだった。

ノックしていたのはアブドゥッラーだった。ロシア製のジープを見つけたらしく、さらにカイスという若者がタジク語の通訳として同行してくれることになった。相棒のハシュは、タリバンだった経験があるので、これから向かう地域には行けなかった。

先行き明るいが、問題なのは、山岳地帯を抜ける唯一の道、サラング・トンネルが朝の6時には閉鎖されてしまうということだ。

「いつになったら開くの?」僕はひと晩ぐっすり眠るという希望を捨てきれなかった。

アブドゥッラーは肩をすくめた。やけどのあとのある顔と、焦げたまぶたのせいで表情を読むのはむずかしい。だがすぐにそんなことを聞いた自分が馬鹿だと気づいた。「12時間? 2日間? わかりませんよ」

仕方がない。また荷づくりだ。

カブールを抜けて北へと向かう。電気のない街は、意外なほど平和だった。

白いローブをなびかせた男たちの一団が、ランプをともした終夜営業の喫茶店の間を動き回り、翌朝のサウジアラビアへ向かう飛行機を待っている。財力のあるイスラム教徒は、一生に一度はメッカ巡礼に行くのがのぞましいとされている。カブールの薄暗い通りにも、これから人生最大のハイライトをむかえようとしている人たちが集まり、お祭り気分がただよっていた。

営業しているガソリンスタンドを探して市内をぐるぐる走りながら、アフガニスタン国防省だった建物が目に入った。昼間見たときには、3度の戦争により爆弾やミサイルでぼろぼろにされ、立っているのがやっとというありさまだった。

夜になって見ると、火がぎざぎざの穴やガラスのない窓を不気味に照らし、まるでハロウィンのカボチャのようだった。この建物に住みついている人たちが料理をしているのだ。

僕はアフガニスタンの国防省の残骸が後方に消え去っていくのを見送り、アメリカ国防総省の廊下を急ぐノートパソコンの軍隊や、ドナルド・ラムズフェルド国防長官の靴と同じくらい磨き込まれた大理石の果てしない廊下を思い浮かべながら、うとうとした。

サラング・トンネルまではわずか100キロだが、ソ連時代のジープはじれったいほどのろのろとヒンドゥークシュの山道をのぼっていく。途中でおそわれる危険もあったが、トンネルに入るずっと前に眠りこんでしまった。

全長2キロのサラング・トンネルは、1960年代にソ連の赤軍の工兵たちがウズベキスタンとの交易路として作ったものだが、タリバンに抵抗していたマスードは、部下に命じてこのトンネルを爆破させた。これでマスードの砦のあるパンジシール渓谷に向かう道は、標高3600メートルの山道だけとなり、人数や武力では劣っていた聖戦士《ムジャヒディン》たちは、タリバンが戦車や日本製のトラックで侵入するのを防ぐことができた。アフガニスタンの新政府は、爆破されたコンクリートのがれきを片づけ、もろくなったトンネルがこれ以上崩れないように補強したのだ。

ジープがとまったので目が覚めた。目をこすったが、真っ暗で何も見えない。

前方から声が聞こえた。マッチがすられ、やけどのあるアブドゥッラーの無表情な顔、心配そうに口をとがせるカイスの顔が見えた。

ラジエーターが飛んだらしい。ここはトンネルのまんなかでのぼり坂、しかもカーブの途中だ。後からくる車は、直前までこっちに気づかない。こんなところで立ち往生なんて最悪だ。

リュックをひっつかみ懐中電灯を探すがない。あわてて出てきたので、カブールの宿に忘れたことに気がつく。パソコンもカメラもいっしょだ。ジープから降りて、開いたボンネットをのぞいてみる。隣のアブドゥッラーがマッチをするが、何本すっても、トンネルを吹き抜ける冷たい風にすぐ消されてしまう。だがどうやら、ラジエーターのゴムホースがはずれてしまったらしい。

粘着テープがあったら直せるかもしれない、などと考えていたら、けたたましいクラクションが耳を貫いた。ロシア製のトラックが、車線を大幅にはみだしこちらに向かってくる。動けない。ぶつかる。あきらめて目を細めた瞬間、トラックはぎりぎりでもとの車線にもどり、あと数センチのところでジープをかすめていった。サイドミラーを片方壊されただけですんだ。

「さあ、行くぞ!」僕は、アブドゥッラーとカイスをトンネルの壁の方に押しやった。冷たい風が強くなるのがわかる。手を壁に沿って動かし、どこから風がくるのか探ってみる。再びもう1台のトラックがすれちがったとき、ヘッドライトの光でトンネルのごつごつした壁が照らし出された。細長い穴があるのが見えた。ドアだ。僕はふたりをそこから押し出した。

トンネルの外は峠のてっぺんだった。地面には雪が積もっている。月が出ていたので、あたりがよく見える。峠のどちら側にいるかを目でたしかめてから歩き出す。

赤い石が目にとまった。なかば雪に埋もれていたが、いったん気づくと、気になり出す。白い雪の中に、いくつもいくつも赤い石があった。

アフガニスタンは世界一地雷の多い国だ。何十年にも渡って、いろんな軍勢が小さな爆発物を何百万個もばらまいた。その結果、どこに地雷が埋まっているか、正確なところは誰にもわからない。子どもやヤギや牛が地雷をふんで命を落とせば、地雷除去チームはまずそのあたりの岩を赤く塗る。それから何ヵ月も根気のいる作業を続けることになる。

カイスも赤い石に気づき、パニックになってしまった。僕はカイスが走り出さないように腕を取った。アブドゥッラーは地雷の恐ろしさをいやというほど知っていたから、どうしたらいいかよく心得ていた。

「ゆっくり、ゆっくり。中にもどりましょう」そして雪についた自分の足あとをたどりもどっていく。

トンネルの中で命を落とす可能性は、50%くらいだろう。だが、外にいたら確実に死んでしまう。カイスはその場に立ちすくんでいたが、僕はそっとカイスをうながしトンネルにもどった。

次にやってくるトラックが、ゆっくりとのぼってくることを祈る。ヘッドライトが追ってくる。トラックの前に飛び出す、一瞬の余裕があった。僕ははげしく手をふり、ぶつかる覚悟でトラックをとめた。

僕とカイスは、荷台に乗っていた5人の男たちの間に、アブドゥッラーは動かなくなったジープの運転席に乗り、トラックに押してもらった。トラックに乗っていたのは密輸人だ。荒っぽい連中だったが、大丈夫そうだった。真新しい冷蔵庫を運んでいて、積荷が重くて進みは遅かったが、そんなことは気にならなかった。

カイスは男たちを見ると、英語で僕にささやいた。「悪いやつらです。ドロボーです」

僕はカイスをたしなめた。この場をうまくきりぬけるために、集中する。

パキスタンにいる間に身につけた知識を総動員した。密輸人たちはパシュトゥーン人で、カイスはタジク人だから、カイスは必要以上に不安なのだろう。僕は密輸人たちを信頼することにして世間話をはじめた。少し経つとだんだんなじみ、密輸人のひとりが僕たちにブドウを1房くれたので、カイスも安心したようだった。

トンネルの最高地点めざしてのぼりながら、ブドウをがつがつと食べる。そういえば、昨日の朝以来何も食べていなかった。僕たちが借りた白いロシア製ジープは、トラックのラジエーターグリルがぶつかり、だんだん黒ずんでいった。

峠を越え道がくだり坂になると、冷蔵庫の密輸人たちに、助けてくれたこととブドウをくれたお礼を言って、カイスといっしょに後部座席に乗りこんだ。

エンジンはかからなかったが、アブドゥッラーがスイッチをいじると、弱い光ながらなんとかヘッドライトがついた。僕は座席にぐったりともたれかかる。アブドゥッラーはたくみにハンドルをあやつり、光に向かって静かに坂道をくだった。

タリバンやソ連軍にとって、このパンジシール渓谷は、死と苦しみの支配する影の世界だ。岩だらけの斜面を進む兵士たちの姿は見つかりやすい。がけの上に身をひそめ谷底を見張っていたマスードの軍勢に、ロケット砲であっさりやられた。

だが、僕にとってはちがった。雪をいただくするどい峰を、朝日が薄紫色に染め、かなたに広がるパンジシール渓谷は理想郷のようだった。

トンネルから明るいところに出られたうれしさのあまり、僕が思わず抱きついたので、アブドゥッラーは危うくハンドルを切りそこなうところだった。道ばたにジープをとめて、修理できるかどうか調べてみた。太陽がのぼったおかげで、何が問題なのかがよく見えた。ラジエーターホースに長さ20センチくらいの亀裂がある。アブドゥッラーは戦争だけでなく自動車修理の経験も豊富だった。スペアタイヤの内側のチューブを切り取り、ホースにかぶせて粘着テープをまきつけた。テープは、僕のリュックの奥にあった、せきどめドロップの箱にくっついていた。

貴重なミネラルウォーターをラジエーターに入れ、僕たちは再び北をめざした。ラマダンの月だったので、断食の時間になる前にどこかでお茶でも飲めないかと、アブドゥッラーはスピードをあげた。

最初の村につくと、道路沿いの食堂はどこも閉まっていた。こんなときのためにと持っていたピーナツの袋を出し、カイスとアブドゥッラーに分けてむしゃむしゃと食べた。

朝食をすませると、ガソリンを売ってくれるところがないか、アブドゥッラーが歩いて探しにいった。もどってくるとジープに乗って、みすぼらしい泥の家の庭に入り、さびたドラム缶のわきにとめた。家から老人が出てきた。腰はすっかり曲がり、杖をついて歩いている。その手は弱々しく、ドラム缶の栓を開けるだけで2分かかった。さらに缶についたクランクを回しはじめたが、老人には大仕事だと判断したアブドゥッラーが交代した。

アブドゥッラーがガソリンを入れている間、僕はカイスに通訳してもらって老人と話をした。老人はダリー語を話した。ペルシア語に近く、アフガニスタン北部では最も広く使われている言葉だ。老人はモハンメドと名乗った。

「昔はショマリ平原に住んでおった」と言った。ショマリ平原はカブールの北に広がり、かつてはアフガニスタンの穀倉地帯だった。「天国のようなところだった。カブールの住人も、週末になるとわしらの村の近くにある別荘にやってきた。おそれおおくも、ザヒル・シャー陛下も近くに宮殿を持っておられた。わしの庭にはいろんな木があった。ブドウやメロンもとれたもんだ」モハンメドは、犬歯が2本しか残っていない口を、昔食べたごちそうを思い出すように、もぐもぐと動かした。

「タリバンがきて、あのあたりはすっかり危険になった。それで、家族を連れて、安全のために引っ越したんだ。去年の春、わしの家が無事かどうかたしかめようとふるさとにもどったが、すぐに見つけられなかった。生まれてから70年も住んでいた村なのに、自分の村とはわからなかった。家はすべて壊されていた。作物もやられてしまった。タリバンは家を焼いただけでなく、木まで燃やしてしまった。黒焦げになったあんずの木を見て、ようやく自分の家がわかったのだ。あの木は、人間の手のような、変わった曲がり方をしておったからな」モハンメドはゼイゼイと音を立てた。

「人間を撃ったり、建物を爆破するのはわかる。戦争というのは、いつだってそういうもんだからな」モハンメドは僕の目を見た。「だが、なぜだ?」その疑問は、僕に投げかけているというより、答えのない嘆きとして宙にただよった。

「なぜタリバンは、わしらの土地まで殺した?」


北への旅を続けながら、途中でソ連の戦車を見かけた。爆弾の恐るべき力で砲台が傾いている。村の子どもたちにとっては絶好の遊び場らしく、よじのぼって戦争ごっこをしていた。

墓地もあった。墓石のかわりに、黒焦げになったソ連軍のヘリコプターの残骸が使われていた。このヘリは、運悪くマスードの砦のそばを通りかかったのだろう。

冷戦のとき、アメリカは宿敵ソ連に対抗するため、ミサイルを聖戦士《ムジャヒディン》の指導者たちに与え、使い方も教えたのだ。オサマ・ビンラディンのような指導者たちに。

戦争のなごりである、さびた兵器にはすべて、アフマド・シャー・マスードのポスターが貼ってある。アフガニスタン北部の不滅の英雄。あの世のどこかから〝これらの犠牲が必要だったのだ〟と語っているようだった。

日が暮れる頃、タロカンの町に寄った。夕方の礼拝がすみ、断食の時間が終わったら、何日ぶりかにまともな食事をするつもりだった。

僕は来週、アメリカで大切な協力者たちと会う予定だったので、食事が終わったらすぐに出発しようとアブドゥッラーをせかすべきか、安全策を取って1日出発を延ばすべきか決めかねていると、50メートル先でマシンガンのいっせい射撃がはじまり、急ブレーキがかかった。

アブドゥッラーはギアをバックにしてアクセルをふみ、猛スピードでバックした。暗くなりつつある空に曳光弾《えいこうだん》の描く赤いすじが、だんだん遠ざかっていく。だがうしろでも銃声がして、アブドゥッラーはまたブレーキをふんだ。「こっちです！」アブドゥッラーは叫んで僕とカイスをジープから引きずりおろし、道ばたの泥だらけの溝に伏せさせた。それから不自由な両手をかかげ、アラーの加護を祈った。

アヘン密売人たちの縄張り争い。そこに飛びこんでしまったらしい。今は密売の季節だった。毎年、アヘンを積んだラバが通る道を確保するため、小ぜりあいが起こる。機関銃《カラシニコフ》の弾丸が、独特な音を立て、空気を切り裂きながら頭上を飛びかう。曳光弾の赤い光でパニック状態になったカイスの顔が見えた。アブドゥッラーは腹を立てていた。彼は根っからのパシュトゥーン人だ。溝の中に伏せたまま、客人である僕を危険な目にあわせてしまったことで、自分をののしっていた。

冷たい泥の中に伏せたまま、ここから逃げ出す方法はないか考えてみた。どうすることもできない。銃撃戦にはさらに人が加わり、頭上では銃弾がますますはげしく飛びかい、空気をずたずたにしている。逃げようと考えるのはやめて、自分の子どものことを考えることにした。僕がここで死んだら、タラは子どもたちにどう話してくれるだろう。子どもたちは僕が何をしようとしていたか、わかってくれるだろうか。ふたりを残していくつもりはなかった。ただ、アフガニスタンの子どもたちの力になりたかったのだということを。きっとタラがわからせてくれるだろう。そう思うと気が楽になった。

別の車のヘッドライトが近づき、道の両脇を照らす。密売人たちは見つからないように身をかがめた。銃声は次第にやんでいった。やってきたのは、タロカンの町に向かうトラックだった。アブドゥッラーは溝から飛び出し、手をふってトラックをとめる。かなり古ぼけたトラックで、サスペンションが壊れ荷台が傾いている。町でなめしてもらうために、剥いだばかりのヤギの皮を運んでいるところらしい。トラックがとまる前から、腐ったようなにおいがただよってきた。

道の両側からは、まだときどき弾が飛んでいたが、アブドゥッラーはトラックの前に走り出て、溝の中にいるカイスに叫んで通訳させた。カイスは震えるか細い声で「外国人を乗せてくれないか」とダリー語で頼む。アブドゥッラーは、トラックの荷台に乗りこめと、必死で僕に合図する。僕は20年前の軍隊での訓練を思い出し、銃でねらいにくくするため、身をかがめてジグザグに走った。荷台に飛び乗ると、アブドゥッラーが上からしめったヤギの皮をかけて隠してくれた。

「君とカイスはどうする？」

「アラーがお守りくださいます。この悪魔《シェタン》たちは、お互いをねらっているだけです。おさまったら、ジープでカブールにもどります」

本当なのかわからなかったが、そうであることを祈った。アブドゥッラーが不自由な手でトラックの荷台のうしろをたたくと、トラックはガタガタと走りだした。

荷台でくさいヤギの皮に埋もれながら、僕は手で鼻をおおい、くねくねとした道が、スピードをあげるトラックのうしろに遠ざかっていくのを見た。５００メートルほど進むと、また銃撃戦がはじまった。道の両側から、曳光弾が大きな弧を描いて飛んでいった。


トラックはタロカンの町にはとまらず、そのままファイザーバードの町に向かった。また食事抜きだ。トラックの荷台のにおいは食欲をそそるものではなかったが、夜通し車に揺られるうち、ついに本能に勝てなくなった。ピーナツがある。と思ったのもつかのま、バッグごとジープにおいてきてしまったことに気づいた。

心配になって起きあがり、ベストのポケットを探ってみた。パスポートと、ドル札がひと束。だがあることに気づいてぎくりとした。国王からもらった名刺もバッグの中だ。もう、どうしようもない。ため息をついた。ハーン司令官には、紹介状なしで会うしかない。鼻と口をチェックのスカーフでおおい、星空のもと、トラックのうしろに消えていく道を眺めてすごした。

ひとりきりだった。体中泥だらけで、ヤギの血もついている。荷物もなくしてしまった。言葉もわからない。もう何日も、ろくに食べていない。それでもおどろくほどいい気分だった。何年も前、これからどうなるか何も知らないまま、コルフェ村の学校資材をトラックに乗せ、インダス渓谷を登っていったときのような気分だ。これから数日間の予定も決まっていない。うまくいくかどうかもわからない。それでも、全然いやじゃなかった。

ヤギ皮商人たちは、ファイザバードの町のホテルの前で降ろしてくれた。

アヘン密売の季節で部屋は満室だったので、係員は毛布をくれて、廊下の男たちが雑魚寝しているところに案内してくれた。

このホテルには水道がなかったが、ヤギのにおいを何とかして落としたい。外に出てホテルの横にとまっていた給水車のタンクの栓をひねり、氷のように冷たい水を浴びた。

服を乾かすのも面倒だったのでそのまま毛布でからだを包み、ホテルの廊下に転がった。こんなにひどい場所で眠るなんて想像もできないだろう。あやしげなアヘンの密売人や仕事にあぶれた聖戦士《ムジャヒディン》がひしめきあっている。だがあれだけ大変な目にあった後だと、5ツ星ホテルにも負けずにぐっすり眠れた。

朝の4時前、客室係《チョキダル》が食事を運んでくると、廊下でひしめきあっていた客たちはいっせいに目を覚ました。ラマダンの間は、朝の礼拝の後に食事をしてはいけない。僕はものすごく腹がへっていたので、食べ物を見て目の色を変えた。ほかの客にまじって丸1日分の量、レンズ豆のカレーと、かみごたえのあるチャパティ4枚を平らげた。

日の出前はまだ寒く、ファイザーバードの町周辺の景色はバルティスタンを思わせた。北の大パミール山脈のむこうから、朝日が顔を出そうとしている。懐かしい山の世界。細かいところを気にしなければ、まるでパキスタンにもどってきたようだが、ちがいは明らかだった。女の人たちは白いヴェール《ブルカ》をまとっているが自由に通りを歩き回っているし、武装したチェチェン人たちが耳慣れないスラブ系の言葉をしゃべりながら、足早に礼拝堂《モスク》に向かっている。

資源があまりにも乏しく、ファイザーバードの町の経済はアヘンを中心に回っている。バダクシャンのケシ畑から生アヘンが大量に集められ、ファイザーバードの町の工場でヘロインに精製されて、中央アジアを経由してチェチェンへ、それからモスクワへと輸送される。タリバンは欠点も多かったが、アヘンの生産を厳しく取り締まっていた。タリバンが去った今では、その反動でケシの栽培が再び増えている。

ある調査によると、アフガニスタンのアヘン生産量は、タリバン政権下ではゼロに近かったが、このときは4000トン近くまで急上昇していた。アフガニスタンのヘロイン原料の生産量は、全世界の3分の2を占めている。アヘンがもたらす利益の恩恵を受けているのは、西欧では軍閥、アフガニスタンでは司令官《コマンダー》と呼ばれる者たちだ。彼らはその利益で強力な軍隊を組織している。そしてハミド・カルザイ大統領が率いる頼りない中央政府は、カブールから離れるにつれて影響力を失っていく。

カブールから離れてバダクシャンまでくると、絶対的な権力を握っているのはサダル・ハーン司令官だ。何年も前から、ハーンの噂は耳にしていた。ハーンを支持する人たちは（ソ連とタリバンに立ち向かって命を落としたマスードについて語るのと同じくらい）熱っぽく彼を称賛する。

ハーンも、アヘンを運ぶ密売人たちから関税を取り立てている点では、ほかの司令官と変わらない。ちがうところは、そうやって手に入れたお金を民衆の生活のために使っていることだ。自分のもとで戦った聖戦士《ムジャヒディン》のためには市場《バザール》を作り、資金を貸しつけ、商人として新しい生活をはじめられるように施している。民衆からは愛されている。だが歯向かう者には厳しい罰を与えるため、敵からは恐れられていた。

9・11のときにラジオでいち早く情報をくれたサルフラズは、昔、ワハン回廊を旅していたときにハーンに会ったと言っていた。

「いい人かと言われれば、まあそうです。でも危険です。投降するのを拒んだ敵は、2台のジープにしばりつけて引き裂いてしまいます。そんなふうにして、バダクシャンの王のような存在になりました」

午後になって僕はお金を両替して、信心深い親子からジープを借りた。ふたりは「夕方の礼拝までにもどりたいので、今すぐ出発するなら」という条件で、僕をハーンの本拠地のあるバハラクの町まで送ることを引き受けた。

「すぐ行けますよ」僕は言った。

「でも、荷物は?」息子の方は、いくらか英語ができた。

僕は肩をすくめてジープに乗りこむ。


100キロもなかったはずだが、バハラクの町まで3時間かかった。

このあたりはインダス渓谷に似ている。岩だらけの谷間を流れる川の上に張り出したがけを、這うようにして進んだ。いい車でよかった。アメリカ人がよく使うRV車は買い物に行ったり、子どもをサッカーの練習場へ連れていくにはいいが、こういう土地を走るならロシア製のジープがいちばんだ。


あと20分ほどでつくという頃、川沿いの谷間がひらけ、うねるように続く緑の丘が現れた。斜面は段々になっていて、大勢の農夫たちが耕せるかぎりの場所にケシの種をまいている。

ケシさえなければ、コルフェ村をめざして登山しているのではないかと思うくらい、パキスタンはすぐ近くにある。ここにくるのは初めてだったが、ふるさとに帰ってきたような、なじみの人々にもうすぐ会えそうな、そんな予感がした。

バハラクの町につくと、その思いはいっそう強くなった。雪を頂いたヒンドゥークシュの山々に囲まれたバハラクの町は、ワハン回廊への入り口だ。東へあと数キロ行けば、せまい谷間が現れる。ファイサル・バイグのふるさと、ズードハーン村がすぐ近くだと思うと心が温かくなった。

運転手親子は市場《バザール》の中で降りて、サダル・ハーンの家にはどう行ったらいいかたずねて歩いた。市場《バザール》にきてみてわかったが、バハラクの町の人たちは、アヘンを〝密売〟ではなく〝栽培〟しているので、生活はつつましい。バルティ族とたいして変わらない。店であつかっている食べ物は素朴で種類も少ない。荷物を山のように積んでいるロバは、病弱そうで、餌もろくにもらっていない様子だ。タリバン政権の時代、バダクシャンは世界から切り離されていた。だが、これほど貧しいところだとは思ってもいなかった。

僕たち以外は荷車しかなかった市場《バザール》に、古いロシア製の白いジープがやってきた。ジープに向かって手をふる。バハラクの町でこんな車に乗れるような人ならサダル・ハーンの居所を知っているだろう。

ジープには怖そうな顔をした聖戦士《ムジャヒディン》がたくさん乗っていて、するどい目をした黒ひげの中年男が運転席から降り、僕に近づいてきた。

「サダル・ハーン司令官にお会いしたいのですが」僕は話しかけた。カブールから来る途中にカイスから教わったつたないダリー語だ。

「ここにいます」相手は英語で答えた。

「どこですか?」

「私です。私がハーンです」

バハラクの町の茶色い丘に囲まれている、サダル・ハーンの家の屋上。

僕は用意してくれた椅子のまわりを歩きながら、ハーン司令官が金曜日《ジュマ》の礼拝からもどるのを待った。ハーンは質素な生活を送っているようだが、権力をしめすものがあちこちにある。屋根のはしには、無線のアンテナが突き出している。現代文明を受け入れているらしい。パラボラアンテナもいくつかあり、南の空を向いている。周囲の建物の屋上に、ハーンの部下たちがいる。彼らはライフル銃の照準器を通し、僕のことを見張っている。

南東には、懐かしいパキスタンの山が見える。あの下にファイサル・バイグが立っていると思うと、銃でねらわれても怖くない。僕は目を閉じる。ファイサルの姿に続き、イメージを広げていく。学校から学校へ、村から村へ、フンザ渓谷を通ってギルギットに向かい、インダス渓谷を越えてスカルドゥの町まで連なる1本の線。

大切な人たちや大切な土地を、この屋上にいる僕の心に結びつける。ひとりでいたって、僕は決して孤独じゃない。

日が沈む直前、バハラクの町の礼拝堂《モスク》から何百人もの人が流れ出てきた。礼拝堂《モスク》は箱形の簡素なつくりで、祈りの場というより兵舎のようだった。いちばん最後に出てきたハーンは、村の宗教指導者《ムッラー》と話しこんでいた。身をかがめ宗教指導者《ムッラー》を抱き、別れを告げると、屋上で待っている僕のところへ悠然とやってきた。

サダル・ハーンは、護衛を連れてこなかった。若い副官が通訳としていっしょにきているだけだった。無礼な目つきをしただけでも、見張りに撃たれてしまうことはわかっている。だが、ハーンの心づかいはうれしかった。市場《バザール》で出会ったときもそうだったが、ハーンは何事にも自分で立ち向かう男らしい。

「お茶も出さずに申し訳ない」ハーンの通訳は見事な英語を話した。「ですが、あと少したったら、何でもおのぞみのものをお出ししましょう」と言ってハーンは西の荒野に沈んでいく太陽を指した。

「どうかおかまいなく。私はハーン司令官とお話しするために、遠くからはるばるやってきたのです。こうしてお会いできただけでも光栄です」

「それで……」ハーンは、茶色い毛織りのローブを整えながら言った。ローブには、記章がわりに深紅の刺繍があり、下にはカメラマン用のベストを着こんでいる。「アメリカの方が、カブールからこんなところまでいらしたとは。どんなお話でしょうか?」

ハーン司令官をしばらく見つめた。

そして、ここにいたるまでの本当に長い話をした。

砂ぼこりにまみれたキルギスの遊牧民がイルシャド峠を越えてやってきた。学校を建てる約束をした。だがアメリカで大きなテロが起きた。やっとの思いでアフガニスタンに来た。地雷を踏みそうになった。銃撃戦にまきこまれた。ヤギの皮に隠れて逃げてようやくバハラクの町にたどりついた。そして今、僕はあなたの目の前にいる。

バダクシャンの聖戦士《ムジャヒディン》を率いる恐るべき司令官は、話を聞き終えた後、しばらく黙っていた。

「なんと！」そして突然、僕を抱きしめた。

「グレッグ先生でしたか。お噂はうかがっております。いや、実にすばらしい！」

ハーンは興奮して歩き回った。「それなのにお食事も出さず、村の長老たちに歓迎もさせなかったとは。お許しいただきたい」

砂ぼこりとヤギのにおいにまみれた、長い旅の苦労は終わった。

ハーンはベストのポケットから最新の衛星電話を取り出し、宴会の支度をするように命じた。それから僕たちは屋上を歩き回りながら、学校を建てる場所について相談しあった。

学校を建てようとしているワハン回廊についてハーンは知りつくしていて、初等教育をはじめればすぐにでも効果が得られそうな村を5つ、すらすらと挙げた。さらに学校のない女の子たちの数を合計すると、それは僕が想像していたよりもはるかに多かった。ファイザーバードの町だけでも、10代の女の子5000人が屋外で授業を受けているという。バダクシャンのどこに行っても事情は同じだそうだ。

助けが必要な子どもたちについて、ハーンが何度もくり返しながら話す。それを聞いていると、何十年もかかりそうな大仕事だと思った。

太陽が西の山に沈む頃、ハーンは僕の背に片手をおいた。

「我々はアメリカ人とともに、この山でロシアと戦いました。いろいろと約束をしてくれました。だがいったん戦争が終わると、もう誰も我々を助けにもどってこなかった。あの丘をご覧ください」

ハーンはバハラクの町から続く、岩だらけの斜面を指さした。あちこちに散らばる岩は墓石のように、深まる夕闇に向かって並んでいる。「ここでは、あまりにも多くの命が失われました」サダル・ハーンは厳かな声で言った。「ご覧になっている岩の一つひとつが、ロシアやタリバンとの戦いに命をささげた我が聖戦士《ムジャヒディン》であり、殉教者なのです。彼らの犠牲に、きちんと報いなければいけません。つまり……」ハーンは僕の目を見た。「これらの石を、学校に変えていかなければならないのです」

死の直前には、一瞬のうちに自分の一生を思い返すという話がある。そんなことと僕は信じていなかった。そんなことはあるはずがない。

だが、サダル・ハーンに目をとらえられ「私の願いを、叶えてほしい」と頼まれた瞬間、彼の黒い瞳を通して、僕がこれからたどるべき人生が、一瞬にして鮮明な映像となり目の前に広がった。

岩だらけの丘に囲まれたこの場所で今、分かれ道に立っている。もしもこの岩が連なる道を選べば、僕はどうなるか。新しい言葉を学ぶだろう。新しい習慣に溶けこもうとするだろう。思いもよらない危険が、入道雲のように行く手に立ちはだかるだろう。ほかにも何かあるかもしれない。わからない。

夕日の中、僕だけが足跡ひとつない雪原を見ていた。

サダル・ハーンの肩に両手をおく。

10年前、知らない山々に囲まれて、知らない指導者ハジ・アリという人物と向かい合ったときと同じ気持ちが今ここにある。

こちらをねらう見張りたちも、西日を受けて熱を帯びる殉教者の石も、僕の目には映っていない。見ていたのは、内なる山の頂だった。

おわり
The End

# あとがき

小さな赤ランプが点滅しはじめてから5分。操縦士はようやく気づいたらしい。

「こういった古いヘリの燃料メーターっていうのは、実にあてにならないものでして」

バングーは笑ってメーターをたたいてみせる。パキスタン高地でヘリを操縦させたら彼の右に出る者はいない。僕を安心させるために言ったのだろうか。

バングーの隣に座る僕は、半円形のフロントガラスを通して足もとの景色を眺めている。600メートルほど下には、フンザ渓谷のごつごつした岩棚、その間をぬうように流れる川、目線を上げると、熱帯の太陽に照らされ崩れ落ちる緑色の氷河が見える。バングーは平然と飛行を続け、タバコの灰を通気孔から落とした。すぐ横には〝禁煙〟のステッカーが貼ってあったが。

バングーはムシャラフ大統領専属の操縦士だったが、退役した今では民間の航空会社で働いている。

60代後半、ごま塩頭と、きちんと刈り込んだ口ひげ。そしてイギリス植民地時代の学校で身につけた、きちんとした英語を話す。「どうしました？　グレッグさん」

ヘリのうしろからグレッグ・モーテンソンが長い腕を伸ばし、飛行服を着たバングーの肩をたたいている。「方向がちがうと思うんだけど」

バングーはタバコを投げ捨て、大きく息を吐いた。そしてグレッグからくしゃくしゃの軍用地図を受け取ると、ひざにのせたＧＰＳと地図を見比べはじめる。

「もう、40年もパキスタン北部を飛んできましたが」頭を振りながら言った。「どうしてグレッグさんの方が、このあたりのことをよくご存じなんでしょうな」ヘリは左に傾いて旋回し、もと来た方へ引き返していった。

さっきから気になっていた赤ランプの点滅が速くなった。メーターの針はゆらゆらと動き、燃料がもう１００リットルも残っていないことをしめしている。このあたりは人里離れた厳しい土地だ。燃料は前もってジープで基地に運んでおくしかない。

補給できるところに早いところたどりつかないといけないが、岩だらけの谷ばかりが続いていて、とてもヘリが降りられそうな場所はない。

バングーは高度を上げて、操縦かんを倒した。速度は90ノット。何をしようとしているか、燃料が切れても、余力で先まで飛ぼうとしているのだ。

メーターの針がゼロを指した。ついに赤ランプがブザー音を鳴らしはじめた。ちょうどそのとき、白く大きく書かれたHの字が見えてきた。

「なかなかいい飛行でしたな」バングーは言って、またタバコに火をつけた。「だがグレッグさんがいなかったら、まずいことになっていたかもしれない」

手動式のポンプでさびたドラム缶から燃料を補給した後、ヘリコプターはブラルドゥ渓谷の上流にあるコルフェ村という村をめざした。

バルトロ氷河の手前にある最果ての村。氷河のむこうにはK2が見え、さらに6000メートルを超える山々が並んでいる。

1993年、K2登頂に失敗したグレッグは、疲れ果てた状態でコルフェ村にたどりつき、泥と石でできた家が立ち並ぶこの貧しい村で、彼の人生はパキスタン北部で暮らす子どもたちと奇跡的に重なった。

ヤクのふんが燃える炉のそばで眠り、村人たちとバター茶《バイユーチャ》を分かち合い、そして靴のひもを結び直した頃、生涯の仕事を見つけていた。

グレッグ先生といっしょにコルフェ村についたとたん、村の人たちがわーっと集まってきて、バングーと僕をかわるがわる抱きしめていった。

世界でも最も貧しい村に住む120人もの子どもたちが、僕の手を引っぱり学校を案内してくれる。10年前大きなアメリカ人が村に出現し、初めて学校というものを建てた。それから村がどうなったか、毎日がどれほどすばらしいものになったか、話は尽きない。耳を傾けているうちに、僕はすっかりくたびれてしまった。

バングーは言った。「ムシャラフ大統領の下で働いていた頃、いろんな国のいろんな立派な人たちと知り合いました。でもあの人だけは特別です」

グレッグと出会った人たちは、彼の軌道に引き寄せられてしまう。

パキスタンの高地で暮らすポーターは、教育というものを知らない。だが自分の子どもたちにそれを受けさせようと、わずかなお金で働いている。

イスラマバードの空港でたまたまグレッグを乗せたタクシーの運転手は、自分のタクシーを売り払い、グレッグの便宜をはかるため〝フィクサー〟をつとめている。

暴力と女性の抑圧で悪名高いタリバンの戦士は、女子校を建てるためにおとなしく手伝っている。

パキスタン社会のあらゆる階層の人々、イスラム世界で対立し合うあらゆる宗派の人々がグレッグを慕い、献身的に働いている。

そして実際、彼に引き寄せられた人たちは今、世界のどの慈善団体よりも高い成果をあげているところだ。

客観的であるべきジャーナリストの僕でさえ、彼の軌道に引き寄せられる危険に直面している。

僕はグレッグに同行し、3度パキスタン北部を訪れて、博物館に展示しておいた方がいいようなへリコプターで、カラコルム、ヒマラヤ、ヒンドゥークシュの山奥にある谷へ向かった。

パキスタンの山奥に女の子のための学校を建てる冒険物語。それをグレッグから初めて聞いたとき、あまりにも話がドラマチックすぎて信じられなかった。

だが僕は目にした。カラコルムの谷間でのアイベックス狩り、アフガニスタン辺境の遊牧民が住んでいる土地、パキスタン軍部のエリートたちとの会談、煙が充満し、目を細めなければノートが見えない部屋で出された何杯ものバター茶《パイユーチャ》、どれも苦しいくらい現実であり、想像よりはるかに幻想的な世界だった。

書いたのは僕だが、これはグレッグ・モーテンソンの物語である。

僕はジャーナリストとして、他人の人生を探るという奇妙な仕事に20年間たずさわってきた。世間で言われているほどたいしたことのない人にもたくさん会ってきたつもりだが、コルフェ村をはじめパキスタンの村々で僕が目にしたグレッグ・モーテンソンの10年間は、人が一生かかっても体験できないほどの、豊かさと複雑さに満ちていた。

つまり言いたいのは、この物語に対して、僕は単なる傍観者ではいられなかったということだ。CAIが建てた53の学校を訪れた者は、誰かに語らずにはいられなくなるだろう。グレッグは村の長老たちの集会《ジルガ》で夜通し話し合った。教室いっぱいの女の子たちに見つめられながら鉛筆けずりを使ってみせた。僕も礼儀正しい生徒たちに英語のスラングを教えてみた。単に報告だけして終わりというわけにはいかないのだ。

グレアム・グリーンの小説『おとなしいアメリカ人』で語られるように、人間が人間らしくあるためには、ときに誰かに肩入れしなければならない。僕はグレッグ・モーテンソンという男に肩入れすることにした。

彼に欠点がないわけではない。グレッグの時間の観念は実にあいまいだ。出来事の順序を明確にするのは不可能だと思ったこともある（バルティ族の人たちも、バルティ語には時制がないこともあって、時間の流れを気にしない）。いっしょにこの本を作った2年間、グレッグはたびたび約束の時間に大幅に遅れ、この仕事をやめようと思ったことが何度もある。アメリカでは僕と同じような経験をして、「グレッグはあてにならない」と批判する人も少なくない。

だがグレッグの妻タラが「グレッグは私たちとはちがう」と言う意味に、僕も次第に気づくようになった。グレッグは「グレッグ時間」とでもいうべきものに従って活動している。アフリカで生まれ育ち、1年のほとんどをパキスタンですごしているせいかもしれない。彼は他人の時間を生きようとしない。

また彼はあまりに大胆すぎる。仕事を進めるにあたって、直感的にいいと思えば経験のない人でも雇うし、必要とあらばかなりうさんくさい人とも関係を結ぶ。何より、不確実で例のないことでもやってしまう。

僕がこの本を書くことになった後も、グレッグは名前と電話番号が小さな字でびっしり書きこまれたノートを貸してくれた。敵のリストだという。「みんなに話を聞くといいよ。言いたいことを言わせておけばいい。結果はすでに出ているんだから」

僕はグレッグの敵味方あわせ、何百人もの人に話を聞いた。この本を書くのは、真の共同作業だった。いっしょに何千枚ものスライドをより分けたり、10年分の書類やビデオを見たり、何百時間にもおよぶインタビューを録音したり、この信じられないような物語の中心人物たちに会うために旅をして、この本は誕生した。


グレッグと中央アジア協会、つまりＣＡＩが成果をあげていることに疑いの余地はない。中央アジアでは、アメリカ人は誤解されているだけならまだいい。恐れられたり嫌われたりさえしている。そんな中、モンタナ出身、身長１９３センチの、物腰やわらかな元登山家が今までやってきたことは信じられないことだ。自分では口にしないが、彼はひとりで何十万人もの子どもたちの人生を変え、この地にあふれるアメリカ政府のプロパガンダよりも多くの共感と愛情を得た。

彼はテロの根本的原因に挑んでいる。カラコルム・ハイウェイを古いランドクルーザーで走って、タリバンを生んだ地に〝学校〟という種をまきながら、生徒が過激な神学校《マドラサ》の授業ではなく、バランスのとれた勉強ができるように力を尽くしている。

9・11以降、アメリカが取り組んできた対テロ戦争は、思わしくない結果を生んだ。イスラム世界の大半を占める、平和でやさしい人たちの共感を得るのに失敗してきた。

今はグレッグの言葉に耳を傾けるべきだろう。僕もそうした。そのおかげで、初めて訪れた僕でさえ、まるで久しぶりに帰省した家族のように歓迎してもらえたのだから。

デイヴィッド・オリヴァー・レーリン
オレゴン州ポートランドにて

K2。1993年、失敗した登頂の際に写したもの。

僕とスコット・ダースニー、登山隊のダニエル・マズーアとジョナサン・プラット。K2の西稜にいどむ前にとった集合写真。

エドマンド・ヒラリー卿(中央)、CAI設立のために寄付してくれたジャン・ヘルニとともに、米国ヒマラヤ財団のパーティーにて。このとき、妻となるタラ・ビショップと出会う。

ムザファ・アリ。有名なバルティ族のポーター。バルトロ氷河から、僕を無事に連れ帰ってくれた。

コルフェの村長ハジ・アリ。僕の人生の師。

土砂くずれでブラルドゥ渓谷を登るただひとつの道がふさがれたため、シェール・タヒに率いられ、学校の梁となる材木を背負って30キロ先のコルフェに運ぶ男たち。

建設中のコルフェ小学校。

ハンダイ小学校の生徒たちとともに。

フシェ小学校の開校式。

フシェ村の村長アスラムと、娘のシャキーラ。シャキーラは、フシェ村で高等教育を受けた最初の女性となった。

妻のタラ・ビショップ、娘のアミーラ（当時生後9カ月）とともに、ハイバル峠にて。この写真は、「地上に平和を」というメッセージをつけてクリスマス・カードに使った。

パキスタン北部のシーア派の最高指導者、サイード・アッバース。僕の任務の力強い味方でもある。

ブラルドゥ渓谷で最初に教育を受けた女性、ジャハン。スカルドゥにて撮影。今もスカルドゥで勉学にはげんでいる。

イスラマバードの、ムシャラフ大統領の個人用ヘリポートにて、ベトナム戦争時代のヘリコプターで北部地域に向かおうとするレーリン。

※本書『Three cups of tea 日本版』は、原書『Three cups of tea』を完全翻訳した上で、その内容の一部を編集・省略しています。


# スリー・カップス・オブ・ティー

2010年4月15日 初版発行
2014年8月30日 第3刷発行

著者 グレッグ・モーテンソン
デイヴィッド・オリヴァー・レーリン
訳者 藤村奈緒美
翻訳協力 株式会社トランネット

デザイン 井上新八
装 画 ヒラノトシユキ

発行者 鶴巻謙介
発行所 サンクチュアリ出版



〒151-0051
東京都渋谷区千駄ヶ谷2-38-1
TEL：03-5775-5192（代表）／FAX 03-5775-5193（代表）
URL：http://www.sanctuarybooks.jp/
E-mail：info@sanctuarybooks.jp



印刷・製本 中央精版印刷株式会社



※本書の無断複写・複製・転載を禁じます。

Japanese text ©Naomi Fujimura,TranNet KK 2010
PRINTED IN JAPAN
定価および ISBN コードはカバーに表示してあります。落丁本・乱丁本はサンクチュアリ出版までお送りください。送料小社負担にてお取り替えいたします。